文化育人：
中国文化数字化战略前沿研究

王立新　徐方正◎主编

九州出版社
JIUZHOUPRESS

图书在版编目（CIP）数据

文化育人：中国文化数字化战略前沿研究 / 王立新，
徐方正主编. -- 北京：九州出版社，2022.10
ISBN 978-7-5225-1280-8

Ⅰ．①文… Ⅱ．①王… ②徐… Ⅲ．①中华文化－数
字化－文集 Ⅳ．①K203-39

中国版本图书馆CIP数据核字(2022)第195272号

文化育人：中国文化数字化战略前沿研究

作　　者	王立新　徐方正　主编
责任编辑	李创娇
出版发行	九州出版社
地　　址	北京市西城区阜外大街甲 35 号（100037）
发行电话	(010)68992190/3/5/6
网　　址	www.jiuzhoupress.com
印　　刷	武汉鑫佳捷印务有限公司
开　　本	700 毫米 ×1000 毫米　　16 开
印　　张	16.25
字　　数	255 千字
版　　次	2022 年 10 月第 1 版
印　　次	2022 年 10 月第 1 次印刷
书　　号	ISBN 978-7-5225-1280-8
定　　价	88.00 元

编委会

学术支持

教育部高校思想政治工作创新发展中心（重庆大学）
重庆大学文化创意产业研究院
重庆大学人文社科高端平台（智库）能力提升项目
重庆大学城市化与区域创新极发展研究中心

序

习近平总书记高度重视数字经济的发展，指出"数字经济事关国家发展大局"，"数字经济具有高创新性、强渗透性、广覆盖性，不仅是新的经济增长点，而且是改造提升传统产业的支点，可以成为构建现代化经济体系的重要引擎"。当前，文化大数据成为文化创新的核心要素，数智技术成为文化产业高质量发展的重要手段，文化元宇宙、虚拟数字人、超级演艺现场、沉浸式体验成为文化产业的发展热点。新时代十年，党中央深刻洞察数字经济发展趋势和规律，做出一系列战略部署。中办国办印发了《关于推进实施国家文化数字化战略的意见》，文化和旅游部印发了《关于推动数字文化产业高质量发展的意见》，党的二十大报告提出"实施国家文化数字化战略"，这些政策文件和重要论述为我国数字文化产业发展指明方向。文化数字化战略成为文化强国战略的重要一环，成为成渝双城经济圈创新发展的重要抓手。

数字产业化和产业数字化高速发展，文化与科技深度融合，文化新业态不断涌现，"自治、共享、互通"成为新时代数字文化的价值体系，正深刻影响着学科交叉的跨界创新、知行合一的理论构建和实数融合的应用场景。本论文集以"文化育人：中国文化数字化战略前沿研究"为主题，聚焦 "'一带一路'与世界文旅品牌数字化研究""区域创新极与城市群高质量数字化发展""新兴城市形象描述数字化创意""乡村振兴与非物质文化遗产数字化路径"等四个议题，全面探讨文化经济创意赋能、数字科技文化创新、文旅融合与乡村文化建设等专题内容，遴选了一批国内外重要学术机构和学者专家的最新研究成果，编撰形成前沿性的研究论著，以期向政界、学界和产业界提供政策制定、学术研究和实践探索的参考借鉴。

期待本论文集发挥激扬学术共识的积极作用，积极引发更多的专家学者分享文化数字化跨学科、跨领域的思想洞见与创新成果。

向　勇

北京大学文化产业研究院院长

北京大学艺术学院教授、博士生导师

国家"万人计划"哲学社会科学领军人才

2023 年 1 月 18 日

目　录

第一编

"一带一路"与世界文旅品牌数字化研究

全球电影产业跨国并购网络结构特征与演化规律

臧志彭 赵 妍

近些年来，全球影视文化产业跨国并购风起云涌：美国康卡斯特 2018 年 9 月以 460 亿美元的价格全面收购欧洲最大的付费电视集团——英国天空广播公司；法国维旺迪集团从一家水务与建筑公司通过对欧洲多国电视台和美国环球影业等大规模并购中迅速崛起；2017 年全球第二大连锁影院英国 Cineworld 公司以现金加债款方式共 58 亿美元完成对美国影院运营巨头 Regal 的 100% 股权收购；跨国并购已经成为全球影视产业竞夺优质影视资源、建构国际传播网络、提升文化影响力和话语权的战略路径。

基于全球并购权威数据库 Zephyr 统计分析发现，1997—2019 年总共发生电影产业跨国并购项目 5111 起，参与国家 133 个，并购交易总额超过 5260 亿美元。上述数据一方面反映出世界电影市场跨国兼并收购的活跃程度，另一方面也形成了空间地理上结构化的国家间复杂网络关系。那么，这种复杂的跨国并购活动在全球范围内呈现出怎样的网络结构特征？不同国家间电影产业并购关系存在怎样的演化规律？上述问题反映了全球电影产业的资本流向、国家博弈与演进更替等复杂系统的内在运行逻辑，对于中国电影产业的国际竞争战略规划与政策制定至关重要。然而传统的统计分析、案例分析、历史分析等研究方法均无法深入准确刻画全球跨国并购这一复杂网络关系，因此本文采用社会网络分析方法，对 1997—2019 年世界电影产业并购数据绘制跨国并购全球网络拓扑图谱，以网络化视角探索全球电影产业 20 年来的发展趋势与结构特征，寻找世界电影产业竞争格局中的演化规律，进而分析中国在全球电影产业跨国并购过程中的位置与演进趋势，以期能够为社会各界了解世界电影产业发展格局提供较为扎实的研究参考。

一、全球电影产业跨国并购网络相关研究回顾

自 1993 年全球第五次并购浪潮开始到今天，国际并购活动如火如荼，

由于经济全球化与贸易自由化的程度逐步加深，跨国并购渐渐成为投资国际市场的主要方式。[1] 国内外一些研究还发现并购活动具有一定的周期性，并与经济周期具有很强的相关性。[2] 电影产业作为现代服务业中的重要组成部分，在国际文化服务贸易中占据主要份额，欧美等发达国家也一直在采取多种政策扶持方式以促进影视及相关文化产业的发展。[3] 而进入 21 世纪以来，电影制作、发行以及营销成本相比 20 世纪末已经翻倍，给影视文化公司带来了巨大的资金压力。[4] 与此同时为了不受产业链其他环节的辖制，影视文化公司纷纷采取跨国并购的方式从内容生产、发行及营销等方面完善产业链条、增强价值链优势，促进自身产业价值链协同效应，加深各环节之间的融合度，进而夯实其在全球影视产业中的影响力。[5] 此外，近些年来数字技术给传统电影产业带来日益严重的冲击。网络流媒体的发展促使人们习惯了在互联网上观看影视作品，网飞、谷歌、亚马逊等网络公司对传统电影产业产生了极大的颠覆性影响，迫使传统影视文化公司纷纷进行数字化升级业务架构，而收购或参股已经较为成熟的团队和资源成为便捷的方式，[6] 跨国并购也已经成为影视文化巨头适应技术变革、优化业务结构、保障世界影视产业龙头地

[1] Zademach H. M., A Rodríguez-Pose. Cross-border M&As and the Changing Economic Geography of Europe[J]. *European Planning Studies*, 2009, 17(5): 765-789; Nagano M. Similarities and Differences Among Cross-border M&A and Greenfield FDI Determinants: Evidence from Asia and Oceania[J]. *Emerging Markets Review*, 2013, 16(9): 100-118; Hoskisson, R. E., Wright, M., Filatotchev, I., & Peng, M. M. Emerging Multinationals from Mid-range Economies: The Influence of Institutions and Factor Markets[J]. *Journal of Management Studies*, 2013, 50(7): 1295-1321; Deng P, Yang M . Cross-border Mergers and Acquisitions by Emerging Market Firms: A Comparative Investigation[J]. *International Business Review*, 2015, 24(1): 157-172; 曾兴亮，任超锋 . 全球外资并购市场的形成及规律研究 [J]. 经济问题，2010, 5:116-119.

[2] 谢皓，向国庆 . 中国企业跨国并购浪潮兴起根源探究——基于"抄底效应"及"经济增长"的视角 [J]. 经济问题探索，2014, 4，111-116.

[3] 王玲 . 国际文化商品和服务流动趋势及中国文化贸易崛起——解读联合国教科文组织《文化贸易的全球化：消费的转变》[J]. 思想战线，2017, 4：114-122; 方英，孙尧 . 战略性贸易理论对我国文化贸易的启示——以演出服务贸易为例 [J]. 经济问题，2010, 5: 50-52+119。

[4] Christian, Opitz, Kay, et al. Adverse Selection and Moral Hazard in Equity Partnerships: Evidence from Hollywood's Slate Financing Agreements[J]. *Journal of Economics & Management Strategy*, 2014, 23(4): 811-838.

[5] 薛婧 . 美国影视行业发展的现状、原因及启示 [J]. 企业文明，2020，3：141-142.

[6] 袁璨，朱丽军 . 中国影视行业并购现状与国外经验借鉴 [J]. 中国出版，2015：1625-29.

位的主要方式。[1] 从中国来看，影视文化领域的兼并收购已经成为国内文化资本市场中最为集中的产业门类，[2] 特别是 2012 年以后阿里巴巴、腾讯等互联网巨头纷纷通过兼并收购入局影视文化领域，推动影视产业的快速发展，然而与欧美影视文化强国之间仍有较大差距。[3]

　　跨国并购行为涉及收购方与被收购方以及双方企业所在的城市与国家，进而形成了结构化的复杂并购网络。也就是说，产业并购不仅仅需要以并购涉及的个体为研究对象，还需要从并购网络维度进行深入解析。学术界也关注到了这一复杂的网络现象，有少数学者采用了社会网络研究方法对全球跨国并购网络进行研究，取得了初步的研究成果。[4] Souma&Fujiwara 等基于复杂网络方法对并购前后网络数量研究发现了全球并购中的小集团化网络特征与趋势。[5] 有研究发现网络节点企业间存在重要的资源禀赋差异性，企业通过跨国并购可以获取国内外差异化的战略要素资源，进而增强其创新网络和创新能力。[6] 后锐、杨建梅等对 1997 年亚洲金融危机至 2008 年全球次贷危机期间的并购事件研究发现全球并购富国俱乐部现象明显，并具有典型的小世界效应和无标度特征等复杂网络特征，且呈现一定的全球产业重组与转移规律。[7] 董纪昌、焦丹晓等在将全球跨国并购划分为快速发展期、震荡调整期和持续稳定期的基础上，对跨国并购社会网络研究也得出了基本一致的网络结构结论，此外还发现主动购买是保持全球并购中心地位的必要策略。[8]

---

[1] 蓝轩 . 美国影视企业并购重组：进程、影响和启发 [J]. 文化产业，2020，20：126-131.

[2] 罗青林 . 文化类并购重组市场研究 [J]. 新金融，2017，4：28-32.

[3] 周建新，胡鹏林 . 中国文化产业研究 2017 年度学术报告 [R]. 深圳大学学报 (人文社会科学版)，2018，1：42-57.

[4] Yang J., Lu L., Xie W., et al. On Competitive Relationship Networks: A New Method for Industrial Competition Analysis[J]. *Physica a Statistical Mechanics & Its Applications*,2007, 382(2): 704-714；Wang Z.,Zhao H.,Wang Y. Social Networks in Marketing Research 2001—2014:A Co-word Analysis[J]. *Seientometrics*,2015,105(1): 65-82.

[5] Souma W., Fujiwara Y., Aoyama H. Complex Networks and Economics[J]. *Physica a Statistical Mechanics & Its Applications*, 2003,324(1): 396-401.

[6] Phelps C. C. A Longitudinal Study of the Influence of Alliance Network Structure and Composition on Firm Exploratory Innovation[J]. *Academy of Management Journal*, 2010, 53(4): 890-913.

[7] 后锐，杨建梅，姚灿中 . 全球产业重组与转移：基于跨国并购复杂网络的分析方法 [J]. 系统管理学报，2010，2：129-135.

[8] 董纪昌，焦丹晓，孙熙隆 . 基于社会网络分析的全球跨国并购研究 [J]. 管理评论，2016，10：202-213.

有关世界 175 个国家 22 年并购事件研究显示全球跨国并购网络整体密度呈现不断增强态势，并展现出明显的社团集聚特征。[1] 而从 1997 年至今的时间序列研究也发现全球跨境并购网络呈现明显的小世界特征和"核心—边缘"结构，全球格局从欧美双核演变为三极主导模式，"一带一路"沿线国家和地区较少参与跨境并购，并且全球并购发展趋势与世界经济重大事件之间存在关联。[2] 针对"一带一路"沿线国家和地区以及重点行业的并购网络研究发现了典型的小世界网络现象，鲜明且日趋融合化的社团结构特征，并表现出"中心—半边缘—边缘"特征，新兴市场国家和基础设施完善的国家表现出明显的紧密中心性特点。[3]

随着世界各国文化贸易和国际交流的日益深入，电影产业跨国并购正在逐渐成为全球文化资源配置和国际文化软实力竞争的重要方式。特别是 20 世纪 70 年代开始美国国会和联邦通信委员会逐渐对广播电视等文化传媒产业放松并购管制以来，影视产业兼并收购活动频繁发生且并购规模越来越大，媒体所有权日益集中，例如，2002 年已经有 80% 的商业电视台被大集团所控制。[4] 通过跨国并购，美国的巨型影视文化集团已经占据了世界上新兴市场的有利位置。[5] 随着文化全球化的加深，电影产业已经通过并购建构了全球范围内的文化价值链网络，形成了复杂的非线性结构网络系统。然而传统研究方法无法有效分析国际电影产业的复杂网络结构关系，亟须引入社会学和经济学已经日益广泛采用的社会网络分析方法对上述关系及其演化规律进行深入刻画和探究。然而文献梳理发现目前关于全球电影产业并购的网络结构与演化规律分析的社会网络研究尚比较缺乏。

[1] 郭毅，郝帅 . 全球跨国并购网络特征、演变及影响因素研究 [J]. 北京工商大学学报（社会科学版），2018，6：113-122.

[2] 计启迪，陈伟，刘卫东 . 全球跨境并购网络结构及其演变特征 [J]. 地理研究，2020，3：527-538.

[3] 张辉，黄昊，朱智彬 ."一带一路"沿线国家重点行业跨境并购的网络研究 [J]. 亚太经济，2017，5：115-124；郭毅，陈凌吗，朱庆虎 ."一带一路"国家跨国并购网络关系发展及影响因素研究 [J]. 中国软科学，2018，7：129-137.

[4] Howard H. *Television Station Ownership in the U.S.: A comprehensive study(1950-2002)(Final Report)*. National Association of Broadcasters.

[5] Prehn, O.,Sanchez-Tabernero, A.,& Carvajal, M. *Media Concentration in the European Market: New Trends and Challenges*[M].Servicio de Publicationes de la universidad de Navarra, 2002:102; Albarran A.B.,Chan-Olmsted S.M., *Wirth M.O. Handbook of Media Management and Economics*[M],Mahwah, NJ: Lawrence Erlbaum Associates, 2006: 439.

社会网络是由一组存在相互关系的参与者（节点）组成的网络结构，网络思维对于理解社会权力关系具有十分重要的意义。[1] 社会网络分析方法（SNA）是一种定量分析方式，可以有效测量和映射网络参与者之间的结构关系与组织架构，是识别社会结构模型和研究网络动力学的常用方法，[2] 在社会学与经济学研究领域的应用也越来越普遍。[3] 有鉴于此，本文基于社会网络分析视角，从全球电影产业跨国并购网络拓扑、区域网络、凝聚子群等结构特征及其演化规律维度深入探析世界电影产业的资本流动、空间状态以及中国地位，为全球电影产业并购研究提供新的思路。

二、全球电影产业跨国并购整体演化趋势分析

国际权威的并购数据库 Zephyr 收录了 1997 年以来的全球并购事件记录，本研究以该数据库为数据来源，根据北美产业分类系统（NAICS）的电影产业（Motion Picture and Video Industries）分类标准按照交易完成时间采集了 1997—2019 年全球电影产业并购数据。[4] 考虑到并购总数量和并购交易总额是反映产业并购基本状况的两大核心指标，因此本研究采用并购项目总数与并购总金额两个指标作为研判全球电影产业并购整体演化趋势的主要依据。

统计发现 1997—2019 年间全球电影产业跨国并购总体呈明显增长态势，兼并收购项目总数达到 27423 个，其中收购方与被收购方记录国家信息数据完整的跨国并购（含跨境并购，下同）项目数量达到 5111 个，涵盖参与国家（含跨境地区）133 个，交易金额总数达 5266.60 亿美元。[5] 在按照年份对并购数据预处理的过程中，发现全球电影业并购事件的项目数及交易金额存在较为明显的周期性波动特征，根据数据波动趋势可以基本上划分为 1997—2002

---

[1] Hanneman, Robert A., Riddle, Mark. *Introduction to Social Network Methods*[M]. University of California, Riverside, CA. 2005.

[2] Pham M C, Klamma R, Jarke M. Development of Computer Science Disciplines - a Social Network Analysis Approach[J]. *Social Network Analysis and Mining*, 2011, 1(4): 321-340.

[3] Wang Z., Zhao H., Wang Y. Social networks in marketing research 2001—2014: a co-word analysis[J]. *Scientometrics*, 2015, 105(1): 1-18.

[4] 由于 2020 年全球暴发新冠疫情导致并购数据异常，故而未将 2020 年纳入统计分析。

[5] 因 Zephyr 数据库中的并购交易记录有很多并购项目涉及国家信息缺失（含保密），鉴于研究可行性，本文研究过程中仅统计了并购双方国家信息完整的跨国并购（含跨境并购）项目数量为 5111 个，交易总金额为 5266.60 亿美元，实际跨国并购项目数量和交易金额应高于上述数字，下同。

年、2003—2011 年、2012—2019 年 3 个阶段，也就是说，就周期性波动规律而言，可以初步认为全球电影产业跨国并购活跃度以 5 ～ 8 年为一个基本周期（如图 1 所示）。三大阶段的具体波动演化态势分析如下：

图 1 1997—2019 年全球电影产业跨境并购整体演化趋势

第一阶段（1997—2002）：总体呈现先直线抬升然后快速回落的波动态势。从并购项目数来看，从 1997 年的 44 项大幅攀升至 2000 年的 271 项，增长了 5.16 倍，然后 2000 年之后开始回落，到 2002 年（160 项）下跌了 40.96%；从交易金额来看呈现出相似的演化趋势，从 1997 年的 42.16 亿美元大幅拉升到 1998 年的 277.84 亿美元，增幅高达 559.01%，到 2000 年更是在上一年基础上增长 62.18%，使得该年份的并购金额达到了第一阶段的峰值（422.46 亿美元），之后呈现逐步下跌的趋势。20 世纪末，由于苏联解体导致的东西方冷战时代结束，给国际资本流动提供了良好的政治大环境。而随着互联网技术的快速发展，电影产业并购规模呈现大幅上涨态势。但是随着 2000 年后互联网泡沫破灭，加之 2001 年 "9·11" 恐怖主义事件打击，导致全球电影产业并购热度快速降低。[1]

第二阶段（2003—2011）：呈现以较快速度先增长后大幅下滑的周期性

---

[1] 曾兴亮，任超锋 . 全球外资并购市场的形成及规律研究 [J]. 经济问题，2010，5：116-
    119.

波动趋势。2003 年的非典疫情并未对国际电影产业并购产生消极影响,全球电影产业并购活跃度开始进入快速恢复增长期,到 2006 年跨国并购项目数已猛增至 359 项,达到了 2002 年的 2.24 倍;并购交易金额方面虽然在 2003—2004 年出现了一定下降(-78.25 亿美元),但此后的 2004—2007 年呈直线上升趋势,从 156.91 亿美元增加到 435.59 亿美元,增长 1.78 倍。但在 2007—2009 年,美国次贷危机引起了国际资本流动的大幅减缓,全球电影产业跨国并购活动快速滑坡,尤其在 2008 年跨国并购总金额跌至 103.37 亿美元,较 2007 年下跌了 74.89%;并购项目频次则是从 2007 年起一路下滑到 2011 年的 158 项(降低了 55.99%)。

第三阶段(2012—2019):呈现出新一轮的先增后减周期性演化趋势。2012—2015 年的全球电影产业并购项目数呈"J"形上升,增幅逐渐扩大,在 2015 年到达顶峰(348 项),之后逐步下降,到 2019 年(242 项)缩减了 30.46%;并购项目总金额在 2012—2014 年间经历了小幅上涨,在 2014 年到达第一个小高峰(299.53 亿美元),之后下滑并在 2017 年小幅回升后的 2018 年出现了猛增,比上一年增长 1.02 倍,达到第三阶段的最高值(591.15 亿美元)。美国在第三阶段表现尤其亮眼,其参与并购频次高达 848 项,遥居世界首位,占第三阶段全球总并购频次的 41.88%,尤其是作为并购方参与的项目数达 509 次,达到第二名英国(257 项)的 1.98 倍。

在第三阶段中,2015 年和 2018 年是值得特别关注的年份。2015 年全球电影产业并购数量出现大幅增长,究其原因主要在于法国、澳大利亚等国家与美国之间的并购表现。2015 年美国作为被并购方的跨境并购项目数激增(94 项),同比增长 176.47%,其中法国在这一年中作为收购方参与 30 项并购美国电影企业的事件,澳大利亚、荷兰、加拿大收购美国电影企业也都超过 13 项。法国虽然是第二大影片出口国家,但是由于美国电影在其国内占据市场份额过大(2015 年达到 54.5%),其国内电影产业发展受到严重威胁,[1] 为了应对这一"文化入侵"状况,法国企业纷纷予以反击,然而由于资本实力有限,主要以投资少数股权方式实施并购。根据采集到的数据记录,2015 年法国企业作为并购方与美国企业进行的并购项目中,有 93.33% 的交易类型是"少数股权"(minority stake)。2018 年全球电影业收入再创新高,总额达到

---

[1] 王方.2015 年法国电影产业的格局和策略 [J]. 电影艺术,2016,2:38-43.

968 亿美元，[1] 电影产业的繁荣推动了跨国并购项目中企业的高估值，另一方面美国 2017 年下半年起税收政策发生重大变化，跨国公司海外分公司在之前受到的税收限制被解除，得到大量资金支持，[2] 进而带动全球电影产业年度跨国并购交易总额的大幅抬升。直至 2019 年，由于美国特朗普政府强势推进新贸易保护主义，引发了国际地缘政治紧张及各国贸易摩擦加剧，从而导致全球电影产业跨国并购交易金额出现断崖式下跌（下降了 85.85%）。

三、全球电影产业跨国并购网络拓扑结构及演化分析

本研究将搜集到的数据输入 Netdraw 软件进行跨国并购国家网络的可视化图像绘制，主要围绕国家节点的点度中心度这一指标进行绘图。网络拓扑图中的国家节点大小代表该国家的加权度（不考虑方向该节点发生并购关系的总数），图中线条的箭头方向表示资本流动方向，线条的粗细则表示连接的两个国家之间电影并购活动的频率大小，由此形成全球电影产业跨国并购网络拓扑图，如下面图 2 所示。总体来看，全球电影产业跨国并购网络呈现高度复杂性和中心化特征。进一步结合网络边数、节点数、加权度（包含加权出度、加权入度、净加权出度以及无方向加权度）等全球电影产业并购网络主要拓扑指标研究发现以下 4 个问题。

---

[1] 美国电影协会 .2018 年全球电影主题报告 .2019，03：https://www.motionpictures.org/ research-docs/2018-theatrical-home-entertainment-market-environment-theme-report/.

[2] 钱志清 . 全球外国直接投资新趋势及经济特区发展的挑战——《2019 年世界投资报告》综述 [J]. 国际经济合作，2019，4：4-19.

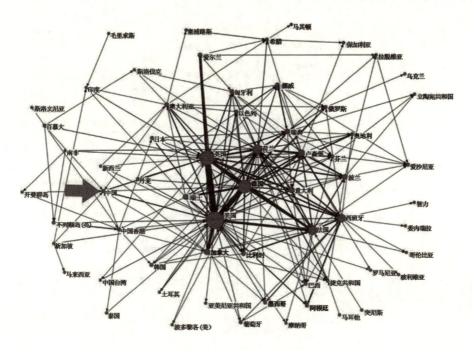

a 第一阶段（1997—2002 年）

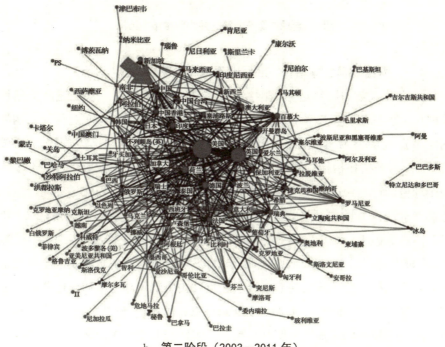

b 第二阶段（2003—2011 年）

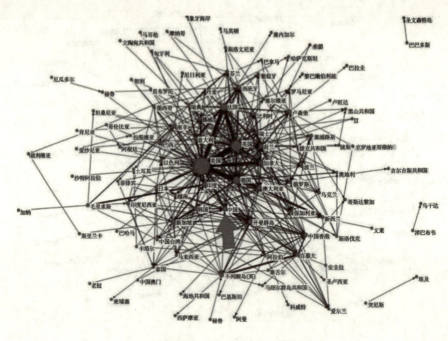

c 第三阶段（2012—2019 年）

图 2 全球电影产业跨国并购网络拓扑结构

（一）网络规模总体增长、期间出现两次锐减

网络节点数与网络边数是网络规模分析的主要指标，从上述两个指标反映出来的网络规模变化趋势来看（详见图 3），全球电影产业跨国并购的网络节点数从 1997 年的 25 个增长到 2019 年的 44 个，网络边数从 37 增长到 101，两个拓扑指标分别增加了 76.00% 和 172.97%，由此可见近二十多年间全球电影产业跨国并购网络规模有了较大幅度的提升。而在这期间，全球电影产业跨国并购的网络规模扩张也经历了两次大的波动：一次是 2001 年互联网泡沫破灭，全球电影业并购网络中国家并购关系数（网络边数）锐减了 31.65%；第二次是在 2009 年，随着 2008 年美国次贷危机引发的全球金融海啸对于电影产业的跨国并购造成了严重冲击影响，导致全球电影业并购网络节点数下降了 24.66%，网络边数下降了 34.88%。就整个 23 年演化进程而言，网络规模的明显扩大说明参与到全球电影产业竞争中的国家以及国家间发生跨国并购关系数量在显著增加。而实际上从内在演化机理来讲，全球电

影产业的并购整合其实是一个自我强化的过程，当产业中的重要竞争者开始通过并购扩张网络时，其他竞争者将被迫跟进从而维护自身网络地位和市场势力。[1]

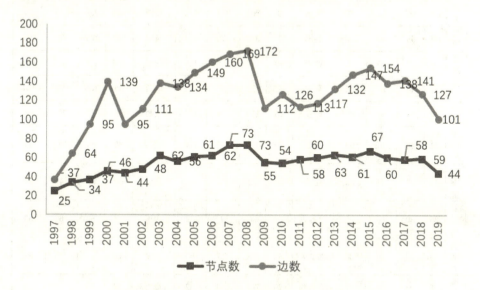

图3　全球电影产业跨国并购网络节点数与边数

（二）富国俱乐部现象明显，美国单极化趋势更加凸显

研究对1997年以来全球电影产业跨国并购加权度[2]按照三大阶段进行了分别排名，提取了前二十强国家。根据净加权出度区分电影产业外向型国家（净加权出度＞0，本国资本向外并购）和内向型国家（净加权出度＜0，外国资本进入国内并购），如表1所示。

---

[1] Aris A., Bughin J. *Managing Media Companies: Harnessing Creative Value, 2nd ed.*[M]. Chichester:John Wiley & Sons. 2009.
[2] 这里的加权度是指无方向加权度，即不考虑并购或被并购方向性的加权度。

表 1　1997—2019 年三大阶段全球电影产业跨国并购网络核心国家加权度二十强

第一阶段（1997—2002）					第二阶段（2003—2011）					第三阶段（2012—2019）				
国家	加权出度	加权入度	净加权出度	加权度	国家	加权出度	加权入度	净加权出度	加权度	国家	加权出度	加权入度	净加权出度	加权度
美国	183	130	53	207	美国	591	204	387	611	美国	509	339	170	607
英国	148	98	50	164	英国	273	343	-70	464	英国	257	181	76	320
德国	137	78	59	143	德国	90	116	-26	155	法国	136	115	21	190
荷兰	74	48	26	92	荷兰	123	62	61	144	德国	85	158	-73	184
法国	60	58	2	82	印度	25	119	-94	121	澳大利亚	76	47	29	98
西班牙	34	46	-12	69	中国	20	105	-85	106	加拿大	95	64	31	98
卢森堡	43	19	24	48	法国	70	72	-2	101	荷兰	69	65	4	94
意大利	25	30	-5	45	百慕大	64	60	4	99	中国	44	80	-36	93
加拿大	34	24	10	38	加拿大	83	58	25	85	印度	10	85	-75	88
瑞典	16	25	-9	37	意大利	20	71	-51	82	开曼群岛	57	39	18	83
瑞士	18	27	-9	34	不列颠岛（英）	75	22	53	79	新加坡	65	32	33	79
波兰	6	26	-20	29	西班牙	39	46	-7	75	意大利	21	60	-39	73
比利时	9	22	-13	24	澳大利亚	42	47	-5	73	中国香港	60	26	34	67
爱尔兰	5	18	-13	22	瑞士	69	12	57	72	韩国	22	51	-29	66
澳大利亚	16	15	1	21	卢森堡	65	9	56	67	西班牙	13	58	-45	64
匈牙利	2	18	-16	19	瑞典	47	39	8	67	百慕大	24	51	-27	62
挪威	11	11	0	18	俄罗斯	19	51	-32	62	不列颠岛（英）	54	16	38	57
中国	0	16	-16	16	中国香港	39	41	-2	58	南非	38	20	18	55
奥地利	4	14	-10	14	开曼群岛	38	25	13	51	卢森堡	48	13	35	52
阿根廷	1	13	-12	13	新加坡	34	24	10	49	挪威	39	14	25	47

可以发现,富国俱乐部现象明显存在,第二阶段有所减弱,第三阶段又有加强。在第一阶段(1997—2002),欧美发达国家牢牢占据全球电影产业跨国并购网络中心,网络核心国家中有18个为西方强国,进入十强的均是欧美发达国家,体现出绝对的富国垄断现象。进入第二阶段,加权入度和加权出度都大幅提升,意味着在2003—2011年间全球范围内电影产业跨国并购方面的活跃性大大增加,虽然仍是欧美发达国家占据主要地位(12个北美与欧洲国家、3个英属海外领地),但是受金融危机影响,以印度和中国为代表的新兴市场国家排名进入前六强,中国香港和新加坡也进入二十强参与全球电影产业市场争夺。然而到了第三阶段,澳大利亚、加拿大等传统西方强国保持增长,进一步巩固了富国俱乐部的影响力。研究进一步对3个阶段数据进行函数拟合,发现拟合度最好的是幂函数,且R^2指数在0.97以上,进一步验证了网络结构存在"无标度特性",即存在明显的"富国俱乐部"现象,这一特征与其他学者进行的全产业跨国并购网络研究结论是基本一致的。[1]

美国逐渐甩开欧洲,单极化趋势更加突出。三大阶段的国家加权度指标比较分析发现,美国电影产业跨国并购的加权度在第一阶段为207,比排名第二位的英国(164)仅高出26.22%;到了第二阶段,美国的加权度猛增至611,达到了第一阶段的2.95倍,虽然同期英国的加权度也增长了1.83倍,但其与美国的差距仍然扩大到了31.68%;然而进入第三阶段,英国虽然仍然排在第二位,但其加权度下降到320,与美国的差距扩大到了89.69%(根据表2数据计算)。由此可见,美国从1997年以来在全球电影产业跨国并购中的影响力展现出日益明显的单极化趋势。

(三)新兴市场国家进位突出,但仍处"被收割"状态

互联网技术推动的全球化趋势蔓延使得新兴市场国家能够参与电影产业世界市场竞争。根据表2排名来看,新兴市场国家在第二阶段开始进入全球电影产业并购网络前二十强,其中印度和中国更是进入前六强。到了第三阶段(2012—2019),亚洲的新加坡、韩国排名都有所上升,非洲的南非共和国也进入网络加权度排名前20位。可以明显发现,由第一阶段的欧美单一中心网络逐渐变成多区域联动,跨国并购网络区域集中度有所下降。网络结构

---

[1] 计启迪,陈伟,刘卫东.全球跨国并购网络结构及其演变特征[J].地理研究,2020,3:527-538.

呈现这样的特征变化，一方面是由于欧美电影发达国家发展较快，国内市场饱和度高，因此许多企业将投资目光转向电影市场尚未成熟但是票房潜力较高的新兴市场地区，跨国电影并购资本流向也因此发生变化；另一方面，新兴市场国家在经历了第二阶段外来资本注入与其国内政策扶持双重刺激过程后，国内的电影产业有了长足的发展，实力有所提升，在第三阶段全球电影并购网络中的参与更加深入。然而，需要特别注意的是，作为新兴市场国家的代表，印度和中国的电影产业跨国并购加权度虽然在第二阶段一跃进入全球前6位，在第三阶段仍然排在了前9位，然而这两个国家的净加权出度一直是负值（如表1所示），也就是说一直处于被收购次数大于主动收购次数的"被收割"状态。

（四）中国从网络外层向中心靠近，但仍未进入核心圈层

从全球电影产业跨国并购网络拓扑图（如前文图2）来看，可以明显看到在第一阶段中国所处位置在较为外层的位置，且节点尺寸在网络中相对较小（加权出度为0，加权入度为16，即中国作为被收购方项目数16个），在该时期只有国内电影企业被他国收购的情况，中国属于被动参与全球电影竞争。到第二阶段，中国开始密集参与到整个全球电影市场竞争中，与他国的电影并购关系更加频繁，开始主动发起对他国电影企业的吸收与合并，例如2012年大连万达集团以总额26亿美金完成对AMC公司全部股权的收购。但是每年中国作为收购方的项目都不超过5起，且主要是与国外上市的中国企业进行的，被并购项目数仍然大大超过收购项目数，由于国内强大的票房实力而成为众多电影发达国家的资金流向目的地。而第三阶段中国在整体网络中向中心区域移动的同时，相比第二阶段，中国电影产业竞争实力有了更大幅度提升，加权出度增加了110%，特别是在2015年中国净加权出度值变负为正——在全球电影产业并购中处于收购方的项目数多于作为被收购方，表明中国正在以更加积极主动的姿态参与世界电影市场的并购浪潮。2015年万达集团以3.66亿美元收购澳大利亚第二大院线HG HOLDCO所有股份，2016年又并购美国传奇影业公司；2015年北京七星环球文化发展股份有限公司对美国YOU ON DEMAND HOLDINGS INC. 增资15.91%；2017年东方翌睿收购西班牙IMAGINA MEDIA AUDIOVISUAL SL视听公司53.5%的股份花费11.70亿美元……多项大型跨国并购项目鼓舞了国内电影企业出海的信心。然而，从网络拓扑结构演化来看，中国虽然在全球电影并购整体网络中的位置逐渐向中心靠近，然而仍然未能进入核心圈层。

四、全球电影产业跨国并购网络子群凝聚格局与演化态势

通过对全球电影产业并购网络的凝聚子群分析，可以发现密切发生电影产业并购关联的国家子群。所谓凝聚子群分析，其实是一种社会结构研究，通过 Concor 算法等迭代相关收敛法，对矩阵中各行（或列）之间的相关系数进行重复计算，最终会得到一个仅由 1 和 -1 组成的相关系数矩阵，并以树形图形式表达各位置间的结构对等性程度，标记出各位置所拥有的节点，以此挖掘网络中的子群（社群派系），进而可以对网络连接紧密且具有关联跨国并购行为的国家群体进行刻画分析。[1]

（一）全球电影产业跨国并购网络呈现较为显著的子群凝聚效应

本研究将全球电影产业并购网络数据进行二值化处理，利用 ucinet 软件中的 concor 指令，最大分割深度设为 3，在对 1997—2019 年三大阶段数据进行社会网络分析后得到了每个阶段的子群凝聚状况以及相应的密度状态（详见表 2 所示）。分析发现，一方面全球电影产业跨国并购网络在 1997—2002 年、2003—2011 年和 2012—2019 年 3 个阶段都形成了凝聚子群，说明全球电影产业发展过程中表现出了明显的子群凝聚效应；另一方面，三大阶段的全球电影产业并购网络都形成了 4 个二级凝聚子群和 8 个三级凝聚子群，在子群凝聚数量结构上较为一致。凝聚子群的形成，说明世界各国在电影产业并购博弈过程中，由于国与国之间的并购交易关系不均衡非线性发生，逐渐演化出了相对集聚团组化的现象，在各个凝聚子群内部的国家间展现出相比其他国家更加紧密和活跃的并购互动关系与行为，呈现出更强的跨国电影产业资源整合意向和更优的资源配置效率。[2]

---

[1] 刘军 . 整体网分析：UCINET 软件使用指南 [M]. 上海：格致出版社，2019：247.

[2] 郭毅，郝帅 . 全球跨国并购网络特征、演变及影响因素研究 [J]. 北京工商大学学报 (社会科学版)，2018，6：113-122.

表2 1997—2019年全球电影产业并购网络凝聚子群分布表

第一阶段				第二阶段				第三阶段			
三级子群	国家（地区）	数目	内部密度	三级子群	国家（地区）	数目	内部密度	三级子群	国家（地区）	数目	内部密度
1	美国、英国、德国、荷兰、法国、西班牙、卢森堡、意大利、瑞士、瑞典、比利时、挪威、突尼斯	13	0.577	1	美国、英国、印度、加拿大、百慕大、不列颠岛（英）、开曼群岛、日本、新加坡、爱尔兰、韩国、毛里求斯、南非、新西兰、马来西亚、泰国、尼日利亚、西萨摩亚、波斯尼亚和黑塞哥维那、巴哈马、阿尔及利亚、马其顿、瑙鲁、斯里兰卡、尼泊尔以及中国大陆、香港、台湾地区	29	0.220	1	美国、英国、法国、德国、澳大利亚、加拿大、荷兰、西班牙、卢森堡、挪威、瑞典、瑞士、比利时、以色列、墨西哥、丹麦、奥地利、卡塔尔、斯洛文尼亚、摩纳哥、波斯尼亚和黑塞哥维那、伯利兹、卢旺达、立陶宛共和国、马耳他、塞内加尔、象牙海岸	29	0.200
2	加拿大、爱尔兰、以色列、日本、不列颠岛（英）、丹麦、新西兰、泰国、丹麦以及中国大陆、香港、台湾地区	13	0.061	2	墨西哥、巴西、哥伦比亚、阿根廷、阿联酋、以色列、土耳其、智利、印度尼西亚、拉脱维亚、克罗地亚、沙特阿拉伯、波多黎各（美）、希腊、冰岛、摩尔多瓦、中国澳门、越南、格鲁吉亚、白俄罗斯、哈萨克斯坦、关岛、洪都拉斯	24	0.018	2	巴西、阿联酋、乌克兰、塞尔维亚、斯洛伐克、土耳其、阿根廷、哥伦比亚、匈牙利、菲律宾、拉脱维亚、秘鲁、直布罗陀、智利、爱沙尼亚、肯尼亚、坦桑尼亚、吉尔吉斯共和国、沙特阿拉伯	19	0.011
3	阿根廷、捷克共和国、俄罗斯、葡萄牙、韩国、墨西哥、巴西、土耳其、波多黎各（美）、罗马尼亚、摩纳哥、亚美尼亚共和国	12	0.008	3	纳米比亚、卡塔尔、安哥拉、玻利维亚、肯尼亚、黎巴嫩、阿曼、津巴布韦、特立尼达和多巴哥、牙买加、巴勒斯坦、巴布亚新几内亚、巴基斯坦、博茨瓦纳、吉尔吉斯共和国、蒙古、亚美尼亚共和国	17	0.007	3	印度、开曼群岛、新加坡、韩国、百慕大、南非、新西兰、日本、俄罗斯、印度尼西亚、爱尔兰、巴哈马、越南以及中国大陆、香港、台湾地区	17	0.243
4	波兰、澳大利亚、匈牙利、奥地利、芬兰、希腊、百慕大、印度、南非、斯洛伐克	10	0.044	4	意大利、俄罗斯、比利时、波兰、葡萄牙、芬兰、保加利亚、乌克兰、罗马尼亚、捷克共和国、丹麦、匈牙利、立陶宛共和国、科威特、斯洛文尼亚、柬埔寨	16	0.021	4	塞浦路斯、波兰、捷克共和国、罗马尼亚、尼日利亚、黑山共和国、克罗地亚、巴拉圭、哈萨克斯坦	10	0.067
5	拉脱维亚、立陶宛共和国、开曼群岛、马耳他、斯洛文尼亚、乌克兰、马来西亚、毛里求斯	8	0.000	5	德国、荷兰、法国、瑞典、西班牙、瑞士、卢森堡、塞浦路斯、挪威、奥地利、突尼斯、马耳他、摩纳哥、塞尔维亚、摩洛哥	15	0.200	5	老挝、阿曼、埃及、巴巴多斯、柬埔寨、津巴布韦、科威特、圣文森特岛、乌干达、突尼斯	10	0.033
6	哥伦比亚、玻利维亚、智利、委内瑞拉	4	0.000	6	爱沙尼亚、菲律宾、克罗地亚库纳、康尔沃	4	0.000	6	不列颠岛（英）、毛里求斯、泰国、斯里兰卡、安圭拉、巴基斯坦、海地共和国、中国澳门、文莱	9	0.014
7	塞浦路斯、保加利亚、马其顿	3	0.000	7	秘鲁、尼加拉瓜、巴拿马、危地马拉	4	0.000	7	巴拿马、塞舌尔、哥斯达黎加、马绍尔群岛共和国、瑙鲁、圣卢西亚、西萨摩亚	7	0.000
8	爱沙尼亚	1	0.000	8	委内瑞拉、巴拉圭	2	0.000	8	玻利维亚、希腊、厄瓜多尔、加纳、马其顿	5	0.000

注：本表所列国家（地区）的排列顺序是根据该国（地区）参与并购频次进行的，排名越靠前表明其参与并购（含并购与被并购）频次越多。

(二)美国始终引领第一子群,美欧联盟被冲击后再聚全球影响力

纵观三大阶段的凝聚子群演化规律可以明显发现:美国始终处在凝聚国家数量最多的第一子群,引领全球电影产业并购格局的演进;与此同时,还可以发现美欧联盟在第一阶段集聚效应非常显著,而在第二阶段被冲散到了不同子群中,第三阶段则又重新凝聚,并集结了更多国家进而形成了更大范围的影响力。具体来讲,在第一阶段,美国与英法德意荷瑞西挪等欧洲传统强国凝聚形成联系最为紧密的子群(凝聚国家数量为 13 个),该子群以凝聚密度 0.577 远超其他子群,成为优势非常明显的第一子群。到了第二阶段,美国所在的子群凝聚了高达 29 个国家节点,形成了全球最具影响力的凝聚子群,其子群内凝聚密度达到 0.220,虽然相比第一阶段的第一子群密度下降了很多,但是仍然是 8 个子群中密度最高的;然而这一阶段美欧联盟被严重冲散,除了英国紧随其后外,法国、德国、荷兰、西班牙等主要欧洲国家则独立成群。进入第三阶段,美国和欧洲主要国家不仅重新聚集,而且其凝聚范围不仅扩大到了芬兰、丹麦、奥地利等欧洲传统强国,还整合了澳大利亚、加拿大、以色列等西方诸强,甚至还延伸到了墨西哥、卡塔尔、塞内加尔等亚非拉国家,形成了遍及全球的强大影响力。

(三)中印韩日俄引领形成世界电影产业格局中新的结构性力量

凝聚子群分析进一步发现,中国和日本在三大阶段聚集演化过程中始终集聚在一起,韩国、印度、俄罗斯在三大阶段聚集演化过程中也曾多次集聚在一起,说明上述国家之间的电影产业并购互动交易频繁而紧密,产生了显著的凝聚效应。从最新演化的第三阶段来看,除了美欧凝聚全球多国力量形成的第一子群外,中国、印度、韩国、日本、俄罗斯等传统强国和新兴市场国家形成了联系紧密的新子群,其内部凝聚密度达到了 0.243,成为第三阶段密度最高的凝聚子群。分析发现,驱动这一子群凝聚的内在因素实际上既有地理距离相近的位置集聚性,也有儒家文化圈的文化凝聚性,此外还显现出一定的避税资本偏好集聚特征(如开曼群岛、百慕大及巴哈马)。正是上述 3 种因素的交融汇合,推动该子群在与欧美列强博弈过程中构筑了影响全球电影产业格局的新的结构性力量。

五、结论与建议

（一）主要结论

跨国进行兼并收购活动是世界电影产业十分常见的国际投资行为，并且随着全球文化贸易交流不断加深，电影产业跨国并购也在全球文化资源配置过程中成为各国软实力竞争与建构国际传播能力的重要方式。本文采用 Zephyr 数据库中 1997—2019 年全球电影产业涉及 133 个国家 5111 个跨国并购项目数据，运用社会网络分析方法，根据总体趋势波动规律划分出的 3 个时间阶段（1997—2002 年、2003—2011 年和 2012—2019 年），对这 20 多年来全球电影产业跨国并购网络的结构演化规律及其日益显现的战略态势进行深入分析，主要得到如下结论：

一是总体趋势方面，采用世界电影产业跨国并购的总项目数、交易总金额两个指标作为主要依据，发现全球电影产业跨国并购存在周期性波动特征，全球跨国并购活跃度以 5～8 年为一个基本周期，整体呈波动上升趋势。全球电影产业跨国并购与国际金融投资环境的优劣、国际政治关系以及对外贸易政策取向，尤其是发达国家电影产业政策变迁等密切相关。

二是网络结构方面，全球电影产业跨国并购网络整体规模呈现增长，但在 2001 年和 2009 年出现了两次锐减。全球电影产业跨国并购网络在三大阶段均存在较为明显的"富国俱乐部"特征，其中第二阶段受金融危机影响略微减弱。美国的总加权出入度领先全球，而且其单极化趋势愈发明显，在第三阶段对第二位的领先程度已经高达 90%。新兴市场国家在全球电影产业并购网络中的地位逐步提升，以少量国家为核心的网络结构逐渐消解，多地区联动的网络日渐形成，然而仍然处于"被收割"为主的状态。

三是凝聚子群分析发现，全球电影产业跨国并购网络从 1997 年以来的三大阶段中都形成了 4 个二级子群和 8 个三级子群，表现出典型的子群凝聚效应；美国在三大阶段中长期引领第一子群，美欧联盟在第二阶段被新兴市场国家冲散，但在第三阶段重新汇聚，并整合欧亚非大洋洲等各洲力量形成全球影响力；在地理、文化和避税偏好三大因素凝聚驱动下，中印韩日俄引领多国形成堪与欧美列强博弈的全球电影产业新的结构性力量。

四是中国在全球电影产业跨国并购网络中的地位逐步上升，但仍未进入全球电影产业并购网络核心圈层。从阶段演化来看，第一阶段中国明显处于全球电影产业并购网络外层位置；到了第二阶段，中国密集参与到全球电影产业并购市场，但主要处于被并购地位；第三阶段中国主动发起收购的频次大幅增加，加权出度增加了 1.2 倍，且在 2015 年净加权入度值变成正数；然而尽管如此，拓扑网络分析显示中国距离进入全球电影产业并购网络核心圈层还有一定距离，中国在全球电影产业中的地位和影响力还有较大提升空间。

（二）对策建议

有鉴于此，现阶段中国需要根据全球电影并购网络结构态势演化规律大力增强电影产业跨国并购能力、加快建构强有力的电影产业国际传播体系。

一是推进电影内容创作环节的跨国并购，快速提升中国原创内容生产能力。特色原创内容魅力可以在很大程度上消解不同国家之间文化差异与民众偏好造成的国际传播困难和文化折扣。可以通过政策扶持资金和多种金融手段组合降低文化企业跨国并购的资金成本，加强对内容创作价值链环节的海外并购力度，提高中国电影产业在全球范围内的原创内容影响力和地位。

二是抢抓核心技术进阶升级机遇，突破现阶段电影产业全球价值链格局。电影产业是一个伴随传播技术革新而不断升级的行业，每一次并购浪潮的发生都伴随着传播科技的迭代和新兴业态的出现。在当前人工智能、5G、虚拟现实、全息投影、区块链等第四次科技革命浪潮背景下，现有全球电影产业价值链格局正在受到新的冲击和洗牌，中国要通过跨国并购抢占技术革新优势，为电影产业注入新的动能，突破欧美发达国家对全球电影产业价值链的封锁。

三是通过并购和创新开拓海外市场渠道，增强中国电影产业全产业链国际运营能力。国内电影作品出海遇到的一大困难就是缺少院线分发渠道，欧美发达国家掌控了电影产业的全球发行体系。一方面，可以通过海外并购和合资合作，以投资入股和共同生产的方式打开海外电影产业发行渠道的大门；另一方面，积极通过建立社交媒体分发、人工智能精准分发、区块链新型分发以及与汽车、电信等海外跨行业巨头合作分发等多种形式创新中国文化产业国际发行体系，通过提升中国文化产品的国际运营水平以建构和增强国际传播能力。

需要指出的是，限于篇幅和能力，本研究仅对 1997 年以来全球电影产业跨国并购的总体趋势、网络结构特征演化规律以及初步显现的战略竞争态势进行了较为粗线条的刻画分析，为社会各界了解全球电影产业跨国并购宏观状况提供了参考，然而对于全球电影产业跨国并购网络发展演化的影响因素挖掘和驱动机制分析，以及更为深入的典型国家间并购博弈关系和全球电影产业价值链升级策略等研究课题则有待于未来进一步探索。

[注：本文系国家社科基金一般项目"区块链对数字出版产业全球价值链重构机理与中国战略选择研究"（批准号：20BXW048）阶段性研究成果]

作者简介

臧志彭，现任华东政法大学教授、博导，传播学院数字传媒与文化产业学科负责人、导师组组长，数字传媒与文化产业研究中心主任，华东政法大学"经天学者"，美国杜克大学（Duke University）访问学者，兼任国际创意管理专委会委员，复旦大学国际公共关系研究中心研究员，上海交通大学中国城市治理研究院特邀研究员等。近些年来主持国家类社科基金项目2项、中英联合国际课题1项、省部级课题8项，出版学术著作6部，发表学术论文80余篇（含合作），其中SSCI检索论文5篇，《新华文摘》全文转载2篇，CSSCI来源期刊论文52篇，人大复印资料全文转载8篇；5篇专报获得省部级以上领导肯定性批示和采纳。荣获上海市中国特色社会主义理论体系研究和宣传优秀成果二等奖(省部级)、上海市决策咨询研究成果二等奖(省部级)、上海市社会科学界第十届（2012）、十六届（2018）学术年会"优秀论文"奖、江苏省文化产业学会科研优秀成果一等奖（2019）、中国文艺评论家协会中国文化创意产业优秀论文奖（国家一级学会）等多项高等级科研奖励。

赵妍，华东政法大学传播学院在读研究生。

VR/ AR 技术在韩国博物馆中创新发展与启示

[韩] 金宝镜 金娜瑛

一、引言：5G 时代韩国社会的趋势及韩国千禧一代消费者的趋势

随着 2019 年 4 月 3 日推出 5G 智能手机的出现，韩国 3 个移动运营商（SK Telecom，KT，LG U+）推出了 5G 服务，并实现了全球首个基于智能手机的 5G 商业化。5G 是推动整个社会进行创新变革的动力，并有望为改善公民的生活质量和升级文化艺术产业的基础设施做出巨大贡献。5G 是指第五代移动通信，与现有的第四代移动通信（长期演进）相比，它可以更快（超高速）地传输大量数据并实时连接所有内容（超低延迟）。它是第四次工业革命的核心基础设施。

表 1 现有移动通信（4G）和 5G 的核心性能比较 ＊国际电信联盟（ITU）

核心性能		4G	5G	与 4G 对比
超高速	最快传送速度	1Gbps	20Gbps	20 倍
超低延迟	传送延迟	百分之一秒	千分之一秒	1/10
超链接	最多可匹配机器数量	十万个／千米²	百万个／千米²	10 倍

因此，预计 5G 将极大地改善现代人的生活质量，成为推动整个社会进行创新变革的动力。换句话说，这意味着所创造的内容与现实并无差距，甚至可以实现在虚拟现实中的互动，也有可能实现沉浸式远程学习。

5G 时代的到来及高速传输大量数据得以实现，8k 内容的使用环境将会加速取代 4k 内容的使用环境，并且会加速虚拟现实及现实内容的使用和传播。

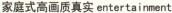

家庭式高画质真实 entertainment   移动式动态现实型媒体

图 1　动态现实媒体消费

　　如今，在线和离线之间的界限正在变得模糊，虚拟现实和增强现实已用于游戏，医疗，教育，购物和展览等各个领域。本研究将着重关注 5G 时代的虚拟现实与增强现实，讨论什么是虚拟现实，增强现实，混合现实和扩展现实（VR、AR、MR、XR）以及韩国千禧一代[1] 怎样适用于上述技术生活和消费。根据韩国消费者趋势报告，以家政两立[2]、价心比[3]、经验、"新复古风[4]"等作为关键词的韩国千禧一代，倾向于以自己独特的方式去消费。韩国千禧一代不仅是 5G 时代 VR 和 AR 的主要消费者，而且还是开发 VR 和 AR 技术的主要一代。因此，了解他们有助于预测 VR 和 AR 技术在第四工业时代是被如何利用和发展的。而本人更加专注的是 VR 和 AR 技术在博物馆运用中的发展。除了博物馆已有的展示、保存等作用，这篇文章着重于讨论如何运用 VR，AR 技术来将博物馆发展成集美、历史、科学为一体的动态博物馆，及其

[1] 千禧一代是指世界范围内 1982 年至 2000 年出生的一代人，在韩国指 1981 年至 1996年之间出生的婴儿潮一代（1936 年至 1955 年出生）的孩子，以 2009 年为基准大概 23岁至 38 岁之间的人。

[2] 家政两立（Work-Life Balance），根据宋英美，《关于工作和生活的平衡的质量研究：以深层面试为基础的均衡条件的探索》，高丽大学研究生院硕士论文，韦拉贝尔（Wolabel）是 Work-Life Balance 的简称，意思是工作和生活的均衡。

[3] 价心比是首尔大学消费趋势分析中心预测的 2018 年消费趋势之一，是指比起价格和性能更重视心理稳定和满足感的消费形态。这是"价格"加上"心"字的新造词。2018年广告公司 HS Ad 对 SNS 上的 120 亿件大数据进行分析的结果显示，从 2017 年下半年开始，价心比超过了性价比的提及量。

[4] 新复古风（Newtro）：根据 eduwill 常识研究所，《eduwill 试思式 2018 年 11 月》新造词，新造词 (new) 和复古 (retro) 与流行转来转去的说法有关。实际上，通过过去流行的设计在数十年后重新流行的现象可以确认这一点。中老年文化是指在模拟感性的基础上，利用最新技术强化功能的商品 (服务)，给中老年人带来回忆和乡愁，给年青一代带来新鲜和乐趣。

现状和启示。

二、AR-VR博物馆数字技术系统在生活中的应用案例

虚拟现实（Virtual Reality，简称VR）和增强现实（Augmented Reality，简称AR）都是虚构的现实，有着可以提供现实生活中无法体验的新环境、扩张体验等的共同点。但是，删除虚拟现实是一种体现新空间的技术，而增强现实则是一种在现实世界中增加虚拟体验的技术。换句话说，虚拟现实技术是一种能够让用户感觉自己好像在虚拟空间中的技术，通过使用可穿戴设备，用户可以体验到自己在水中或宇宙中等不同的空间中的感觉。增强现实是一种将虚拟图像叠加在现实世界中的技术。与虚拟现实（完全虚拟的图像）不同的地方在于，增强现实将一些虚拟图形添加到现实世界中。前段时间的热门话题"Pokemon GO"就是一款利用增强现实技术的游戏。与需要使用特殊设备才能显示新环境的虚拟现实不同，增强现实更易于操作使用，因为它可以直接通过智能手机应用程序运行。

图2 "Pokemon GO"——因虚拟角色出现在现实世界中而广受欢迎的游戏

混合现实这一术语有着完善现有技术的局限性的意图，这一技术融合了AR与VR的优点，也就是说，该技术通过在现实场景呈现虚拟场景信息，将现实世界和虚拟世界重叠起来。听起来与AR的区别不大。如果说在AR技术中能够清楚地分辨出真实的内容和虚拟的内容，那么MR技术中两者是几乎无法区分开的。这项技术在微软公司发布HoloLenz后逐渐广为人知。

图3 MR，利用了 HoloLens 的福特

拓展现实是一项包含 AR、VR、MR 的技术。近来，"拓展现实"这一术语也开始被使用。扩展现实在词义上与增强现实类似，但在技术上的解释却截然不同。XR 中的"X"代表的是变量。这一术语包含着未来可能会出现的不同形态的"现实"。XR 技术将使得现实和虚拟之间的距离逐渐消失，从而使人们能够触摸到放置在现实空间中的虚拟物体。因此，XR 的出现意味着在未来 AR、VR、MR 将不必被区分。

图4 XR 应用案例

随着这些市场的快速扩大，现有许多跨国公司都在关注并积极地进行投资。根据 Counterpoint Research 的最新报告，2017 年全球 AR／VR／MR 耳机的出货量约为 1000 万台，但由于 AR 的快速增长，预计到 2022 年将销售超过 6600 万台。

通过 2018 年发布的"头号玩家"，可以预想活用 AR、VR、MR、XR 的状况[1]。可以在与现实基本没有差别的增强现实或是虚拟现实中，做出实际交互式的内容，也可以亲身体验。

---

[1] "头号玩家"是美国在 2018 年发布的 SF 冒险类电影。该片根据恩斯特·克莱恩同名小说改编，是一个展现虚拟现实的好莱坞大片。

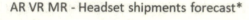

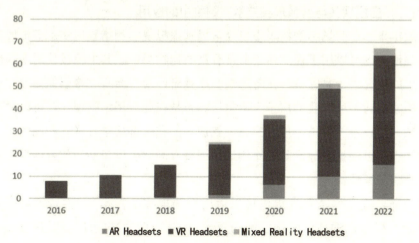

图5 AR\VR\MR 耳机销售增长情况

（一）虚拟现实与增强现实技术在教育中的应用

教育领域，虚拟现实和增强现实的使用量正在增加，这表示它们将来的发展空间非常大。

虚拟现实技术在教学中也很实用。坐在教室里，就可以体验数千公里外的异国风光或壮丽的自然风光。谷歌公司推出的"Expeditions"项目就是一个典型的例子。这是将一个将虚拟现实内容作为学校教学内容的项目，例如巴黎卢浮宫博物馆的内部、中国长城的风景以及太空内阁中的地球。谷歌最近在美国、英国和加纳的小学进行了演示。2015 年，三星在巴西里约热内卢的一所郊区小学为学生举办了一次冲浪课。[1]

例如，学生们可以通过虚拟现实体验从未访问过的各个区域，与此同时学习这些地方的历史、地理等，也可以借此体验宇宙真实的样子来学习科学。也可以在读书时，通过虚拟现实技术体验书中提及的场所和背景。像解剖学或建筑项目等领域中，也通过提供虚拟图像来学习。在阅读文本中的历史教科书的同时，还可以通过虚拟现实真实地体验当时的时代，从而加深理解和学习。整合这些技能可以帮助激发学生的积极性和参与度，从而提高教育效率和互动性。通过虚拟现实和增强现实来学习新知识，进行现实生活中无法

---

[1] 朝鲜日报 2015.06.26.《假象还是真实……》；巴西冲浪冠军加布里埃尔·麦迪纳（Gabriel Medina）使用 VR 教巴西小学生们学习冲浪。将" Gear VR"设备戴在头上后，站在模拟冲浪板运动的设备，则可以体验在海面上骑行真实波浪的快感。

体验的宇宙、海底、人体等的亲身体验，有利于低成本高效率的教育。

（二）虚拟现实与增强现实技术在购物中的应用

近年来，在商场和购物车中也经常提到虚拟现实和增强现实。虚拟现实和增强现实也可以用于视觉体验非常看重的购物当中。其中积极使用增强现实技术的情况之一是家具。在考虑购买家具时，常常会有"希望能提前知道我挑的家具适不适合我的房子"等想法。若是在此应用增强现实，可以通过机器来在用户希望的地方放置家具，就像真的在装饰房子一样。产品的尺寸和设计也可以根据实际产品的比例进行调整，因此可以灵活地放置虚拟家具甚至是购买家具。

目前，宜家为消费者提供可以运用增强现实的 App，使消费者可以体验到亲自以自己的品位装饰空间的乐趣。这样的方式也可用于时尚领域。除了 Zara 的"智能商场"和"体验型商场"外，Nepa 和 Millet 的"THE RIDGE354"也引入了物联网、VR（虚拟现实）和 AR 技术。消费者可以利用摄影提供的 360 度虚拟试穿的服务。在这里，可以通过虚拟的方式，亲身试穿挑选的衣服以考虑衣服是否适合自己。ICT（Information & Communication）也可用于消费者的私人定制服务。金刚制鞋（KumKangshoe）推出了3D 足部扫描仪，它可以准确地测量尺寸，并使用 3D 扫描技术测量整个脚部360 度的形状，从而测量 22 个详细项目，例如脚的长度、脚背的高度以及脚之间的差异。也就是说，可以通过提前体验适合自己的产品来提高品牌的满意度。这也适用于购买化妆品。即使不去商场试用口红、眼影等，也可以通过 App 的虚拟现实技术来体验各种不同颜色和质地的化妆品。

图 6　宜家利用增强现实在空间中放置家具

（三）虚拟现实与增强现实技术在驾驶中的应用

近年来，汽车基本上都在车内配备导航信息以提供导航服务。此外，还有为飞行员提供的带有增强现实技术的智能眼镜。飞行员在试戴这种 Aero Glass 之后，可以通过自己的视野直接看到有助于飞行的必要情报，如同地形、路线、交通情况、天气等。通过增强现实技术提供的信息会叠加在真实信息上，而不是叠加在称为导航的小显示屏上，因此就可读性和有效性而言，可以更方便，更安全地使用它。

图7　增强现实技术用于宝马导航系统的案例

而且，出于教育和培训的目的，虚拟现实和增强现实已经达到成熟阶段。日本航空（JAL）正在利用微软公司的 HoloLens 技术开发有助于飞机飞行培训和维护培训的培训工具。这能使飞行员和机组人员通过 AR 体验真实的飞行情况，也有助于机械师学习和加深有关发动机的结构、零件、维护等工作的技术。

由于5G的商业化以及智能手机和VR可穿戴设备的结合，AR和VR进入了我们的生活，使我们能够以低成本享受虚拟现实。现在的时代，任何人只要真的下定决心，都可以轻松体验到虚拟现实技术。

三、AR 和 VR 在韩国博物馆应用的案例

近年来，各大博物馆已经进行了许多研究以各种方法向访客传递诸如教育和娱乐的作品信息。尤其是随着智能手机的普及和5G时代的到来，互联网和数字设备的性能得到了改善，计算机图形处理技术也应运而生，并尝试将其应用于博物馆领域。最近，韩国也开始将增强现实和虚拟现实技术应用于

博物馆的展示和制作、教育等方面，也就是将这些技术应用于寓教于乐的故事制作方面。而文物的详细内容或是作品周边的环境逐渐也能够利用二维码App得知，使参观者更加关注单个的观看体验。

AR Curator   DID（数码放大镜）

图8 韩国国立中央博物馆

自2015年以来，韩国领先的博物馆——韩国国立中央博物馆也开始积极引入AR技术，将展览信息活灵活现地带给观众。去国立金属艺术博物馆，就会发现国宝天兴寺钟。制造于高丽时代1010年，它是韩国最古老的钟。在过去，参观者只能满足于用肉眼看看这个钟，但在引入AR Curator之后，便可以听到钟声。

首先，在进入博物馆之前，请通过智能手机下载在韩国国立博物馆免费分发的应用程序"AR Curator"。下载该应用程序后，只要将智能手机放在天兴寺钟前，就会出现有关这个钟的信息，随后会弹出播放键。按下播放键之后，就可以听到宏伟的声音。此外，仔细看展示着文物的玻璃橱窗内，就能看到很多文物上都标有AR标志。也就是说将手机靠近标有AR标志的文物时，有些褪色的文物会展现出清晰的纹路并且被放大，甚至会展现出在没有火的蜡烛上点燃火焰的景象。

此外，通过安装在金属工艺室中的大型触摸屏的列表，可以查看各种有关文物的详细说明。其中最引人注目的是被称为"数码放大镜"的技术。就像在智能手机上可以用手指放大照片一样，参观者可以在手机上360度旋转文物以进行放大和详细观察。由于真实的文物就放在屏幕边，所以可以相互对比着观察。

进入展厅后，可以通过智能指南更轻松、方便地欣赏作品。也是经常在美术馆和博物馆中可以看到的音频指南的进阶版本。音频指南是一种需要佩戴耳机，按下文物旁边的按键时才会出现简略说明的机器。另一方面，数字指南可以使用 HD 分辨率和 5.5 英寸大屏幕终端，使参观者不仅可以听到语音，还可以看到视频信息。安装在天花板上的红外传感器使每个终端都能独立识别每个部件，因此无须去按下每个文物旁的按键。它配备了触摸功能，可使参观者旋转和放大屏幕上的文物影像。此外，如果按下"常设亮点"按键，智能指南会自动挑选出不可错过的主要作品。如果忘记了刚刚浏览过的文物叫什么名字，不必返回去再看，只要按下"回放"按键就可以了。如果手机带有 Beam 功能，那么只要把智能手机靠近智能指南，就可以用自己的手机下载作品的图片。

在朝鲜时代汉阳都城四大城门之一的"敦义门"在日本占领期间消失了104 年之后又复原了 [1]。以西大门更为知名的敦义门，是代表韩国文化遗产。它在 1396 年汉阳城建成后随四大城门和四道小门一起搭建成功。在 1915 年日本殖民时期因道路扩张而被拆除后，进行了几次修复尝试，但情况并不可观。但是在数字技术的帮助下，首尔市制定了一项修复计划，并将其作为旅游内容展示出来，使国内外访问首尔的游客都可以体验到。特别是在此修复过程中运用了第四次产业革命的重要 IT 技术之一——增强现实技术。

敦义门展览馆　　　　　　　　　　　敦义门体验馆

图 9　敦义门博物馆村

如果下载自主开发的移动应用程序"敦义门 AR"并在正东路口附近运行，

---

[1] 2019 年 4 月 20 日，首尔的四个主要门户中唯一剩余未恢复的敦义门，通过 AR 和 VR 在时隔 104 年后复原了。首尔市公开了与文化遗产管理局、宇美建设、第一企划一起推进的敦义门数码复原项目。

可以从多角度观看敦义门过去的壮丽景色。随着不同时间段，会展现 4 种以上的图像，从而可以欣赏到敦义门各种风景。好似敦义门当年的风景历历在目。此外，安装在正东十字路口旁的自助服务亭提供有关敦义门的历史和修复过程的简要信息，以及安装敦义门 AR 体验应用程序的介绍指南。可通过 55 英寸 kiosk 屏幕欣赏再现的敦义的风景。

为了扩大敦义门 IT 再现的体验，并吸引新游客涌入敦义门博物馆村，也在敦义门博物馆村里开设了一个三层规模的体验馆，可以看到敦义门的简化模型和记录过去风景的摄影展。敦义门虚拟体验 VR 区中，安置了 8 个 VR 设备，用来观看敦义门的周边环境，也能够体验到爬上城墙欣赏首尔风光的真实逼真的体验。之后也将会增加，通过 VR 穿越到建造敦义门的朝鲜时代进行时间旅行，或观览汉阳都城的各种新内容。用数字技术复原的敦义门是现代和文化价值结合的产物，同复原古建筑的意义相随，能够看到并体验到，是留给后代的新的文化遗产，意味着被遗忘的历史文物将重获生命。

最近，通过普及互动（interaction）和多感互动（space mult-sensory），将其引入儿童科学博物馆、儿童艺术博物馆和主题公园，并进行展示。此外，博物馆中多少也在应用 AR 和 VR 技术。更何况，在现代美术中，工作本身就是使用新技术。但是，由于在特殊影像等展示媒体结合利用的新技术的开发阶段中，存在人力和费用等问题，目前仍有许多限制。然而随着持续的技术开发，预计构筑费用会逐渐减少，因此预计将来许多艺术家和博物馆会增加使用 AR、VR 的展览，这些作品也将会持续增加。

四、结论：在博物馆中运用 AR、VR 的启示

5G 网络时代的博物馆消费者以数码产品和网络为基础，拥有沟通主导权的主动消费者，作为比起理性，更加感性、真挚，比起深沉的思考，更能实时、瞬间反应感性的数字化故事者重视，例如五感、价值、经验和历史等要素。现代博物馆希望超越展览，成为兼具美感，历史性和科学性的有活力的博物馆。

博物馆需要的是体验和经历，而不是说明。从平面方式（Eye-on）到通过直接触摸和操作体验来理解的方式（Hands-on），再到通过相互作用的主动体验来理解的方式（Minds-on），变为通过五感体验的再现方法进行感性表演（Feels-on）重视工作和私生活的均衡。重视价心比的满足，比起"价心比"，诞生了体现价格对比"心灵的满足"的新词"价心比"。从 2017 年下半年开始，

价心比成为重要的消费判断标准。

博物馆作为现有的展示教育空间，应上升到超越收集、挖掘、维护、保管的层面，成为能够满足消费者各种需求，并且满足消费者得到愉悦体验的空间。为此，技术和文化艺术要积极融合。专家们的合作应该更加得到重视。

当我们第一次接触智能手机时，分明有段时间对于智能手机感到生疏，而后来，智能手机取得了长足的进步，并成为我们生活中密不可分的一部分。虽然我们目前对 AR、VR、MR、XR 世界仍然不熟悉并且还有些距离，但是它们将以什么样的速度发展、又会发展到哪些领域，都是作为研究者和生活者所期待和关注的方向。

作者简介

Kim Bo Kyong（金宝镜），南昌工学院国际文化产业研究院院长、北京大学博士，教授，江西省外国高端人才专家。现执教于南昌工学院，兼任首尔大学人文研究院中国学研究所研究员、中国工艺美术大师博物馆副馆长。承担国家社科基金中华学术外译项目《中国现代文学三十年》（韩文翻译）、通过大数据在中国韩国的大众文化现状研究、韩国国际交流集团及韩国国会支援的纪录片《给尼泊尔希望》等，参加国内外学术及电影活动 25 项，Smartphone 电影 6 部。参与的独立电影《我的诗篇》2015 年在中国上海国际电影节获得最高奖项"金爵奖"。2019 世界 VR 产业大会主讲嘉宾。

Kim Ns Young（金娜瑛），弘益大学博物馆学研究院博士及策展人，现任韩国旌善 507 美术馆馆长，韩国策展学会会长，韩国融合学会学术理事。

从"火"起来到"活"起来
——文物表情包背后博物馆与大众的对话空间研究

张艺璇

一、引言

表情包在互联网上的流行分为 3 个阶段，最早 1.0 阶段追溯到 1982 年 9 月 19 日卡内基梅隆大学的教师法尔曼首创了有 ASCII 字符组成的微笑符号 ":-)"，以字符组成的简易图像成为互联网语境下固定的表意符号；表情 2.0 阶段则源于社交软件自带的 emoji 表情，如 2003 年 QQ 推出的黄色圆脸表情弥补了虚拟社交环境带来的非语言内容的结构性缺失；表情包 3.0 则基于移动互联网时代图片编辑、传播的便捷性，成为网民自创的交流体系。随着微博、微信等软件识图、制图技术升级，自制表情包的技术门槛不断降低，能够直抒胸臆的表情包逐渐演变为具有大众性、仪式性、颠覆性的草根狂欢。

随着网络的普及，网民对表情包元图像的选择也越来越具有草根性，其中一部分就包含了底层青年对主流、权威图像的反叛式想象。以拼贴、戏谑、反讽为主的涂鸦手段对正统历史人物形象的恶搞成为早期 3.0 表情包的萌芽，2012 年 3 月著名的网络文化事件"杜甫很忙"因其传播方式便捷、传播范围广泛、传播效果恶劣成为当时一批"火起来"的文物的典型代表。

二、草根崛起：早期表情包让文物"火"起来

2012 年，尽管"表情包"一概念尚未形成，青少年出于叛逆、解压、娱乐等目的，对教科书上的人物改编、涂鸦的思想萌芽却由来已久，而正逢杜甫诞辰 1300 周年，微博诞生 3 周年，将杜甫改编为现代人物形象，拼贴上网冲浪、运动、打游戏等现代生活方式的图片被上传至微博话题，营销策划团队通过激励网友互动、转发、原创发帖，最终凸显了互联网作为大众媒介对主流话语极强的解构能力，互联网也由此成为助推青年亚文化发展的温床，

"恶搞"行为被广大主流媒体钉上耻辱柱，被打为对世界文化名人形象的诋毁与亵渎。

在一大片人民日报等主流媒体批判的舆论风波中，这一文化事件中原图出处蒋兆和的《杜甫像》收藏方杜甫草堂博物馆副馆长方伟代表博物馆方明确回应"表情包"创作绝非杜甫草堂委托营销公关团队的炒作，称"博物馆需要营销，但绝不是没有底线的营销"。他表明了当时博物馆对待恶搞图片的态度："对一些现代版、优雅版的创作图片，是理解和包容的；但对一些低俗版、广告版的涂鸦，我们坚决反对。"他说："我们不赞成以营销公司为主导，采用歪曲、扭曲的手段来做营销，应以保护文化、传承文化角度来做营销。我们将面向全社会征集积极正面的杜甫画像，并从中选出优秀作品来宣传博物馆。"[1]当时，为了庆祝杜甫诞辰1300周年，杜甫草堂博物馆也进行了一系列杜诗绘本等纪念品的开发，但并未取得良好的社会反响。

然而，随着2015年《博物馆条例》的颁布社会语境发生了翻天覆地的变化。国家开始鼓励博物馆多渠道筹措资金促进自身发展，可在不违反办馆宗旨、不得损害观众利益的前提下从事其他商业经营活动，鼓励博物馆挖掘藏品内涵，与文化创意产业相结合，开发衍生产品，增强博物馆发展能力。2015年8月《华西都市报》报道，杜甫草堂博物馆开发了以Q版杜甫很忙为主打的系列文创产品，深受青少年游客的喜爱，创造数十万营业额，约占文创产品总收入的三分之一。2019年，为深入贯彻习近平新时代中国特色社会主义思想和党的十九大精神，落实《国务院关于推进文化创意和设计服务与相关产业融合发展的若干意见》（国发〔2014〕10号）的要求，弘扬中华优秀传统文化，进一步提升文化产业创意设计水平，推动文化创意和设计服务与相关产业深度融合，成都杜甫草堂博物馆现面向社会广泛征集"杜甫很忙"主题文创产品设计作品。征集作品包含但不限于杜甫忙着吃火锅、游学、喝酒、写诗、忧国忧民、交友、应试、中草药等文创产品。

由2012年社会主动应征"杜甫很忙"的表情包图片，演变为博物馆主动征集"杜甫很忙"的文创产品，相同话题下征集主体与对象的变化反映了博物馆对亚文化话语的挪用与移置，由博物馆文创衍生出了博物馆与大众之间的新型对话空间。

---

[1] 刘欢 ."杜甫很忙"被曝营销团队策划 杜甫草堂忙撇清 [N]. 成都日报 ,2012.3.

三、官方主导：文化创意品让文物"活"起来

2018 年 10 月，《关于加强文物保护利用改革的若干意见》正式公布。《意见》指出应当坚持文物保护利用并重，大力推进文物合理利用，推动文物工作融入现代社会、融入生产生活，要在激发博物馆活力、鼓励社会参与、促进文物市场活跃有序发展、引导民间收藏文物保护利用等方面大胆探索、开辟新路。由此便有了"让'文物'活起来"的呼吁，而表情包的合理使用，则促成了这一政策在民间的推广和使用。

（一）文创产品构造虚拟语境的"现场感"

根据非语言专家阿博顿·梅热比的理论，沟通双方互动理解 = 语调、语速（38%）+ 表情姿势（55%）+ 语言内容（7%）[1]。表情包可涵盖表情、姿态和语言内容的表达方式，更贴近人际沟通的需求。而博物馆活力的激发正离不开与观众的良性互动。

以往的文物之"死"其实就是指文物、博物馆难以开口说话，历史教科书、展板说明牌上的文字图片更是灌输式的说教。伴随着《国家宝藏》《如果国宝会说话》等一系列文博类节目的热播，人们发现，让文物"开口"讲故事、讲段子更易拉近人们与文物、历史之间的距离。2018 年 5 月 28 日世界博物馆日，抖音联合我国七大博物馆开启的"第一届文物戏精大会"更是借鉴电影《博物馆奇妙夜》的思路，为古代兵马俑、仕女赋予夸张的表情、动作，使其更加栩栩如生。以上尝试都是为了增加人们与千年前的文物在同一时空下平行对话的可能性。

而在网络社交的虚拟空间，表情包成为成本最为低廉的虚拟场景沟通方式，因其"见仁见智"解读的模糊性，原始官方话语霸权被大大稀释，使草根与博物馆对话的成本更为低廉、途径更为便捷，在全新的话语体系下，每个个体都能通过随意变换流行的表情符号实现重塑自我的群体归属。[2] 博物馆文创所抓取的文博表情由此增加了与青年在网上交流互动的现场感，从而拉近博物馆和文物与当今社会的历史距离和心理距离。

（二）文创产品符合消费语境的"认同感"

布尔迪厄认为不同的社会阶层群体有不同的趣味，并通过消费表达其独

---

[1] 佚名. 梅拉比安的沟通模型 [EB/OL]. http://www.xphabit.com/article/4002.html.
[2] 郑满宁. 网络表情包的流行与话语空间的转向 [J]. 编辑之友, 2016, 8: 42-46.

特性；而在消费社会，时代积累的审美区隔与社会分层被消解，高雅与通俗、艺术与生活、艺术品与商品、审美与消费的传统边界被割断。

以故宫淘宝的表情包转型为例，2013 年之前，故宫淘宝就以玩偶配上流行语的方式制作表情包来拉近博物馆与消费者的距离，而 2014 年 8 月推出的微信文章《雍正：感觉自己萌萌哒》则一改原本大气、端庄的历史科普风格，以不同于传统认知的、萌、有趣的雍正表情包代为塑造网店形象，创造了 100000+ 的阅读量，并由此开始推出以《皇帝的一天》《雍正行乐图》为代表的表情包配广告软文的营销方式，在 2015 年 2 月推出 Q 版社交表情包，使故宫表情包受众进一步扩散。自 2015 年 6 月至今，故宫淘宝微信文章都以宫中皇帝画像改编的表情包为头图吸引用户打开文章，部分表情包被作为商品模特出现在店铺扉页中。2016 年 7 月，故宫开放一系列经典文物版权，与腾讯建立合作伙伴关系联手举办 QQ 表情包大赛，下载量突破 4000 万。

事实上，文物表情包的自发性创作、改编和复制的过程中消解文物原有话语权的同时，增加了新时代的生活诉求，如萌、丧等，文物成为表达内心的底色，而如故宫淘宝、杜甫草堂文创馆等文创商家正是抓住了表情包所传播的年轻消费者的感情需求，开发与之相适应的文创产品，构建起传统文化认同之外的博物馆与消费者之间更为直接而紧密的消费认同，实现文创产品营销推广的品牌认同。

四、从表情包到文创：大众与精英的对话空间

（一）大众文化对精英文化的改造

进入网络时代，网络平台大众参与性更强、更容易发表观点，而表情包通过网络平台的图文式传播增强了网络语言的互动性，使权威进一步消解，网络表情的图像套层机制使拼接、戏仿成为主要的图片生产、复制方式，其便捷性、主观性使其迅速占据网络社交环境，对原有的主流权威性进行了有效的消解，更充分地表达了草根立场，并使用户产生强烈的归属感，形成了独特圈层的青年亚文化。

青年亚文化是指在青年群体中存在不同于主流文化的价值观念和行为模式，以显著区别于主流文化风格和样式的表现，是从属、次要与支流的文化。而恶搞类表情包是青年亚文化群体对主流社会的反抗创造出来的自己的文化

符号，由此构建属于自己的文化空间。[1] 而在这种恶搞的接力中，大众文化的壁垒又可能强化了表情包传播者的社会记忆，拉大群体记忆和主流媒体、传统历史观构建的社会记忆之间的鸿沟[2]，当这种娱乐记忆超越严肃记忆，成为青年记忆的主流，则精英文化必须通过模拟青年话语形态来获得存在感。

（二）精英文化对大众文化的收编

张宁在《消解作为抵抗："表情包大战"的青年亚文化解》中认为迪克·赫伯迪格用"抵抗、风格、收编"3 个关键词阐释了青年亚文化的精神内涵，指出青年亚文化在导向、内容特征和出路 3 方面的特征。玛格丽特·米德则指出青年亚文化在导向上"对原有意识形态的消解贯穿于其成长的全部过程"，而"消解"体现于"精英与草根的对峙与交流，主流与非主流的冲突与融合，边缘与另类的张扬与生长，印刷文化与视觉文化的抵触与妥协"四个方面。近来的研究发现网络青年亚文化对主导文化已经是"消解式对抗"甚至可以是"补充"的方式出现。肖伟胜等指出网络媒介的特征给青年亚文化带来的改变体现在青年亚文化"不再坚持抵抗任何单一的政治体系、主流阶级和成年文化"，甚至"弱化了抵抗的特质"。[3]

事实上"杜甫很忙"文创大赛的举办、故宫淘宝利用表情包科普清宫历史常识，都试图对青年亚文化所"同构"的某种结构、形象的复制与翻版作为原有文物历史价值观之外的现实意义的补充，如在杜甫忙着做 × 的恶搞句式中，加入爱国、运动、交友等正能量因素；在表情包《皇帝的一天》中将皇帝塑造为"爱国、敬业、诚信、友善"的社会主义核心价值观模范；故宫淘宝表情包中将严肃的"朕"和霸道总裁式的爱"拼贴"到一起，也正是完成了精英文化对萌文化、甜宠文化的收编，最终实现引起注意、规劝诱导的目的。

（三）警惕草根狂欢背后的价值深渊

巴赫金认为，狂欢无处不在，每个人都有参与狂欢的权利。在狂欢的开放广场上，所有人不会因身份、等级的不同而失去狂欢的权力，参与者脱离了现实秩序的束缚，获得相对的"平等地位"，其独特的狂欢精神在于全民性、

[1] 杨婷伊. 亚文化视角下网络表情符号的权力赋予与权威消解研究 [D]. 宁波大学,2018.
[2] 郑满宁. 网络表情包的流行与话语空间的转向 [J]. 编辑之友,2016,8：42-46.
[3] 张宁. 消解作为抵抗："表情包大战"的青年亚文化解析 [J]. 现代传播—中国传媒大学学报,2016,38(9)：126-131.

仪式性和颠覆性。[1] 匿名的网络环境为这种对草根"加冕"使博物馆"脱冕"的狂欢仪式搭建了天然的媒介舞台，但让·鲍德里亚（Jean Baudrillard）在其后现代媒介思想中对此种媒介创造的拟态环境进行了严厉批判，他认为媒介构建现实导致了严重的后果，包括信息的迷狂与窥淫癖者的产生、主体性的丧失。[2]

表情包在对文物进行符号化传播的过程中正是运用了狂欢仪式中的颠覆性，实现大众对文物意义的解构，但这种狂欢的背后也正是文物主流的历史价值、科学价值、文化价值被消解的深渊。

五、总结与启示

（一）牢牢把握"非主流"的话语权

尽管表情包的二次传播具有不可控的娱乐化倾向，但作为博物馆文创主体应牢牢把握表情包话语、形象的主流价值，在将传统文化与日常生活结合的过程中，重视古今相通的情感需求的解读，而非自视甚高地俯视大众将潜在青年受众驱逐，更非一味地以当今"一切皆娱"的价值观对古代文物进行臆测、涂鸦和改编。

（二）好好利用"标题党"的传播属性

正如故宫淘宝的微信文章头图设计，表情包的营销价值在于引起观众接触文物、理解文化的兴趣，是缩短文物与文创的历史距离，博物馆与游客的心理距离的重要途径。

（三）紧紧抓好"IP价值"的延伸链

从对"杜甫很忙"恶搞的批判到以之为名的文创设计大赛的举办，体现的不仅是博物馆作为重要传统文化保护单位的价值引导，更在于对浅层表情包背后文化的深度开发，将"杜甫"这一被过度解读的表情包图像扩展为具有"核心价值观、鲜明形象、故事、多元演绎、价值变现"[3] 的文化 IP，才能抵御"狂热"背后的"萧索"，实现由"表情包热度"向"博物馆深度"的转化。

---

[1] 王薇.狂欢理论视域下的网络表情包研究 [D].暨南大学，2017.

[2] 杨魁，董雅丽.消费文化理论研究：基于全球化的视野和历史的维度 [M].北京：人民出版社，2013：282.

[3] 向勇，白晓晴.新常态下文化产业 IP 开发的受众定位和价值演进 [J].北京大学学报（哲学社会科学版），2017，1: 123-132.

作者简介

张艺璇，北京大学艺术学院艺术管理与文化产业专业博士研究生，本科就读于北京大学艺术学院文化产业管理专业，研究方向数字创意产业、跨媒体艺术等，《消费文化视域下传统工艺纪实短视频的创新传播》发表在CSSCI期刊扩展版《民族艺术研究》，多篇学术论文被收入中国艺术学理论学会年会及多个学术论坛（中国文化产业新年论坛、清华文化创意论坛、北京大学艺术学国际博士生论坛、中国传媒大学博士生创新论坛等），任北京大学《数字创意信息月刊》《中国数字文化和旅游产业发展报告》执行主编。

三星堆博物馆的文化 IP 开发与运营探究[1]

陈之奕 陈 睿 刘 显

2021 年 3 月，四川省广安市三星堆遗址中新发掘的 6 座祭祀坑中最新出土了金面具残片、青铜神树等 500 余件重要文物，曾经被称为"沉睡三千年，一醒惊天下"的三星堆文明再度进入人们的视野，具有历史和考古意义上的重要价值，成为巴蜀文化当代发掘、传承与创新的重要部分。三星堆文化距今已有 3000—5000 年的历史，在 1929 年被发现，其遗址的发掘自 20 世纪 80 年代起，被誉为"20 世纪人类最伟大的考古发现之一"。三星堆博物馆于 1997 年 10 月起对外开放，集中展示了三星堆遗址内出土的青铜器、玉器、金器等上千件珍贵文物，揭示了三星堆文明雄浑博大、源远流长的历史意蕴，反映了中国历史文明的灿烂辉煌，并且凭借其历史文物、现代建筑、文化园林的特色，成为享誉中外的文化旅游目的地。

文化几乎构成了吸引人们旅行的基础和动因，[2] 而博物馆凭借着与生俱来的文化资源，成为热门的旅游目的地。博物馆是不以营利为目的，收藏、展示和研究自然和人类文化一场的场所，主要目的是为公众提供相关欣赏、知识和教育，保护和传承历史文化遗产。[3] 传统意义上对于文化遗产的保护和博物馆的创立局限于国家立法和社会公益宣传，近年来，由于不断发展的各类技术和不断形成的新媒介环境，传统文化旅游产业和博物馆行业面临转型升级：在北京故宫博物院的先例下，博物馆以多元的服务手段，利用自身文化资源，开发相应的 IP 产品，拓宽为社会发展服务的能力，推动自身和地

---

[1] 本文是国家自然科学基金面上项目"数字创意产品多业态联动开发机理及模式研究"（编号：71874142）阶段性成果。

[2] 李钊，谢元鲁. 四川眉山发展文化旅游存在的问题及对策研究 [J]. 西部经济管理论坛，2014，25（01）:33-38.
[3] 陆建松. 博物馆运营应以使命为导向 [J]. 中国博物馆，2020，37（02）:51-58.

区文化产业的发展。[1]这种 IP 经济模式是具备一定的规律性的，它基于新媒体的运营，通过契合受众偏好的形式来调动受众的积极性和参与性，建设以文化内容为核心的运营模式。这种模式通过发掘和打造文化 IP，为地区与城市的发展赋能。三星堆博物馆虽然有着高辨识度、特殊性和历史文化价值，是巴蜀地方文化的代表之一，它的 IP 化开发将对地区文化产业有着强大的助推作用。但目前对于其文创 IP 经济模式的研究是不足的，基于此，对其文创 IP 经济发展和运营模式进行总结，分析存在的问题，并给出相应建议，总结文化开发引导地区发展的一般性策略。

一、博物馆 IP 开发与运营模式

（一）我国博物馆 IP 开发背景与现状

IP 是跨媒介叙事中的概念，目前，在我国文化产业中经常使用到的 IP 正是跨媒介叙事在文化产业方面的具象表现。IP 这一概念兼具了法律层面和经济层面的含义：其一，在法律意义上，IP 是 Intellectual Property 的缩写，既指涉了传统意义上的知识产权，也指涉了一种包括符号、叙事、人物等在内的无形资产形态；其二，在经济意义上，IP 指的是蕴含作者、读者的思想创意，以情感经营为实质的共有文化资源，是具有一定的品牌效应和开发价值的智力创造物。[2]在传统意义上，除了私人博物馆以外，大多数博物馆是一个政府性、非营利性的公益事业，不需要自负盈亏，不需要考虑市场竞争和生存问题。但是，随着文化产业的不断发展，IP 产业从一开始聚焦网络文学、游戏行业、影视行业等，在逐步成熟后转而着眼于文博行业的 IP 资源探索与开发。[3]

当前，我国国内博物院 IP 资源主要以故宫博物院以及部分省级知名博物馆为代表，设计新颖，热度不减，收益可观。我国国内博物馆的 IP 资源探索与开发大多集中于从陈列文物中提炼出的"符号"，以此为基础进行相关

[1] 刘金兰.课题组四川文化产业职业学院文经学院暑期社会实践活动成都博物馆业调查成都博物馆业的发展现状与思考 [J]. 四川省干部函授学院学报，2010，11（03）：31-36.
[2] 陈睿，陈之奕.作为 IP 运营策略的跨媒介叙事：机理与应用 [J]. 西华大学学报（哲学社会科学版），2021，40（02）:51-59.
[3] 王德强.IP 时代的博物馆发展之路——以经营的理念开展多元服务 [J]. 智库时代，2017，1（13）:164-165.

产品的设计、展出、IP授权和售卖,也出现了博物馆IP授权特展这种新形式。[1]
博物馆IP的开发和经营的实质主要在于IP的授权。IP授权指的是博物馆文
化资源的产业版权的交易,博物馆将具备自身特色的文化资源交予被授权者,
使其在指定时间和场所从事相关经营活动,并支付授权金。[2]基于博物馆的
IP授权,目前,博物馆IP的经营方式取得了较大成功,主要包括文创衍生
品开发、IP跨媒体创作、知名IP的主题展览、内容和品牌授权等形式。[3]
这种IP授权经营的方式拓宽了文化衍生品产业链,助力博物馆开拓新市场,
迅速实现文化产品的差异化更新,形成特色的品牌形象和品牌识别,提升品
牌产品影响力,提高品牌的溢价能力和产品的引流能力。[4]

但是,目前相比国外,我国国内博物馆的IP授权开发的整体发展才刚
起步,多数博物馆仍处于效仿的阶段,模仿有余,创新不足。博物馆对于IP
没有成熟的认知,缺乏成熟和完善的开发模式,相关产业链研究也较缺乏。
因此造成了产品设计单一,风格单调,同质化现象严重,无法吸引消费者。[5]
所谓的"网红"和"打卡"这种短时性的粉丝经济早已无法满足市场发展的
需求,博物馆的IP资源开发尚需更进一步。

(二)三星堆博物馆 IP 开发与运营模式

三星堆博物馆于20世纪末成立和对外开放,陈列和展示的主要是出土
于三星堆遗址的文物。三星堆遗址距今已有3000—5000年,是目前在我国西
南地区发现的历史最悠久、范围最宽广和文化内涵最丰富的古蜀文化遗址。
三星堆文化和出土文物使三星堆博物馆具备了浓郁的地域特色和独特的文化
特色,给四川地区的文化自信提供了坚实的支撑。[6]在得以重新发掘和呈现后,
三星堆博物馆更是成为舆论讨论和大众关注的焦点,但其IP的发掘与运营模
式亟待创新。目前,三星堆博物馆的IP开发与运营模式分为以下几种。

---

[1] 吕睿.博物馆IP授权特展的价值革新与发展策略探索[J].中国博物馆,2020,37
    (04):90-94.

[2] 胡绪雯.博物馆IP授权的理论与实践——以上海博物馆为例[J].中国博物馆,2019,
    36(03):72-74.

[3] 姜璐."IP"经营——博物馆提供公共文化产品与服务的新思路探索[J].中国博物馆,
    2017,34(01),79

[4] 冯倩倩,林德祺.博物馆IP授权与文化衍生品的开发[J].文博学刊,2018,1(01):69-74.

[5] 刘月蕊,贾诗敏,赵蔚.多维度衍生视角下博物馆角色IP设计开发研究[J].包装工程,
    2020,41(16):254-259.

[6] 邓苗苗.三星堆"上新"背后的四川文化自信[J].廉政瞭望,2021,27(07):26-27.

第一，IP 的提取：传统展览。在传统的展陈中，文物特色与特征得以凸显，IP 以具象形态从中提取。三星堆博物馆是一座专题性的遗址博物馆，与大多数博物馆一样，它一直致力于文旅融合的路线。馆内展览分为两大类型：其一是历史文物的展示，位于综合馆和青铜器馆，两馆中有不同的单元，按类别分别陈列金器、铜器、玉器、陶器、青铜雕塑与重器等各类文物；其二为巴蜀文化的展示，位于特别展览馆，主要展示南方丝绸之路文物集、蜀绣文化集乃至摄影集。馆区设计以"馆园一体"为主要特色，既是国家级博物馆，也是国家旅游景区和考古遗址公。馆外主体建筑设计体现了当地历史、地貌、文化和文物造型艺术结合的风格，将文化历史、仿古建筑、公园休闲融为一体，体现历史文化与现代娱乐的巧妙融合。文物和馆园具备的特色风貌构成了三星堆 IP 特有的形态。

第二，IP 的变现：庆典活动。具象的 IP 得以提取后，在多种庆典活动中得以重复和巩固，通过多种形式的庆典活动得以变现。三星堆博物馆的庆典活动分为线上和线下两个类别：在线上，新冠肺炎疫情期间，三星堆博物馆在全网发出《你有一封展览开幕式邀请函，请查收！》的邀请，举办了线上的展览开幕式，突破了时空局限，使大众通过签到、剪彩、展览、合影等活动成为主角，新颖的形式吸引了超 21 万人次的访问量。[1] 在线下，三星堆博物馆通过不定期举办群众文化节日节庆活动，如三星堆面具狂欢夜、三星堆亲子活动、饼干烘焙活动、主题服装秀、跑酷三星堆等，增强用户和游客的参与感和趣味性，提高博物馆的宣传能力。[2]

第三，IP 的传播：新媒体运营。借助新媒体的发展，IP 传播触及更广泛的受众。三星堆博物馆设立了自己的网页，通过信息技术的运用，运用DVS3D 虚拟现实软件平台搭建了三星堆虚拟博物馆，对博物馆的文物陈列和布局做出系统、立体、全面的介绍。并且，博物馆在网页上介绍文化和文物相关信息、发布相关公告、汇报学术研究成果和提供门票预约、用户反馈等服务。除此之外，三星堆博物馆还开通了微博账户、微信公众号等新媒体平台账户，在线上进行图片和视频展示，对相关文物进行细致的介绍，并与用

[1] 周杜娟.疫情防控期间，看国内外博物馆如何拨"云"见艺 [J].中国美术，2020，11（05）:58-63.
[2] 梁刚.古蜀文化旅游品质提升的路径研究——以三星堆博物馆为例 [J].郑州航空工业管理学院学报 (社会科学版)，2018，37（01）:116-122.

户进行广泛互动，微博关注量达 408 万余人。此外，三星堆博物馆进行 IP 授权，设计相关文创，在淘宝上开设店铺"三星堆博物馆文创"，进行文创 IP 衍生品的售卖，线上共有商品 65 件，包含了钢笔、书签、项链等多种类型，拥有粉丝 1 万余名。

二、三星堆文创 IP 开发存在问题

（一）传统展览：价值观与情感的缺失

在传统理解中，博物馆展陈是将博物馆的藏品进行呈现。目前，在文化旅游热的背景下，博物馆的基本展陈模式越来越创新，展示的藏品更加注重空间与平面设计，展台、展架和灯光等逐步成为展示的环节之一，展品的细节更加引人注意，展品的多元化解读也受到重视。[1]并且，博物馆的展陈不应只是展品的简单相加陈列，而是将博物馆的主旨思想、文化知识、叙事模式、价值观、情感思维、美学风格进行综合体现。[2]这种综合体现的途径则是 IP 化，博物馆通过 IP 表达主题，观众通过 IP 来与文化互动。

三星堆博物馆的展陈以单元为主，按照不同类别为藏品分区，分区展示和介绍了古蜀文明的性质、三星堆的农商、三星堆的陶器、玉石器和青铜器。由于青铜器具备的特殊意义和价值，三星堆博物馆还单列出青铜器馆将一些特色的藏品进行展出，在基本陈设的美学层面做到了恢宏浩大、苍古雄浑地还原。在整体设计方面，三星堆致力于打造"馆园结合"，重视文化旅游。可以看出，三星堆博物馆虽然提炼出了博物馆 IP，但缺乏一定的主旨思想和价值观体现，叙事显得较为缺乏，情感思维体现不足，缺乏清晰的使命定位和价值升华。虽然着重于文化旅游，但旅游与休闲仿佛与博物馆的文化叙事割裂，缺少统一的精神价值阐述。

（二）庆典活动：娱乐休闲的越位

为了适应市场化的趋势，博物馆的功能正在传统的基础上有了创新，经常性地开展活动是博物馆的生命力所在。[3]博物馆 IP 通过庆典活动来变现，现代博物馆在庆典方面不仅延续了以往的传统庆祝方式，还通过节日典礼这

---

[1] 黄艳.文化旅游热背景下的博物馆藏品展陈形式研究 [J]. 新美术，2019，40（11）:61-66.
[2] 田湘萍，杜卓然，袁梦.创新展陈理念，讲好文物故事——四川省博物馆学会陈列展览专业委员会"陈列展览策划与实施"论坛综述 [J]. 中国博物馆，2020，7（04）:134-136.
[3] 徐湖平.活动是博物馆的生命力之所在——"首届江苏省文物节暨南京博物院建院 70 周年庆典"活动的实践与思考 [J]. 东南文化，2004，20（01）:6-10.

种仪式性活动的自创进行博物馆和文化的宣传。在文旅融合的背景下，博物馆的仪式活动可以被理解为游客暂时离开惯常的生活地，通过与经历旅游地之间的时空与文化差异，进入新的社会行为活动状态，旅游仪式感是一种参与体验感。[1] 独特的旅游仪式感可以突出和融入旅游目的地 IP 的特色，增强游客的参与，实现文化内涵的传播。

在这一潮流的主导下，三星堆博物馆也举办了多种形式的活动，实现了 IP 的变现。这些活动内容多样，较多的是趋于轻松的亲子游戏活动、博物馆 IP 与游戏联动的"捉妖"活动等，虽然有严肃的学术研讨会、展览开幕式等，但大多以休闲和娱乐为主，与三星堆文化内涵相关的活动较少，文化独特性缺失，文化宣传效果不佳。仪式性活动的独特性和礼仪性对于重游意愿有着重要的积极影响。但是，并非所有的旅游仪式都能达到吸引游客的目的。研究表明，旅游目的地在旅游产品设计过程中应重视仪式的独特性，并且在仪式的设计中，需要注重对游客情感的唤醒，重视仪式的震撼性和新颖性而非过度娱乐化。[2]

（三）新媒体运营：媒介伦理与同质化问题

博物馆的发展经历了宗教化、社会化到媒介化的过程，博物馆观众的地位在新媒介的背景下由接受者转移到了参与者，甚至可能转移成为创造者。新媒体运营是近年来博物馆创新运营的重要着力点，主要运营模式是将博物馆文化元素 IP 与时代潮流形式结合，创新传播方式，扩大传播范围，吸引更广泛的受众。在文创衍生品设计方面，对博物馆的展陈文物进行复制，或是提取相关文化元素 IP，开发衍生品是在设计衍生品方面的常用策略。

代表性的就是在此次三星堆新出土文物的过程中，三星堆微博账户还推出了相关表情包以增强与观众的互动。另外，博物馆与《四川日报》、四川省文物考古研究院还联合推出了三星堆文物原创手绘动画《我怎么这么好看》MV，结合四川方言的电音歌曲，以 rap 的形式呈现相关历史和故事。但是当前，文化产业 IP 的运营被经济力量操纵，在一次成功后涌现出许多雷同的案例。三星堆博物馆在一定程度上实现了内容的创新，但在整体方面仍没有脱离新

---

[1] 严星雨，杨效忠.旅游仪式感特征及其对旅游目的地管理的影响研究 [J].旅游学刊，2020，35（09）:104-112.
[2] 白世贞，魏胜，王忠勋.微观视角下旅游仪式感对重游意愿的影响研究 [J].商业研究，2021，59（01）:15-23.

媒体运营的普遍模式。在媒介的运作方面，媒介多样性发展的进程中也会同时产生媒介伦理问题，人们过度关注媒介形式而非文化内容，因此导致人的存在和文化的主体性有可能被目不暇接的媒介形式吞噬。[1] 在产品的设计方面，产品形式较单一，样式陈旧，文化表现力不足，产品的使用功能也较为缺乏，定价偏高等问题层出不穷。[2]

三、解决对策

（一）传统展览：IP 的集中表达与多元解读

对博物馆价值观和情感的强调可以通过 IP 的集中表达和多元解读来实现。

首先，博物馆 IP 的集中表达通过使命定位来体现，IP 可能是一种简洁的符号标识，也可能是一种精神表达，它集中体现了博物馆的使命与定位。博物馆的发展应以一种主旨性和价值观意义的使命为导向，目前我国国内的博物馆普遍缺乏使命定位，因此，制定和践行博物馆使命定位是博物馆发展的重心。在制定博物馆使命和定位时，应当考虑博物馆设立的理由、博物馆自身优势和奉献精神，不需包罗万象，但需要具备自身特色，并将其融入未来的规划和实践之中。[3] 三星堆博物馆的最大特色是巴蜀文化，IP 设计在体现青铜器特征的同时也可同时将文化内涵融入其中，表现出古蜀文明的文化定位与文化传承的博物馆使命。

其次，博物馆 IP 的多元解读通过博物馆情感化设计来体现，博物馆 IP 是博物馆文化的综合体现，在展陈过程中，对于 IP 的多元解读可以强化博物馆的价值观，同时增强游客对博物馆的互动体验。IP 的多元解读主要体现在用户细分上。三星堆博物馆目前以藏品的类别来分区，并未重视游客的个体特征与偏好。由于游客群体的差异大，可以利用数字媒体，针对多元游客群进行情感研究，提出不同的量化设计策略，并将不同观众引导到不同展区，使不同的用户获得不一样的情感体验。[4] 并且，在用户的偏好统计中，IP 的

[1] 李彬 . 博物馆的媒介关系、媒介叙事与媒介伦理 [J]. 艺术评论，2021，19（03）:85-94.

[2] 丁金枝，戴典，李晓琴 . 三星堆博物馆创意旅游纪念品开发设计初探 [J]. 旅游纵览（下半月），2016，15（04）:303-304；王苏，张丹，王芳 . 文博机构文创产品开发现状与开发思路研究——以四川三星堆博物馆为例 [J]. 旅游纵览（下半月），2019，18（08）:120-121.

[3] 陆建松 . 博物馆运营应以使命为导向 [J]. 中国博物馆，2020，37（02）:51-58.

[4] 夏颖翀 . 博物馆数字媒体展陈设计中的情感化设计思考 [J]. 美术观察，2019，25（10）:80-81.

提取也将变得更加科学合理。

（二）庆典活动：IP 的价值重塑

在博物馆 IP 的变现中，过度娱乐化的问题应通过 IP 的价值重塑策略来解决。

在博物馆举办的庆典活动中，活动过度强调休闲娱乐效果、工作人员缺乏一定的科普服务意识，[1] 最终导致博物馆 IP 价值的缺失。过分强调文物经济价值，轻视历史、文化和审美价值，容易造成对社会主流价值观的误导。所以，博物馆文化的传播不能减损文物和文化本身的历史厚重感，应坚守文化底线，传播丰富内涵。IP 的价值不应只是信息的单向传播者，而是可以营造一定的社区氛围，设置学习情景，激发参与者的讨论和互动。[2] 三星堆博物馆举办的庆典活动应更多地强调文化资源，利用巴蜀文化的特色，设置独特的、常设的传统文化庆典，唤醒人们的文化记忆，让博物馆 IP 作为重塑文化价值、传播文化内涵的代表。正如太阳神鸟这一 IP 可以成为巴蜀文明的代表，同时也成为四川省成都市的代表一样，博物馆借助强大的文化资源，随着影响力的不断增加，可以助推地域文化的传播，赋能地域经济发展。

（三）新媒介运营：以人为本的主旨和 IP 的创新转化

博物馆 IP 在新媒介运营中存在媒介伦理和同质化问题，解决之道在于以人为本的主旨引导和 IP 的创新转化。

由于社会文化的需求和新媒介的不断发展，博物馆 IP 在运营过程中必然面临人的主体性缺失问题。尼尔·波兹曼在《娱乐至死》中提到，事物的媒介表现形式会对人的认识造成重大影响。文化工业欺骗和操纵了大众，使大众沦为被动接受者。[3] 三星堆博物馆在宣传过程中呈现的新媒介形式固然新颖，但对于文化内容的强调在形式的反衬下稍显不足。因此，需要采取的策略是对以人为本的强调。让大众居于博物馆 IP 运营的主导地位，突出巴蜀文化和三星堆文明本身的重要地位，让媒介形式退居二线。尊重大众的消费选择，既重视 IP 包含的文化本身，也重视 IP 的传播效果。

---

[1] 张志勇 . 科技馆服务过度娱乐化倾向现状分析及其对策 [J]. 学会，2020，36（12）:56-60.

[2] 谭舒 . "IP"的价值意涵及其人格道德化和道德人格化 [J]. 宁波大学学报（人文科学版），2021，34（02）:109-116.

[3] 张敦福 . 从消费异化到消费者主体性消费研究理论的变迁及其社会学反思 [J]. 社会科学文摘，2021，19（03）:55-57.

基于文化 IP 的文创产品有助于文化传播、有助于博物馆的品牌经济效应。针对产品的同质化问题，应以巴蜀文化特色为基础，以创意设计为核心，不局限于明信片、本子、仿制品等传统产品，而应拓宽产品类型，使产品具有实用性，实现 IP 的创新转化[1] 和广泛传播。为此，进行用户走访反馈、定期举办文创设计大赛、实时建立文化元素 IP 的储存库等举措都是可行的。同时，由于三星堆博物馆文创 IP 衍生品的主要客户为学生群体，因此针对学生群体的产品类型应得到重视。

四、总结

近年来，随着市场经济的发展，博物馆 IP 运营的创新也迫在眉睫。以三星堆博物馆为例，其运营模式在传统展览、庆典活动和新媒体运营方面分别实现了 IP 的提取、IP 的变现和 IP 的传播，但与此同时，也存在着价值观和情感思维缺失、过度娱乐化与媒介伦理和同质化问题。基于此，博物馆应在传统展览方面实现 IP 价值观的集中表达和用户的细分和多元解读，在庆典活动方面实现 IP 的文化价值强调与重塑，在新媒体运营方面实现以人为本的运营方式和 IP 的创新设计与转化。

总体来说，博物馆 IP 的运营在市场经济的冲击下应当突破桎梏，从以传统的展陈为本到以人为本和以文化为本，以用户需求为导向，凸显地域和文化特色，成为地域文化的符号性代表，实现为地域经济赋能的目标。

作者简介

陈之奕，中国西华大学文学与新闻传播学院中国语言文学专业硕士研究生，主要研究领域：文化产业管理、文学理论。参与国家自然科学基金面上项目 1 项。发表 SSCI 二区论文 1 篇，全国中文核心 2 篇，一般刊物 1 篇。

陈睿，男，四川绵阳人，管理学博士，副教授，硕士生导师，西华大学文学与新闻传播学院文化产业管理系副主任，主要研究方向为文化产业管理、影视产业。

刘显，男，湖北孝感人，西华大学中国语言文学专业 2021 级在读硕士研究生，主要研究方向为文艺学、网络文学、影视文学。

---

[1] 黄灿 . 博物馆文化衍生产品的开发策略探析 [J].中国民族博览，2020，24（18）:236-237.

"旅游凝视"视角下北京鲁迅博物馆
红色旅游文化建构 [1]

宋雨飞 方宝涵 王 蕾

一、问题导入

（一）研究背景

1990 年，英国社会学厄里（Urry）借用福柯（Foucault）的"医学凝视"概念，提出了旅游凝视的概念，并将之发展为旅游人类学、旅游文化学研究中的一个重要理论分析工具。旅游凝视是旅游诉求、动机与行为相融合的产物。[2] 国内学者们对于旅游凝视的研究主要集中于理论研究、民族文化保护发展及旅游地形象建构方面。相关文献涉及旅游者、东道主、形象认知、文化符号及变迁这些主要对象，相关研究应用方法一般涉及网络文本分析、旅游地生命周期理论等方法和理论依据，从旅游、农业、文化和服务业经济方面着眼进行研究。

20 世纪 90 年代后期我国正式提出了红色旅游概念，随着学者们对红色旅游发展溯源和发展历史轨迹趋势的研究深入，不同领域的学者提出了通过挖掘革命历史档案、历史记忆传承和建构、挖掘红色文化内涵、丰富红色旅游内容等方法来助推红色文化旅游的发展。近几年随着国家对红色旅游事业更加重视，红色旅游发展更加迅速。[3] 国内学者们对红色旅游的研究涉及多学科的研究视角，旅游和思想政治教育是红色旅游研究的主要研究方向，其次是文化、资源科学、外国语言文学、农业经济和高等教育等。

---

[1] 基金项目：北京印刷学院课程思政重点教学改革项目（项目编号：22150121034/005）。

[2] 吴茂英 . 旅游凝视：评述与展望 [J]. 旅游学刊，2012，27（03）:107-112.

[3] 代丽华，龚云 . 南昌红色旅游景区中旅游英语使用情况 [J]. 现代商贸工业，2016，37（34）:451-452.

（二）研究对象

本研究以"旅游凝视"这一理论作为研究工具，以北京鲁迅博物馆为研究对象，将鲁迅博物馆相关的旅游凝视分为政府凝视、专家凝视和游客凝视，运用凝视理论，对鲁迅博物馆红色旅游文化的构建过程及未来发展道路进行探讨。一般来说，厄里所提出的游客凝视更加关注游客对旅游地文化及居民的单向凝视，暗示旅游者一直处于主动、支配的地位。而本篇针对鲁迅博物馆的旅游凝视分析则更加注重博物馆和游客之间的双向凝视，强调双方在博物馆红色文化构建中的相互作用力。所以不管是在理论视角的转换，还是在红色旅游目的地的选择上都具有一定的创新性。旅游凝视在新场景和新领域的应用丰富旅游凝视理论的内涵，能较好地弥补现有红色旅游文化构建思路较为模糊的遗憾，为未来的相关研究提供思路。

此次研究拟解决以下问题：（1）鲁迅博物馆的旅游者的行为特征；（2）鲁迅博物馆作为北京市红色教育基地发展运营的问题及建议；（3）鲁迅博物馆的红色旅游文化的构建主体和构建过程。

（三）研究方法

首先，此次研究采用实地走访形式，深入鲁迅博物馆经营日常，获得真实可靠的资料，获取对博物馆设施功能构建及内部环境氛围的直观感受。具体为：在 2020 年 12 月对鲁迅博物馆的场馆建设及人员分配进行考察；在 2021 年初对鲁迅博物馆不同年龄段游客旅游行为及相关创收进行记录，作为后期评价的原始数据和依据。

其次在游客凝视方面，本研究运用语义网络分析结果研究方法，收集互联网上游客基于真实经历所发布的图片、游记和问答评论文本作为研究对象，以此对游客在旅游地的感受及体验做出分析评价。以知名旅游社交分享网站"马蜂窝" 及旅游电商网站"携程旅行网"作为网络文本及图片的主要来源地，选取游客 2016—2020 年的 48 篇游记，提取 60 个高频词汇及 258 张图片，分析了游客对鲁迅博物馆硬件设施、相关文化旅行体验的感受和偏好。

（四） 理论架构

引入"旅游凝视"，对"旅游凝视"的概念与理论发展进行梳理，提出"旅游凝视"的真正内涵所在，发现"旅游凝视"与"旅游体验"在本质上的一致性，并根据对旅游凝视概念及旅游体验的理解构筑旅游凝视作用力图：

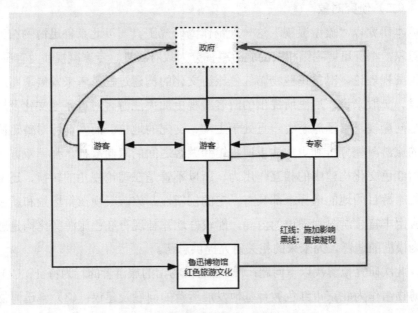

图1　旅游凝视主体相互作用力图

二、调查结果与分析

（一）政府凝视在鲁迅博物馆红色文化旅游建构中的作用力

政府主导性是红色旅游发展的主要特征之一，红色文化发展离不开政府导向力的作用。在旅游产业中，政府凝视在其构建中发挥的作用更加强烈，即政府凝视很好地决定了红色旅游文化构建的好与坏。[1] 因此，政府凝视是红色旅游文化构建中最重要的一个因素。

通过对现行政府颁布的一些红色旅游相关政策法规统计研究，研究发现政策法规主要包括三方面。首先，政府政策对于红色旅游构建具有方向导向作用。政策强调加强红色旅游的教育意义，不断增强人民群众对于红色旅游的重视，2016 年颁发的《通知》中指出提高红色旅游发展水平，将红色旅游打造成常学常新的理想信念教育课堂，增强红色旅游发展潜力。鲁迅博物馆我国首批国家一级博物馆和北京市红色旅游文化地，不管是政府对于红色旅地的构建还是博物馆文化的构建，都包括鲁迅博物馆。其在红色文化博物馆上占据较大位置，在政策方向导向具有很大优势。

其次，国家政府对红色旅游地的经济支配权力大。国家财政不断加大基

---

[1] 央金措姆 . 博物馆免费开放后的管理与可持续发展分析 [J]. 西藏科技，2017（11）:6-7.

础设施建设的资金投入力度，2017年颁布的政策指出红色旅游基础设施建设项目，不受最高补助限额的限制，我国财政的支持从2005年的7亿元到2016年15亿元到预测2020年有60亿元，财政支持的力度增加8倍多，这对于红色旅游地的基础设施的建设与完善有很大的帮助。鲁迅博物馆作为司局级公益性事业单位，其主要建设和维护的资金来源都是中央财政的支持，不断增多的财政支持为其基础设施建设和景观规划的发展提供了资金保障。

最后，国家政策对于红色旅游的工作人员安排具有一定导向作用。红色旅游博物馆大部分都是一些国家的公益性事业单位，高层工作人员和专家规划人员大多数是国家公务人员，具有较强的专业知识和能力，更利于博物馆的良性发展。但是大部分的一些接待游客的工作人员却都是一些文化水平较低的人，他们对鲁迅博物馆发展现状不了解，对游客态度较差，影响到游客在鲁迅博物馆的整体旅游感受。

（二）专家凝视在鲁迅博物馆红色文化旅游建构中的作用力

在进行某一地区的文化构建时，专家凝视包括了一些专家对于博物馆建设的规划建议及学术发展和现行学术研究中专家对于博物馆的研究现状。在旅游凝视这个系统内，主要指各类旅游专家和政府相关部门的工作人员。而通过专家对于鲁迅博物馆的凝视现状，了解鲁迅博物馆的官方网站中的学术研究现状。

首先，鲁迅博物馆官方网站中的学术研究，主要包括学术成果、史料钩沉、新文化讲堂、鲁迅研究月刊和在线检索系统。在学术成果方面，鲁迅博物馆的专家主要的研究方向是鲁迅的历史意义和文学方面的突出，最近一年的学术研究是2018年，而大多数的学术研究是2014年之前的，文献陈旧缺少创新；史料钩沉中，包括2014年发表的"甘博镜头下的五四运动"和2015年发表的"让博物馆真正成为公共资源"，主要是关于五四运动的历史和如何更好建设鲁迅博物馆的相关内容；在新文化讲堂中，包括"群星灿烂的五四星空——以鲁迅·胡适·周作人为中心""抗战版画的学术意义"和"中国博物馆的发展与展望"等专题讲座，这些专题讲座主要是关于文学创作、新文化运动中的红色历史文化、博物馆运营的主题，较好地与鲁迅博物馆发展相结合；鲁迅的研究月刊，从1980年到2020年月每月都会有文章更新，有很多专家学者研究鲁迅文学以及新文化时期的文学，这对鲁迅博物馆的场馆内容建设和文字介绍部分有较大影响，同时专家的研究成果也在潜移默化中影响了游客对于鲁迅博物馆红色旅游文化的认知。

（三）游客凝视在鲁迅博物馆红色文化旅游建构中的作用力

1. 基于图片分析结果与讨论

表 1　图片分类及数量统计表

图片主题	图片数量	数量占比	图片主题	图片数量	数量占比	图片主题	图片数量	数量占比	图片主题	图片数量	数量占比
丁香树 / 枣树	36	14.0%	鲁迅经典语句	18	7.0%	猫	12	4.7%	胡同	10	3.9%
鲁迅雕塑画像	32	12.4%	生平相关	17	6.6%	正门	12	4.7%	重点保护单位标志	8	3.1%
鲁迅旧居	24	9.3%	书页雕塑文物	16	6.2%	书店	11	4.3%	白塔	8	3.1%
内部特色陈设	22	8.5	建筑	15	5.8%	文字介绍	10	3.9%	藤野先生	7	2.7%

摄影是旅游凝视的物价体现，是游客记录个人经历、保留个人记忆、重塑目的地景象的重要途径之一。

由表 1 可知，有关鲁迅雕塑画像的图片占据较高比例（12.4%），这是因为鲁迅雕塑是最能反映旅行主题的标志性意象，对于拥有纪念意义的相片来说，鲁迅的雕塑是必不可少的。其次是丁香树，这是当年鲁迅先生有名的枣树所栽种地方，基于人们对这片文学作品的熟悉，这两棵丁香树也成为人们都要打卡拍照的地方。最后，鲁迅旧居和鲁迅陈列馆内的特色陈设物（如三味书屋场景复原）也是游客的图片中关注度较高的方面（17.8%），反映出游客对于历史场景沉浸式体验的渴望。鲁迅经典语句所有照片中是较为常见的拍摄对象（7.0%），因为大众对鲁迅文学家地位的深刻认知和其语言的认可，

对于馆中印制在立牌和墙上的鲁迅经典语录，是多数游客凝视的对象。除此之外，值得关注的是，"猫""书店"和"建筑"是照片的重要主题和拍摄对象（14.8%），这符合当下越来越多旅行者对动物和特色文化场所在旅行目的地的关注趋势；而四合院式的建筑则是鲁迅博物馆与其他博物馆一个显著的区分点，这种具有年代感和特殊意义的博物馆建筑博得了大多数旅行者的好感。

2. 基于语义网络分析结果与讨论

表2　鲁迅博物馆游客体验过滤后高频词

序号	词语	数量	序号	词语	数量	序号	词语	数量
1	鲁迅	845	21	版画	27	41	门口	21
2	博物馆	203	22	艺术	27	42	学生	20
3	先生	195	23	地方	26	43	大学	20
4	北京	191	23	后来	26	44	展厅	20
5	故居	94	25	书屋	25	45	展览	19
6	中国	86	26	时间	25	46	朱安	19
7	阜成门	45	27	广州	25	47	大街	19
8	日本	45	28	院子	27	48	精神	19
9	上海	42	29	文物	25	49	思想	19
10	绍兴	41	30	革命	24	50	居住	19
11	设计	40	31	旧居	24	51	在此	18
12	胡同	35	32	人生	24	52	学校	18
13	母亲	35	33	手稿	22	53	运动	18
14	作品	35	34	收藏	22	54	白塔	18
15	陈列	34	35	三味	22	55	期间	18
16	文学	34	36	剪纸	22	56	生平	17
17	一生	30	37	四合院	21	57	南京	17
18	参观	29	38	华盖	21	58	郑板桥	17
19	文化	20	39	青年	21	59	木刻	17
20	枣树	27	40	厦门	21	60	翻译	17

　　内容挖掘分析，研究提取了鲁迅博物馆游客体验的高频词（见表2）。由高频词频率和排序可知，"鲁迅""博物馆""先生"是游客使用频率最高的词汇。这说明鲁迅博物馆的游客对旅行的主题有明确认知，感受"鲁迅"和对"先生"的崇敬和缅怀是大部分游客们旅行的主题。

　　另外，与"地点"有关的词汇，游客使用也较为频繁，例如，"渠成门""日本""上海""绍兴"等，游客去旅行最重要的目的就是了解鲁迅的生平事迹。同时"革命""人生"等词反映出游客对于鲁迅生平的主观认识和评价，这一切让人们从鲁迅的个人及视角，感受到时代的大趋势和大事件，同时跟随鲁迅思想的转变，感受文学、政治等领域的争端矛盾，并逐渐接受马克思主义的道路，感受红色文化及红色先烈的力量。

　　其次，研究通过对出现数量在 21～35 之间的高频词进行分析合并后，共生成四大主题：人物关系、观看和感受鲁迅先生的文学、兴趣爱好和旧居。

这一排序结果表明，游客在游览鲁迅博物馆的旅游体验中，凝视对象主要聚焦于鲁迅与亲人及名人之间的交往和相互关系，"母亲""朱安"等人物对鲁迅的影响，他们与鲁迅之间发生的故事都给游客留下较为深刻的印象。同时，游客对于鲁迅先生的文学作品相关的文物及旅游体验有极大兴趣。一方面，例如"华盖""枣树""手稿"等鲁迅文学作品中著名的词句和意象被多次提及；另一方面，与鲁迅文学中所提及的鲁迅曾生活的地方也受到关注，例如"书屋""枣树""老虎尾巴"等。除此之外，游客也会着重了解鲁迅先生的兴趣爱好。"剪纸""艺术""版画"等关键词使鲁迅先生的形象在游客心中更加立体，且间接促进游客关注走进版画等中国传统文化。"故居""旧居""院子""收藏"等高频词汇则反映出游客体验中名人故居这一重要主题，其生活过地方、使用过的物品。

最后，语义网络分析表明，"大学""青年""学校""运动"也是游客游记中出现频率较高的词汇。这主要来自鲁迅先生一生中对青年运动、新文化运动等与青年思想活动相关领域的关心和帮助，游客对这一角度的凝视主要由鲁迅博物馆游客群体的旅行目的和群体特征决定。[1]学生研学旅行和亲子游作为鲁迅博物馆游客的旅行主题和目的，游客对于与自身相关的内容会拥有更大的兴趣和更强烈的学习动机。

三、鲁迅博物馆红色文化构建的问题

（一）基础设施落后，管理有待完善

鲁迅博物馆在经营和管理模式上趋于保守，缺乏活力和吸引力。通过分析了解到，位于四合院中的鲁迅博物馆设施陈旧，墙体有大量脱落，博物馆产品陈列设施落后，现代化程度低，与游客之间的凝聚力低，外部交通停车不方便等问题，很难吸引游客。

（二）宣传过于单一，红色旅游文化与博物馆连接度低

鲁迅博物馆作为我国第一批国家级博物馆，后与北京新文化运动博物馆结合成为我国北京的一个红色文化博物馆。在发展红色文化旅游产业过程中在包装和宣传工作方面做得不到位，其红色文化产品参观和消费的人数无法达到预期，这不仅影响鲁迅博物馆红色文化产业发展的经济效益，也不利于

---

[1] 黄克己，吴茂英.佛教圣地的游客体验研究——以五台山为例 [J].旅游论坛，2019，12
（02）：20-25.

鲁迅博物馆的品牌的树立和影响力的扩大。

（三）展陈形式陈旧，产品创新性不足。

分析发现，游客凝视的视角和对象较为单一，对鲁迅博物馆中的红色文化了解少。一方面，博物馆内红色文化景观稀缺；另一方面，博物馆红色旅游文化相关建构对游客的吸引力不足，无法给游客留下深刻印象。除此之外，鲁迅博物馆展览内容常年没有变化，缺少新事物。红色文化方面展陈方式陈旧，多为视觉化的实物展出，缺乏创新性，对游客的吸引力弱。旅游产品针对性差，游客的个性化需求难以满足。

鲁迅博物馆作为北京重点红色旅游教育基地，是研学旅行的重要目的地。鲁迅博物馆虽有一定的红色教育活动体系，活动形式单一，受主题限制较大，无法满足青少年儿童对活动趣味性和互动性的心理需要，没有很好发挥出应有的社会教育功能。而且因为鲁迅文学对现在中老年群体的深刻影响，鲁迅博物馆也是老年旅游中较为常见的线路选择。[1] 但鲁迅博物馆红色文化活动以青少年人为主，老年人的旅游体验没有得到重视。

四、鲁迅博物馆红色文化构建的对策与建议

（一）健全基础设施，加强博物馆的管理

鲁迅博物馆需要不断提高服务水平，注重游客体验，健全馆内相关规章制度，注重管理人员职业操守的培养建设。对馆内从业人员的管理上，量化目标，博物馆在确定目标任务指标时，遵循原则，结合馆内实际，为每个工作人员安排任务，充分调动工作热情，提供优质服务，关注游客需求，让游客拥有高质量体验。

（二）加大宣传，增强博物馆与红色旅游文化的连接

不断加强鲁迅博物馆与红色文化的结合，提高鲁迅博物馆的文化活力。政府要不断完善政策支持，加强博物馆与文化之间的连接力度，同时提高博物馆和文化旅游的生命力。博物馆内将鲁迅的文学作品与当时的时代背景相结合，加大宣传红色文化历史，突出博物馆的教育意义；建立鲁迅博物馆商店，拓宽其营销策略，营造良好的红色文化氛围，将休闲场所、参观场所紧密地联结在一起，延续游客的参观体验。

---

[1] 张环宙,吴茂英,刘婷.国际游客凝视与旅游文明——基于"印象·刘三姐"的实证研究[J].
世界地理研究，2016, 25（06）：148-157.

（三）创新红色文化表现形式，打造独有的文化景观。

充分利用高科技手段，活化有关鲁迅的红色记忆，视听结合，增加更多沉浸式体验。结合以上分析可知，博物馆的红色文化构建及形式创新应紧紧围绕人物关系、观看和感受鲁迅先生文学作品、鲁迅兴趣爱好及鲁迅旧居这四大主题，从游客凝视的角度来构建自身红色文化特色。[1] 可以通过蜡像制作、模型构建等构建沉浸式体验，让游客感受红色记忆，激起共鸣和反思。

（四）强化深度体验，采取差异化措施。

对于游客的个性化需求，一方面，针对青少年研学旅行，鲁迅博物馆可以与教育部门和大学科研合作，开发鲁迅博物馆红色文化内涵；基于红色文化开展夏令营、阅读红色记忆，讲红色故事、体验红色文化的研学旅游活动和亲子活动，让青少年真正动口动脑动手地参与到鲁迅博物馆的红色文化构建中。另一方面，针对老年旅游，鲁迅博物馆可以增加与老电影和怀旧书籍有关的展览，满足老年人的红色文化需求。

作者简介

宋雨飞，北京印刷学院 2019 级文化产业管理专业本科在读。参与的省部级课题：《北京红色旅游融合创新发展研究》《基于金中都文化的北京古都文化资源挖掘与传承研究》《北京夜间文化旅游提升路径研究》。主要研究方向：红色旅游、文化产业管理。

方宝涵（2002 —   ），女，安徽宣城人，北京印刷学院本科在读，专业方向为文化产业管理。

王蕾（1981—   ），女，山东潍坊人，北京印刷学院讲师，研究方向：文化旅游。

[1] 王辉, 杜娟. 旅游凝视下海岛文化的保护与传承——以庄河市海王九岛与石城岛为例 [J]. 首都师范大学学报 (自然科学版)，2020，41（04）：71-77+90.

"一带一路"背景下的文创设计策略

李晓雪

自 20 世纪 80 年代以来,我国经济步入了新的发展阶段,信息技术得到广泛普及,加速了文化、知识的流通,人们越发意识到文化、知识的潜在价值。随之,人们的物质财富极大地丰富,精神需求与日俱增,先进的技术和生产手段正逐渐取代需要大量人力的劳作,人们拥有越来越多的时间从事休闲娱乐活动,精神文化消费已经成为人们日常生活中必不可少的组成部分。在国家政策的支持下,北京、上海、广州、深圳、天津、南京等国内各大城市纷纷把文化创意产业作为支柱产业进行培育。江苏、福建、山西、广东、云南等各省份纷纷提出了"文化强省"建设的战略目标。这些外部需求环境的变化为文化创意产业的发展创造了良好的条件,我国文化创意产业大发展的时期已经到来。十九大前后,文化产业、设计服务业、制造业有机协调发展,文创和设计服务成为培育国民经济新的增长点,以及提升国家文化软实力和产业竞争力的重要抓手,是引领国家产业创新和发展的一股重要力量。

一、"一带一路"背景下文创产业发展现状

随着"一带一路"倡议的推进,处在"一带一路"路线上的地方文化创意产业资源有着得天独厚的优势,是机遇,同时也是一场挑战。但一直以来,国内对于文化创意产业的应用研究还比较初级,并未形成系统的理论。经过大量的调研和长时间的实践,归纳总结出以下的主要问题。

首先,文创设计在产业链的开发中严重滞后。其次,文创产品由于既包含文化属性又有商品属性,而设计者们常在这两者之间顾此失彼。或是以文化属性待之,以简单的工艺直接照搬景点或景物故事植入文化和情感符号,造成产品形象低幼,廉价且缺乏时代感。或是以商品属性待之,以盈利为目的,对景区文化特质挖掘不够深入,无法有效地起到宣传作用。面对景区现状问题,文创设计的发展亟须转型。切不可盲目打造,应当对各类景区实行有效

分类，从消费者端，景区端以及设计者端切入，找准对应属性，从而合理高效地进行针对性设计。只有这样才能将地方资源合理高效地融入"一带一路"建设当中，才能有效实现文创产品的高转化率，促进行业经济发展，提升地域文化产业的发展。

二、"一带一路"背景下文创产品开发策略

从文创产品系统设计层面与开发层面出发，基于"一带一路"倡议地域上的人文、地理、环境、文化形式繁多的特点，提出三类产品设计开发模型，分别是景主文辅、文主景辅以及文景依附型，分别梳理分类，实现快速获取产品创意元素的目的，继而辅助文创产品设计开发的展开。

（一）景主文辅的文创产品开发模型

"景主文辅"这类景区特点主要是以风景为主，可深入挖掘的文化有限。从景区端来看，虽然风景优美，但是可以讲述的故事极少，且服务设施和服务条件较差，不能满足消费者日常生活所需。从消费者端来看，虽然眼前景色震撼，但是却没有可以讲述的点，不仅体验感极差且消费较高。从设计端来看，有较多可设计的形体元素，但具体的故事需要深入挖掘，优化景区的服务体验设计，进行配套化的打造。如图1所示。

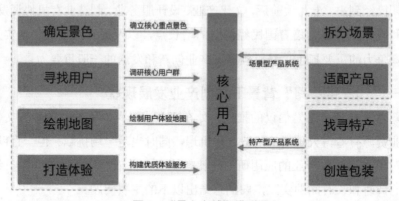

图1 "景主文辅"模型图

以达古冰川为例，达古冰川位于四川阿坝，海拔4000多米之上，是一处集冰川、雪山、森林、野生动物、草甸为一体的自然生态旅游区，景色秀美，如人间仙境般，故吸引了无数旅游爱好者，但当你攀登几千米，视野里尽数都是皑皑白雪，寒风冷冽刺骨的时候，此时出现了一家咖啡馆——达古冰川咖啡馆，它被誉为世界上最孤独的咖啡馆，却是冬日里最温暖的一束阳光。

达古冰川可谓将旅游服务体验打造到了极致，试想，谁不愿在这寒冷的冰川顶上，从咖啡馆内的窗边极目远眺，满目之下尽是纯白世界，然后再搭配咖啡的醇香，此刻美好无限。

（二）文景依附的文创产品开发模型

"文景依附"的景区特征多以名人事迹，英雄人物为主，具有强烈的记忆点，景色优美。从景区端来看，此类景区景色较好，文化性强，可以打造文化 IP 形象，故事性寓意极强。从消费者端出发，对这类景区的记忆力强，感受深刻直接，通常被文化寓意打动而进行消费。从设计者端出发，可打造的形体图像元素也算较多，但文化故事需要深入挖掘，对 IP 形象，消费者的购买动机做到合理梳理，切不可盲目打造。如图 2 所示。

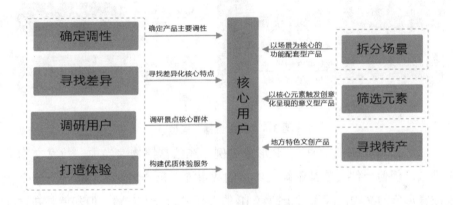

图2 "文景依附"模型

以小平故里设计为例，小平故居位于四川省广安市广安区协兴镇牌坊村，全村面积 3.19 平方公里，主要景点近 20 处，小平故里在红色景区中属于佼佼者，有组织性的爱国主义教育是当前游客中的主要构成部分。游客群体分布合理，知名度较高。小平故里现阶段在红色旅游景区中较为不错，但较 5A 级景区平均水平有差距，所以需要在游客体验环节不断优化升级，用文创商品来提升教育与旅游品质。打造区域旅游通路，增加游客停留时间与差异化体验。景区及周边都会复古的建筑，能最大限度地还原小平故里当年的风貌，一些小平特有的纪念元素也有浮现出当时的时代感与历史印记。所以，用馆藏编年体式的小平一生重要节点事件，语录，以及日常使用物件的复刻来作为主要设计元素。打造独特的红色景区特有的文创商品，提升客户游览体验。

（三）文主景辅的文创产品开发模型

"文主景辅"的景区多指以博物馆这类景区为首的拥有丰富的文物且多存在于室内环境。这类景区从博物馆端来看，文物众多同时也代表着故事性的丰富，通常通过陈列展出为主，相关的配套消费较少。从消费者端来看，也是具有丰富的产品，故事较多，但是存在着交互不足且消费力不足的情况。从设计者端来看，形体图像元素和文化故事内涵远比其他景区的多，因为在进行打造时当以配套化打造，同时完善交互服务体验设计。如图3所示。

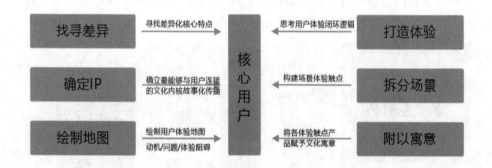

图3 "文主景辅"模型

以故宫博物院的故宫猫IP形象为例，在故宫博物院当中，故宫文物数不胜数，任何一件文物都不缺乏丰富的故事性，每个消费者心中都有一个代表故宫形象的文物，因而对于故宫IP的选择成为一大难题。但却就是在这样的一个环境下，设计师发现故宫里有超过一百多只猫在紫禁城内活动，他们性格温顺，每天像个安保人员一样巡视各个角落，捕捉故宫的老鼠。设计师团队通过观察进而挖掘出了"故宫猫"这一形象，完美地契合了消费者心目中的IP形象，与游客似乎达成共识。基于此，故宫设计师团队以"故宫猫"为原型，设计出了包括AR大内密探在内的"故宫猫"系列产品，软萌可爱的"人格"化形象，让我们相对传统的故宫焕发出了新的生命力与生机。在故宫文创产品中，"故宫猫"IP衍生品是故宫文创收入的中坚力量。"迷你故宫小猫猫摆件"系列产品，更是成为故宫文创产业的巅峰。

结　语

"一带一路"沿线地域文化丰富，各个区域的资源与内涵各不相同，因而既给了设计师们广泛发挥的空间，但也同时给设计带来了困惑，设计师在进行文化创意设计的过程中不能盲目照搬文化元素,应该按照区域特点进行有效合理的归类与所涉及的产品进行有效的结合。只有这样才能焕发文创产品新的生命力,让强大的文化力量走出国门。

作者简介

李晓雪,四川师范大学设计学专业硕士研究生,玉弦工作室负责人,荣获全国 3D 大赛一等奖一项、二等奖两项,数字艺术设计大赛二等奖一项,米兰设计周比赛三等奖两项,成都七中文创设计工坊特聘教师,发表期刊论文两篇,外观设计专利一项。

第二编

区域创新极与城市群高质量数字化发展

新结构经济学视角下文化产业数字化转型升级研究 [1]

陈能军 周玉兰

一、引言

自新冠肺炎疫情暴发以来，我国经济发展面临着前所未有的挑战。首当其冲的便是实体经济。与之同时，依托于人工智能、大数据等数字化技术的数字经济发展规模迅速增大，根据《中国数字经济发展白皮书（2020年）》的数据显示，我国在 2019 年数字经济增加值高达 35.8 万亿元，占 GDP 比重达 36.2%，在疫情期间为我国经济复苏提供了动力。[2]

国家"十四五"规划明确提出，实施文化产业数字化战略，发展社会主义先进文化，提升国家文化软实力。[3] 为下一阶段我国文化产业发展提供了战略指引。随着地区的要素禀赋结构的升级，产业都会经历从壮大到衰败的生命周期，新结构经济学为文化产业进行数字化转型升级提供了理论基础。新结构经济学认为结构变迁要时刻遵循比较优势才能避免结构扭曲，而结构变迁过程中是不可能严格遵循最优结构变迁轨迹，违背比较优势的结构变迁是普遍存在的，因此，若是偏离了最优结构变迁路径，需要采用渐进转型方式消除扭曲。[4]

本文拟以新结构经济学为理论基础，根据文化产业与数字化技术的发展基础，利用新结构经济学对其进行分析，最后根据分析结果提出相关的实施路径。本文的边际贡献在于：第一，从理论角度来看，已有学者应用新结构

[1] 基金项目：2019 年上海市哲学社会科学规划一般项目"上海数字创意产业贸易潜力、技术效率及影响因素研究"（编号：2019BJB013）。

[2] 汤世易，陈雪阳. 新冠肺炎疫情前后数字经济对实体经济影响的实证研究 [J]. 经济研究参考，2021，2971（3）：58-71.
[3] 孙旭然. 文化产业运行情况及发展趋势分析 [J]. 中国国情国力，2021，341（6）：9-15.
[4] 付才辉. 新结构经济学理论及其在转型升级中的应用 [J]. 学习与探索，2017，262（5）：2, 133-145.

经济学理论对文化产业发展进行分析，但对文化产业进行比较优势分析的相关文献较少，本文的研究是对其的一点补充。第二，从研究视角来看，大多研究是从产业融合的角度研究产业转型升级，并没有从产业自身禀赋优势的角度考虑，本文为文化产业数字化转型提供了新的方向。

二、文献回顾

产业结构升级被称为是经济发展的库茨涅兹特征事实。本文认为，文化产业数字化转型有两种途径：一是根据新结构经济学理论，通过自身要素禀赋结构进行转型升级；二是根据产业融合理论，通过数字化产业与文化产业深度融合进行转型升级。

（一）新结构经济学与产业升级

新结构经济学是研究经济体的经济结构及其转型的决定因素和影响。与其他理论不同的是，新结构经济学强调的理论机制便是禀赋驱动的结构转型与产业升级。[1] 如 Ju[2] 等首次构建了一个具有无穷多个产业的增长模型，将中观的产业和宏观的经济增长通过要素禀赋相联系，提出了要素禀赋驱动结构变迁的理论机制。Wang[3] 等进一步引入人力资本，把人力资本和产业结构相联系，基于不同的产业对高技能劳动力有着异质的需求，从理论和实证层面解释了产业结构不断朝着高技能劳动力密集型方向发展的路径。

围绕禀赋结构与产业升级、结构转型的关系，国内外已有许多实证研究。在微观企业层面，付才辉[4] 认为企业转型升级的关键在于企业自身的动态核心能力，即企业的要素禀赋结构要与企业的价值链结构相匹配，才能促使企业转型升级。在中观产业层面，欧阳志刚[5] 等使用中国省际层面和行业层面的 26 种投入要素禀赋，通过随机森林模型，揭示了不同生产投入要素在不同行业的重要性，发现每个地区具有不同的非充分发展行业、充分发展行业和

---

[1] 王勇，徐扬帆，吴紫薇.新结构经济学在宏观经济学领域的研究综述 [J].兰州大学学报（社会科学版），2021，49（1）：48-56.

[2] Ju Jiandong,Lin Justin-Yifu,Wang Yong. Endowment Structures, Industrial Dynamics, and Economic Growth[Z]. *Journal of Monetary Economics*, 2015, 76: 244-263.

[3] 高震.新常态背景下山东产业结构转型升级的研究——基于新结构经济学视角分析 [J].中国集体经济，2019，590（6）：31-32.

[4] 付才辉，赵秋运，陈曦.产业升级研究的微观探索：新结构经济学的视角 [J].上海大学学报（社会科学版），2021，38（1）：1-13.

[5] 欧阳志刚，陈普.要素禀赋、地方工业行业发展与行业选择 [J].经济研究，2020，55（1）：82-98.

要素约束行业，应根据要素结构特征选择优先发展行业和发展路径。在宏观增长层面，朱兰[1]构建了固定效应模型，展示了处于不同收入阶段的国家的要素禀赋存在差异性，定量分析了经济结构与收入水平之间存在非线性关系，其拐点大多出现在中等收入阶段。

（二）文化产业融合与产业升级

文化产业与其他产业融合发展也是文化产业高质量发展的重要途径，尤其是文化产业与科技产业的融合是文化产业数字化发展的基础。李焕[2]认为文化与科技融合不仅体现在文化产业与科学技术之间的相互渗透，其本质应该是文化要素和科技要素之间形成的耦合关系。田晓璇[3]等也研究了文化与科技的融合发展，选择了非物质文化遗产这一研究对象，认为随着非物质文化遗产消亡速度的加快，而数字化技术的出现为人们提供了更为直观且震撼的体验感，对于非物质文化遗产的保护与传承提供了新方向。田富俊[4]等对文化与科技融合发展进行了实证研究，运用灰色关联分析法测算科技创新与文化产业之间的灰色关联度，这是一种新型的研究方法，与之前对融合度测算不太一样，是探究两者融合发展的内在关系和相互作用。

三、文化产业数字化转型分析：基于新结构经济学视角

比较优势理论一般是用于跨国研究，但由于我国幅员辽阔，各个地区发展差异较大，因此也有很多学者将其用于我国内部地区之间的分析。同时，林毅夫教授也是在比较优势理论基础上形成新结构经济学的基本框架。因此，在制定文化产业数字化转型的实施路径前，可对文化产业进行新结构经济的分析，判断我国地区是否拥有相关的比较优势。

根据2021年发布的"2020中国文化产业系列指数"，从综合指数结果来看，本年度综合指数前10的省市分别是：北京、浙江、广东、上海、山东、江苏、湖北、河南、四川、安徽。因此本文将选取以上10个省市作为研究对象。

[1] 朱兰.发展阶段与结构转型：基于不同收入阶段的比较[J].兰州大学学报（社会科学版），2021，49（1）：57-67.

[2] 李焕.文化与科技深度融合机理：要素集聚视角的分析[J].陕西行政学院学报，2019，33（3）：123-128.

[3] 田晓璇，马秀伟.非物质文化遗产传承中的数字化探索[J].文化学刊，2019，99（1）：156-158.

[4] 田富俊，储巍巍，刘彦.科技创新与文化产业融合发展实证分析——基于灰色关联分析法[J].湖南工业大学学报（社会科学版），2021，26（1）：21-28.

（一）要素禀赋比较优势指数

新结构经济学认为，一个经济体的经济结构内生于它的要素禀赋结构，但要素禀赋在某一时点是给定的，可随着时间变动，它决定了一个经济体的比较优势。因此，本文利用要素禀赋比较优势指数来衡量某个地区是否拥有发展文化产业的比较优势，是否与产业所需要的要素禀赋相适应。

生产要素包括自然资源、人口、物质资本和人力资本等，对于文化产业进行数字化转型来说，物质资本和人力资本是很重要的。本文将借鉴申广军[1]把美国制造业的资本劳动比作为"接近自由市场状态下"的标杆，以及纪建强[2]对湖南省军民融合产业转型升级的研究，构建如下的要素禀赋比较优势计算方法：

$$ECA_t = CLR_t / Y_t \tag{1}$$

其中，Y_t为我国人均 GDP，用于衡量我国资本与劳动要素结构状况；CLR_t为我国文化产业的资本劳动比，用于衡量文化产业发展需要的资源禀赋结构。由于文化产业的 3 种产业文化制造业与技术水平融合更加密切，是文化产业数字化发展的方向，因此本文将选取文化制造业衡量文化产业的要素禀赋结构。其资本可用年末文化制造业的固定资产原价来表示，用规模以上文化制造业从业人员作为劳动力，其比值作为文化产业的资本劳动比。其数据来源是《中国文化及相关产业统计年鉴》和《国民经济和社会发展统计公报》。相关数据和计算结果如图 1 所示。

---

[1] 申广军. 比较优势与僵尸企业：基于新结构经济学视角的研究 [J]. 管理世界，2016，279（12）：13-24+187.

[2] 纪建强，旷毓君. 基于新结构经济学的湖南省军民融合产业转型升级研究 [J]. 工业经济论坛，2018，05（5）：51-64.

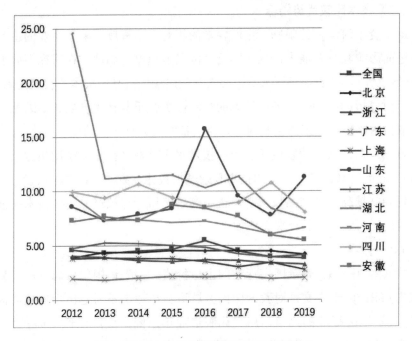

图1　我国文化产业要素禀赋比较优势指数

根据申广军（2016），ECA_t=2 为最优比较优势点，该指标太大或者太小都说明该行业违背了区域要素禀赋比较优势：要么是过于追逐先进的行业（ECA_t 过大），要么是在落后的产业停滞不前（ECA_t 过小）。

因此，根据图1结果，可得到以下结论：第一，以全国为衡量标准，河南、湖北、四川、安徽和山东在全国水平之上，北京、上海、浙江和江苏与全国水平相差不大，广东远低于全国水平。由此可知，广东省拥有的要素禀赋优势最高，其发展文化产业数字化的基础雄厚。第二，从时间序列上看，全国的要素禀赋比较优势指数是在逐渐下降的，趋近于2，表明文化产业在全国范围内逐渐拥有要素禀赋比较优势。北京、上海、浙江和江苏也是呈现同样的趋势，与最优比较优势点相差不大。其他城市也是波动下降的，但是与最优比较优势点还相差较大，表明这些地区的文化产业数字化转型不具有要素禀赋优势。第三，湖北省是一个波动最大的省份，从2012年的逼近25，到2019年趋于7.5，表明湖北省发展文化产业不具有要素禀赋比较优势，但其发展潜力巨大。

（二）技术比较优势指标

由于资本流动性的限制，生产要素的相对丰裕程度影响了企业的生产成本，进而影响其盈利能力，从而影响经济发展速度。因此，在研究不同地区的比较优势时，从长期发展来看，要素禀赋比较优势是最根本的决定性因素，但在相对较短的时期内，考虑资本的流动性仍强于其他生产要素。因此，本文选取技术比较优势来衡量某地区是否具备发展某种产业的技术底蕴。

首先，构建某产业发展所要求的技术水平指标（技术复杂度指数）。借鉴 Hausmann 等（2007）提出的技术复杂度指数计算方法。该方法假设一个国家人均 GDP 越高，其产品技术水平也越高，然后计算该产品生产技术在世界范围内的相对状况，其计算公式如下：

$$TSI_j = \sum_i \frac{x_{ji}/x_i}{\sum_i x_{ji}/x_i} Y_i \tag{2}$$

式（2）中，x_{ji} 表示国家行业的出口价值，x_i 为该国出口总额，Y_i 为该国人均 GDP。由于本文是对我国国内区域进行比较，不考虑出口问题，因此用 x_{ji} 表示地区行业的产值，用文化制造业年末固定资产原价指标表示，x_i 则是表示整个文化产业的总产值，即文化产业年末固定资产原价指标，Y_i 为地区 i 的人均 GDP。

其次，计算各个城市现有文化制造业的技术基础。参考申广军（2016）的做法，将其定义为我国各文化产业的技术复杂度指数的加权平均值，即：

$$TSI_c = \sum_j \frac{x_{cj}}{x_c} TSI_j \tag{3}$$

其中，x_{cj} 为我国各城市第 j 个文化产业的年末固定资产原价，x_c 为我国文化产业年末固定资产原价，TSI_j 则是根据（2）式得出的文化制造业的技术复杂度指数。因此，文化制造业的技术比较优势定义为：

$$TCA = \frac{TSI_j}{TSI_c} \tag{4}$$

衡量的是我国某一城市已有的技术水平与文化制造业发展所需要的技术水平的差距。根据申广军对僵尸企业的识别研究发现，TCA=1.17 时是产业与区域资源禀赋最优匹配点，TCA 指标偏大或偏小两种情况都说明该产业不符合区域的技术比较优势。该指标越大，说明文化制造业产业发展要求的技术水平超出区域现有技术水平越多；该指标越小，说明城市现有技术水平领先文化制造业的产业发展需要的技术水平越高。

本文的数据来源主要是《中国文化及相关产业统计年鉴》和国家统计局

的相关数据显示，以下为计算结果。

表1 文化制造业的技术比较优势指标值

文化制造业技术比较优势	2012年	2013年	2014年	2015年	2016年	2017年	2018年	2019年
北京	7.15	5.66	6.89	7.31	1.62	9.13	10.28	11.29
浙江	1.48	1.53	1.61	1.73	1.11	1.93	2.22	2.56
广东	1.45	1.51	1.51	1.43	1.08	1.67	1.69	1.66
上海	2.77	2.73	3.09	3.67	1.24	5.33	6.20	5.77
山东	1.14	1.20	1.23	1.21	1.03	1.20	1.58	1.70
江苏	1.27	1.38	1.34	1.36	1.05	1.52	1.67	1.73
湖北	1.21	1.72	1.67	1.79	1.14	1.67	2.13	1.94
河南	1.22	1.33	1.33	1.42	1.08	1.60	2.05	1.77
四川	1.28	1.33	1.71	1.81	1.16	2.10	2.03	2.25
安徽	1.54	1.59	1.50	1.37	1.07	1.60	2.01	2.02

如上表所示，可以得出以下结论：第一，从时间序列上看，在2016年时文化制造业的比较优势值与最优匹配点最接近，在这之后指标值在上升，表明文化制造业产业发展所要求的技术水平大于区域现有的技术水平，表明发展文化产业数字化是更加有优势的。第二，从城市的角度来看，北京除了2016年，其他年份的技术比较优势偏大，表明北京需要提高自身的技术水平。其他城市的比较优势与最佳匹配值相差较小，表明各地区的技术水平与文化制造业所需要的技术水平大体上相适应，发展文化制造业有比较优势，即文化产业数字化发展的成本较低。第三，从2016年到现在，各大城市的技术比较优势基本呈现上升趋势，表明区域的技术水平越来越与文化制造业的技术水平相背离，一是因为本身自身水平需要提高，二是文化制造业所需技术水平要求越来越高。

（三）劳动生产率比较优势

经济发展有两大重要决定因素，劳动力素质便是其中一个。因此，本文选取劳动生产率比较优势来衡量各大城市的文化产业的劳动生产率。参照李力行和申广军（2015）相关研究，本文构建了劳动生产率指标，具体计算过程如下：

第一步，分别计算各大城市的文化制造业的劳动生产率；

$$A_{jct} = \frac{AK_{jct}}{L_{jct}} \tag{5}$$

其中，AK_{jct}表示第t年各大城市c在行业j的资本，用各大城市文化产业的年末固定资产原价来表示，L_{jct}表示第t年各大城市c在行业j的劳动力，用各大城市文化产业的从业人员来表示。A_{jct} 则表示第 t 年各大城市 c 在行业 j 的劳动生产率。

第二步，计算全国文化产业的劳动生产率；

$$A_{jt} = \frac{AK_{jt}}{L_{jt}} \tag{6}$$

其中，AK_{jt} 表示第 t 年全国在行业 j 的资本，用全国的文化产业的年末固定资产原价表示，L_{jt} 第 t 年全国在行业 j 的劳动力，用全国的文化产业的从业人员来表示。A_{jt} 则表示全国文化产业的劳动生产率。

第三步，计算二者的比值，即相对劳动生产率；

$$RA_t = \frac{A_{jct}}{A_{jt}} \tag{7}$$

若是 RA_t 的指标越大，则说明某一个城市的文化产业的劳动生产率在国内的排名较高，否则，就相对较低。

第四步，由于只适用于比较同一地区内不同行业的劳动生产率，为了比较不同地区，需要将其进行标准化。计算方式如下：

$$CRA_t = \frac{RA_t}{A_{ct}/A_t} \tag{8}$$

其中，A_{ct} 表示 t 年城市 c 不分行业的劳动生产率，用该年城市的人均 GDP 表示；A_t 表示 t 年全国劳动生产率，用该年全国人均 GDP 表示。劳动生产率比较优势 CRA_t 衡量是在全国范围内，某城市在某一行业劳动生产率是否高于全国平均水平。如果 $CRA>1$，意味着该城市的行业的劳动生产率在全国的排名，高于该城市整体劳动生产率在全国的排名。本文利用《中国文化及相关产业统计年鉴》的相关指标数据，根据以上计算公式，得出以下结果。

表 2　劳动生产率比较优势指标值

劳动生产率比较优势	2012 年	2013 年	2014 年	2015 年	2016 年	2017 年	2018 年	2019 年	均值
北京	0.42	0.43	0.43	0.43	0.15	0.49	0.51	0.51	0.42
浙江	0.62	0.64	0.63	0.62	0.71	0.85	0.87	1.00	0.74
广东	0.36	0.36	0.39	0.39	0.48	0.54	0.45	0.47	0.43
上海	0.44	0.53	0.55	0.51	0.26	0.65	0.67	0.62	0.53
山东	1.22	1.09	1.21	1.23	3.35	1.58	1.60	2.35	1.70
江苏	0.66	0.78	0.75	0.70	0.88	0.70	0.68	0.73	0.73
湖北	2.49	1.44	1.39	1.33	1.29	1.39	1.21	0.97	1.44
河南	1.30	1.14	1.12	1.10	1.36	1.21	1.21	1.23	1.21
四川	1.33	1.41	1.90	1.63	1.50	1.88	2.11	1.62	1.67
安徽	1.20	1.41	1.26	1.31	1.66	1.40	1.35	1.32	1.36

如表 2 所示，可得到以下结论：第一，北京、浙江、广东、上海、江苏这 5 座城市在 8 年期间的劳动生产率小于 1，其他城市则相反，表明前 5 个城市的文化产业劳动生产率低于该城市的整体的劳动生产率，并不具备劳动生产率比较优势，其他城市则在文化产业拥有劳动生产率优势。第二，从 2019 年数据来看，山东的文化产业劳动生产率最高，广东则最低，而浙江是处于两者劳动生产率的最佳匹配点，拥有文化产业劳动生产率优势，发展文化产业的人力成本更低。

（四）小结

本文通过对 10 座城市 2012—2019 年期间的文化产业进行新结构经济学分析，主要利用文化产业的要素禀赋比较优势、技术比较优势和劳动生产率比较优势 3 个指标，研究发现，各大城市的差异比较明显。如相对发达的地区，如广东、上海等拥有要素禀赋比较优势和技术比较优势，但不具有技术劳动生产率比较优势，相对不太发达的地区，如湖北、河南等具有劳动生产率比较优势和技术比较优势，但不具有要素禀赋比较优势。因此，发展文化产业数字化要根据区域自身的实际情况进行决策方案确定。

四、文化产业数字化转型升级的实施路径

（一）因地制宜是进行区域文化产业转型的标准

根据新结构经济学理论，各大区域本身拥有的要素禀赋结构与产业所需要的要素结构相符合，发展该产业才具有比较优势，从而促进经济快速增长。众所周知，我国幅员辽阔，各个区域之间差异明显，不同区域拥有不同的要素禀赋结构，与产业所需要的要素禀赋结构不一定相符。如湖北、河南等城市是不具备发展文化产业比较优势的，因此这些城市的文化产业发展比较缓慢，但有些城市仍然拥有技术比较优势，表明发展文化产业的技术水平已经满足，但要素禀赋等决定性因素较弱，所以在短期内发展文化产业是有利的，但长期来说，需要加强要素禀赋比较优势。而要素禀赋结构是根据时间是可变的，因此要加强要素禀赋结构的优化。而具有比较优势的城市，如广东、上海等文化产业发展十分迅速，并且具有文化产业技术比较优势，即文化产业所需要的技术水平与区域所拥有的比较优势相符合，因此这些城市将文化产业与数字化技术融合是有利的，更加能够推动文化产业数字化进程。

因此，不同地区发展文化产业需要不同的方案政策，要素禀赋结构是重

要的决定因素，但在短期内，技术因素也是比较重要的，因此要进一步梳理、了解每一个城市发展文化产业的特点，利用新结构经济学理论进行相关分析，从而制定相应的发展方案。

（二）产业数字化是文化产业转型升级的新趋势

根据比较优势理论，一个经济体应该发展自身具有比较优势的产业，才能促进经济的发展，而根据新结构经济学的理论，若是违背比较优势理论，便会产生结构扭曲，企业会丧失自生能力，成为僵尸企业，而消除结构扭曲是需要付出相应的代价，即转型的成本，消除后则是转型的收益。因此，在进行文化产业转型升级时，需要考虑转型边际成本与边际收益的平衡性。

根据之前的分析，发现相对发达的地区发展文化产业具有比较优势，而相对欠发达的地区则不具备相应的比较优势，但并不代表其不能发展文化产业，因为这些城市在短期内可利用技术比较优势，寻找文化产业转型的边际成本与边际收益的平衡点，从而促进产业进行转型升级。同时，产业数字化早已成为文化产业的一个新趋势，原因在于：一是数字化技术的发展不断促进文化产业内部融合；二是数字化技术也在使得文化产业与其他产业进行融合发展。而作为新业态的文化产业数字化也应是转型升级的新趋势。此外，具有比较优势的产业并不是不需要产业升级，而是更能快速地找到转型的平衡点，转型速度会更快，成本会更低。

（三）人才培养是文化产业转型升级的根本因素

劳动力素质一直是经济发展的重要因素之一，尤其是随着数字经济时代的不断推进，人才已经成为发展产业数字化的重要因素。根据新结构经济学理论，不同发展阶段的技术创新速度与风险特性不同，人力资本的需求也会发生变化，人力资本投资应与发展阶段的产业特性和风险特性相匹配。

因此，对于我国区域发展来说，分有相对发达区域和相对欠发达地区，对于相对发达地区，并不具备劳动生产率优势，加强人力资本的投资是经济发展的根本因素；对于相对欠发达的地区，具有劳动生产率的比较优势，但是资本有限，有极大的可能留不住人才，导致人才外流，并且人力资本投资周期长，在短期内是无法获得收益的；对于要快速发展的地区来说，并不是有利的。然而，若是想要产业优化升级，人才是必不可少的，人才培养一定要先于产业升级。

（四）创新型驱动是文化产业转型升级的新动力

根据新结构经济学理论，在一个竞争性市场中，给定劳动和资本的相对价格，企业自生能力取决于技术选择。简单来说，当企业只有选择具有要素禀赋优势的产业，寻找与要素禀赋相适应的技术进行生产，企业就拥有自生能力。因此，可从两个方面对企业自生能力进行提升：一是要素禀赋，二是技术选择。在短期内，技术创新型驱动能实现产业快速发展。

根据之前的比较分析，发现相对发达的地区拥有要素禀赋和技术比较优势，因此这些地区的企业拥有自生能力，可按照结构变迁发展加快技术发展。而相对欠发达的企业并不同时具备两种比较优势，若是拥有技术比较优势，技术创新是能够促进产业经济快速发展，若是拥有要素禀赋比较优势，则需要提升要素禀赋结构，只有提升了要素禀赋结构，才会引发技术的升级，从而拥有技术比较优势，最终在短期实现经济快速发展。

作者简介

陈能军，对外经济贸易大学深圳研究院特聘研究员，国际创意管理专委会委员。主要从事创意经济、文化产业和国际经贸等领域研究，主持完成中国博士后科研基金、广东省社科规划课题等省部级课题 5 项，作为主要成员，参与完成国家社科基金艺术学重大项目"文化产业金融支持体系研究"、研究阐释党的十九大精神国家社会科学基金重大专项"新时代中国推动建设开放型世界经济研究"等重大课题研究。在核心期刊和重要报刊上发表论文 30 多篇。相关研究成果获得多个奖项。

周玉兰，江苏盐城人，管理学硕士，华南理工大学经济与金融学院科研助理，主要从事数字经济、文化产业和物流创新领域研究。

基于社会空间理论的中国演艺产业框架分析[1]

王一鸣

前　言

布迪厄将社会世界以空间（with several dimensions）表示，作为社会空间建构原则所选择的活动属性是在不同领域流动的不同类型的权力或资本。[2] 文化资本是与社会阶级相关联的一种资源，它构成了对解释艺术的保护[3]。构成主体或主体系统可以描述为通过其存在，对立或结合决定其力量的力量给定时间的特定结构。

迄今为止，关于中国演艺产业的研究总是与政治性和地域性紧密联系。"卖橄榄之歌"作为传统的地方歌剧，将其转变为粤语在香港和澳门共享的跨文化体验，通过偶像和文化的共享以及共同使用广东方言形成一种持续的地域情感的文化根源，推动了地域和文化的进一步融合[4]；Li，Tian 将《我是歌手》中文翻拍中的语言景观作为案例，探讨了韩国流行音乐在华文音乐界传播的语言政治和情感政治，该项目由传统电视到中国流媒体网站的空间转换形成了一个共同平凡的虚拟跨国社区，在文化去地域化背景下形成语言景观实现跨地域的情感凝聚，并在经济交往和共同消费中体现[5]；Luo M 以

---

[1] 本文系澳门基金会"澳门文化产业创新生态系统研究"成果（项目编号：MF2011）。本文系澳门基金会 2020—2021 年项目"重大突发事件下澳门文化产业危机管理与升级路径研究"（编号：OTH-2002-06）成果。

[2] Bourdieu P. The Social Space and the Genesis of Groups[J]. *Social Science Information*, 1985, 24(2): 195-220.

[3]Caldwell, Marylouise, and Arch G. Woodside. The Role of Cultural Capital in Performing Arts Patronage[J]. *International Journal of Arts Management*, 2003, 5(3):34–50.

[4] LAM, Nga Li. "The Song of Selling Olives": Acoustic Experience and Cantonese Identity in Canton, Hong Kong, and Macau across the Great Divide of 1949[J]. *China Perspectives*, 2019, 3(118): 9-16.

[5] Li, Tian. "Bang Bang Bang" — Nonsense or an Alternative Language? The Lingualscape in the Chinese Remake of I Am a Singer[J]. *China Perspectives; Wanchai Iss.*, 2019, 3: 37-45.

文化消费中的杂食这一新的维度和视角来审视彩虹室内合唱团的研究案例，提出中国的文化产品是杂食性的，认为彩虹室内合唱团创造的第三空间模糊了社会阶层和文化身份的界限，提升了区域性文化的参与度[1]；经济领域的数据模型在演艺产业的应用有助于更好地决策制定，Silvia R. Sedita 将 PBO 模型应用于意大利音乐产业，得出基于项目的组织是创意产业组织模式的普遍模式的结论并揭示了网络在音乐制作表演中的重要性[2]；提出演出和剧院收入管理决策应将多属性参考依赖和损失厌恶的影响纳入考量范围[3]。基于以上研究成果，本篇文章将立足于中国演艺产业的整体性和区域性探究中国演艺产业中社会资本、文化资本的分配过程与空间变迁。

一、中国演艺产业

与美国、日本和英国的演艺产业相比，中国的演艺产业尚且处在发展初期，在美国的百老汇及外百老汇，每天都上演着不同的演出作品，英国的伦敦西区也拥有大量经典的演出作品，集聚了无数优秀的演出人才。公司前身成立于 1953 年的国立日本四季戏剧剧团，目前我们堪称已经是当时亚洲最大的四季音乐剧艺术表演制作团体，年四季戏剧平均表演活动场次总数累计已经超过 3000 场，年戏剧平均表演观众数及活动表演人数也已经累计达到了逾 300 万[4]。世界最受欢迎演出剧目排行榜[5]中，《罗密欧与朱丽叶》《歌剧魅影》《猫》《天鹅湖》等前 10 个经典剧目来自美国、英国及法国，在中国拥有极高的人气和拥护度，这些优秀作品跨越地域和语言被引进中国，并创造了较高的票房纪录。其新兴的创新组织形式，如即时国际和天生的全球挑战，

[1] Luo M. The Omnivore Turn in Cultural Production: Case Study of China's Rainbow Chamber Singers[J]. *International Journal of Cultural Studies*, 2020, 23(1): 81-101.

[2] Silvia Rita Sedita. Interpersonal and Inter-organizational Networks in the Performing Arts: The Case of Project-Based Organizations in the Live Music Industry[J]. *Industry and Innovation*, 15, 5: 493-511.

[3] Tereyağoğlu, N., Fader, P. S., & Veeraraghavan, S. K. Multi-attribute Loss Aversion and Reference Dependence: Evidence from the Performing Arts Industry[J]. *Management Science*, 2017, 64 (1): 421-436.

[4] 王翔浅 . "音乐剧是观众喜闻乐见的艺术" ——访日本四季剧团艺术总监浅利庆太 [J]. 中国戏剧，2005（03）：22-23.

[5] http://www.ttpaihang.com/vote/rank.php?voteid=1532.

长期以来持有的看法，高技术和低技术组织如何国际化[1]。成功的部分原因是获得低成本资源、管理能力和网络专业知识[2]。

根据美国道略社对中国演出戏剧娱乐行业市场统计的相关资料，近几年以来，中国演出戏剧行业市场的规模增长速度已经有所明显加快（参见图1），演出娱乐服务经营机构的企业数量从 2005 年的 810 家迅速地猛增至 2015 年的 4899 家[3]。中国演出行业协会提供的数据显示[4]，2013 年中国演艺产业收入总规模为 463 亿元，2018 年增长到 514.11 亿元。据北京表演艺术馆和票务所提供的表演消费信息系统大数据分析，表演艺术市场的消费人群逐渐趋于青少年，90 后消费人群仅仅占 55% 以上，24 岁以下的消费人群仅仅占比 22.8%；单笔消费的平均物流价格可以高达 1200 元，远远超过了电影、体育等其他各种文化方面。此外，据统计，2018 年中国艺术表演团体演出场次达到 312.46 万场，观演人数达到 117569.42 万人次，因此，中国演艺产业的供给端和需求端均存在巨大的市场待发掘，同时中国演艺产业的潜在价值得以体现。

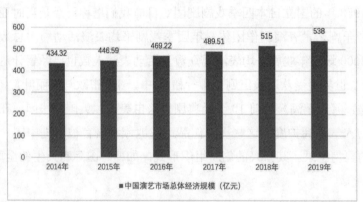

来源：中国演艺产业市场前瞻与投资机会分析报告

图 1 中国演艺市场总体经济规模

---

[1] Knight, G, Cavusgil, S.T. Innovation, Organizational Capabilities and the Born Global Firm[J]. *Journal of International Business Studies*, 2004, 35(2): 124-141; Ko, S., Butler, J.E. Creativity: A Key Link to Entrepreneurial Behaviour[J]. *Business Horizons*, 2007, 50: 365-372.

[2] Yakhlef, A., Maubourguet, F. The Lexus and the Olive Tree: A Rising Mode of Internationalization[J]. *International Journal of Entrepreneurial Behaviour and Research*, 2004, 10(3): 192-205.

[3] 中国道略演艺 .http://www.idaolue.com/Data/.

[4] 中国演出行业协会 .2018 中国演出市场年度报告 .

为了了解中国演艺产业的资本分配与权力分配，本文以布迪厄的社会空间理论为基本逻辑，提出中国演艺产业中的以下几个问题：如何理解中国演艺产业的发展路径？中国演艺产业是否存在成熟的商业模式？中国演艺产业的发展战略、政策和困境？演艺产业其他组成要素如人才、技术、资本等。本文将主要探讨与中国演艺产业相关的空间、地理、政策之间的相互关系，并进行解释性分析。

二、基于空间维度的演艺产业阶段性发展

空间，是演艺产品的表演和传播平台，是维持关系的剧院或演出场所。通过不同类型的演出空间实现它的经济和文化价值。通过空间这一维度，可以分为剧院演出、实景演出、浸没式演出及线上演出探索 3 个阶段及其商业模式来分析中国演艺产业的发展历程。

（一）第一阶段：剧院演出以及单一的发展格局

中国建国初期，演艺产业主要为集体化和国有化管理，基本成为政治宣传和管理的工具，以群众式、运动式为主要管理方式，演艺产品以戏曲为主要代表，直至改革开放之前的 30 年内，基本呈现停滞不前的状态。改革开放之后，演艺产业处于发展初级阶段，并且受到流行文化的冲击，演艺产业整体缺乏活力和竞争力，一度陷入较为严重的生存危机之中。随着文化体制改革的推进，大部分国有文艺院团转化为企业，初步形成中国演艺体制的新态势。由于发展基础薄弱，营利渠道单一，仅仅依靠票房收入无法负担庞大的运营成本中国的传统戏剧艺术表演娱乐产品大多以巡回演出的这种方式可以取得一定收益。早期在位于中国的旧金山戏院还有比如位于天津的北京中国人民大戏院、上海的北京天坛山大舞台等，只是另外开设了一个小型演艺活动场地，产品、经纪、票务都可能仅有一个经纪人自己负责管理完成。经济发展条件、社会发展条件和自然环境的不断飞速发展为当今中国的现代演艺事业发展带来了巨大的转变，演艺事业的发展市场需求和其中的运营管理模式也就会随之发生变化，一座好的剧团往往必然同时需要能够承载诸如歌剧、舞蹈、话剧、儿童剧等 20 多种类型的演艺节目，其中市场运营、决策协调机制、利益来源分配、商业合作关系等更加深入多元化层次的各个环节都必须得以逐步扩充和不断拓展，而后形成了以产品、经纪、票务、场地为主要环节的产业生态链。

剧院演出的运营一般有合作运营、委托运营、独立运营三种模式。由于剧院在产业内占据了主导型地位，由于目前剧院在演出行业内已经逐渐占据了一个市场主导型的重要地位，固定的定期举办演出场所、稳定的长期演出院团工作时间节奏和对固定演出时间档期的市场话语权充分掌控，这就直接使得该院以剧院的市场运营者和市场管理者为主体，具有长期谈判的竞争优势。演出院团经纪代理公司和之间流动的演出院团在与其他剧院及其运营者之间进行谈判时，往往会因为业务需要接受一些不合理的特殊条件附加谈判条件，即行业规则之下的"潜规则"。有长期谈判工作经验的演出院团或经纪公司自愿承担责任，责任是人才企业能够更加熟练地正确处理好这一系列的法律关系，这样的行业法律运行规则在一定的很大程度上给中国演艺娱乐产业股权分割后留出了一片灰色的经济生存空间。

剧院运营的指标涵盖了演出场次、演出主题、演出票价等多方面。举例来说，在某一个委托运营合同中，剧院作为甲方规定运营方每年举办的演出场次不能低于 30 场，其中 A 类的表演不低于 8 场，B 类的表演不低于 8 场，C 类的表演不低于 12 场；除此之外还必须定期组织不低于 12 场公益演出活动；合同规定演出的票价通常不能高于市场价格，公益性演出需要采用赞助票、团购票等形式；演出上座率不得低于 50％或 60％才允许申请剧院为演出剧目提供的资金支持，且所有演出的排期计划都需要监管部门审批通过后才可以实施，同时必须兼顾公益效益、社会效益和及其他经济效益。

（二）第二阶段：实景演出与主题性营销

中国最早的实景演出 1982 年在中国西安首次成功推行的《仿唐乐舞》，这一演出产品的出现快速发展丰富了目前中国西安地区本土的优秀传统表演文化和现代旅游产品经营形式；随着华侨城于 1995 年 7 月在中国北京首次推出《中国百艺晚会》、世界之窗于同年 12 月在中国北京首次推出的《欧洲之夜》，1997 年 2 月由西安宋城山风景区投资推出的《宋城千古情》等实景现场表演项目产品的正式成功推出这也标志着目前我国的演艺文化产业已经正式进入了全新的转型发展升级阶段；2004 年 3 月推出的也是中国第一部大型中国山水表演实景现场表演产品项目《印象·刘三姐》项目总投资 3.2 亿元，成为业内成功作品的典范，之后"印象系列"又先后推出了 10 多部中国山水大型实景现场表演项目产品，《印象·刘三姐》是迄今为止中国运营时间最长，票房收入最好的项目，截至 2017 年 12 月 30 日，累计成功售出门票 162 万张，票房经营业务实现总收入 2.1 亿元，净利润总额近 1 亿元[1]。值得一提的是，其运营公司桂林广维文华旅游文化产业有限公司由于资不抵债于 2017 年 8 月 15 日提出了破产重整，债务总金额高达 15.8 亿元。实景演出融合了自然和人文资源两大要素，是一种依托本土的物体作品来成为演出的真实背景，将各种高科技手段应用于对当地的民风民俗、神话传说、历史传奇、音乐资源等人文资源进行的表演和诠释。"印象系列"的品牌效应在一定程度上提高了当地知名度，降低了文化产品建设的成本和风险，在此之后的大量同质化产品也导致了大众的审美疲劳，营销理念的匮乏使得营销环节变得薄弱，需要在进行此类主题性营销的同时将产品做到差异化运营，避免重复性审美疲劳；这一类大型实景演出的高投入、高运营成本及资本运营规范等问题是中国实景演出产品需要解决的难题。

（三）第三阶段：沉浸式演出及线上演出探索

沉浸式戏剧的引进和开发是中国演艺产业的又一个全新阶段，*Sleep No More* 作为亚洲的唯一版本在上海一栋 5 层小楼里上演，这个作品选用了经典作品《麦克白》作为剧情内容，观众的行动不受限制，可以近距离观察人物行动以及互动[2]。不同于在此之前引进剧目需适应中国剧场设置的情况，这部经典作品得到了量身打造的剧院设计，成为它的专属剧院，这在中国是从未有过的情况，因此收获了大量的中国粉丝重复购票观看，掀起舆论热潮。2019 年 9 月中国知名电影导演王潮歌在推出了一个大型沉浸式演出项目《只有峨眉山》，整个项目表演被整体划分成作为 3 个组成部分，将剧院和自然区与村落文化景观有机地紧密结合在一起来，成为大型表演的一部分。2020 年《只有爱·戏剧幻城》作为王潮歌"只有"戏剧系列的第二部现场戏剧，由 200 多名优秀戏剧演员每天同时在剧院现场上演 50 多部的现场戏剧。

在新型冠状肺炎的疫情冲击下，中国演艺产业作为依托于线下流量的产业，面临演出空间被迫关闭、演出活动被迫取消或延迟的困境，从国家剧院到演出公司以及独立音乐人，线下演艺活动全面停摆，为应对突发疫情，谋

[1] 孙九霞，王学基.旅游凝视视角下的旅游目的地形象建构——以大型演艺产品《印象·刘三姐》为例 [J].贵州大学学报（社会科学版），2016，34（01）：47-57.
[2] 张青飞.沉浸之美："浸没戏剧"的兴起及未来 [J].戏剧文学，2015（09）：71-76.

求生存空间，中国演艺产业的线上模式由此开拓新的局面。中国演艺产业的线上模式中，哔哩哔哩、抖音、快手等具备直播入口的平台扮演了场馆方的角色，提供了新的演出渠道；淘宝直播与阿里巴巴联合举办的线上公益音乐会以音乐人为媒介，帮助因疫情直销的农产品进行线上售卖活动，演出产品的"云直播"模式，作为一种疫情之下的应对策略，能够暂时性满足演艺产业链各环节的需求，为演出产品增加曝光度以及营销机会。表演艺术被认为比观看流行的电视节目更具有文化资本。伦施勒将这一概念与文化企业家的概念联系起来，文化企业家是一个识别和开发艺术机会的个体。受演艺市场和粉丝生态驱动，对于拥有线上作品、具备独立版权收入的艺人来说，虽然原定的线下演出活动计划被迫取消，版权及其他部分收入仍能保证艺人度过危机。为了尽可能降低各项损失，线下的宣传渠道转移到了线上，疫情虽然造成了线下演出活动的全面停摆，但线上红利也因此爆发，平台需求增长率高达 30% 到 40%。

演艺产业的线上模式作为疫情之下的暂时性应对战略，其商业价值有待进一步挖掘，特别是商业模型的建立，它是如何赚钱和衡量成功的（吸引订户的）——它使用的技术上具有竞争力的工具（按需、跨国规模），以及这些工具的可用性如何使它能够采用与其他视听行业不同的内容战略[1]。线上演唱会、线上音乐节等一系列模式背后产生的所有线上运营成本都由活动主办方自行承担，而除了流量与打赏收入外，暂时也未能挖掘其他收入来源；线上表演的线下商务端业绩和收入较为乐观，从与聚划算在线平台和聚划算共同合作的快手大年夜、快手新年音悦会等成功案例分析来看，品牌合作是线上演出实现流量变现的可行路径。相比之下，线上表演艺人线上表演的收入和用户支付率并不乐观，2014 年华晨宇的演唱会在芒果 TV 和 QQ 音乐等网络平台进行了直播，总收入可以达到 400 万元。但这只能算是一个头部表演艺人的真实个例，线上表演至今尚未建立起一个固定且稳定的商业模式，线上表演艺人付费盈利的模式只能局限于个人特质拥有的市场。高黏度、年轻化、拥有线上支付消费习惯等特点，是其他小众乐队及艺人难以适应线上支付消费市场模型。疫情期间线上表演的模式与此前支持者付费观影线下视

---

[1] Lotz AD. In Between the Global and the Local: Mapping the Geographies of Netflix as a Multinational Service[J]. *International Journal of Cultural Studies*. 2020, 9.

频的模式不同，疫情之下诞生的艺人在家直播演唱的模式，很难开发付费空间。关于演艺产业"Media mix"生产和营销模式的应用是需要进一步实践的渠道，"Media mix"是指多种媒体形式的协同使用，以扩大特许经营权，鼓励整个网络内容的消费。当有人使用这个网络的一个节点时，它有助于通过暴露来支持其他节点，而不需要在该网络中集中[1]。中国现代表演艺业的未来线上发展方向，将是一种具备场景、受众、声乐和音响等必要条件的与线下实现同步发展的演出，而疫情之下诞生的专注于以歌手和受众之间的交流和互动为主题的线上表演活动，则将其作为一种覆盖碎片化时间的轻质量内容来维系用户黏性。

三、地域尺度上的演艺产业动态发展

由于目前中国的经济地域辽阔，各个地区之间的经济发展程度存在着较大的差异，因此从地理位置的角度来分析有利于加深对中国演艺产业的理解。城市形态最显著的表现之一是城市经济、文化和创意活动的集聚。[2]中国的演艺产业是流动性的，需要在不同的场地、场景下演绎演出作品，给不同的观演团体进行表演活动，即巡演。创意和消费导向的活动，如表演艺术，将需要生产接近客户，这导致他们分散在全国城市系统[3]。受早期中国演艺产业的传播途径渠道单一等因素影响，院团需要在全国范围内奔波进行巡回演出以获取收益，俗称"跑码头"。因此在巡回演出的时间选择中往往更加倾向于以市场为主的经济中心与文化中心的集聚区，在很长的一段时间里，中国城市中曾经出现"大武汉""大上海""大天津""大重庆"等几个重要的表演场所集聚区，或许我们可以用地理学特征分析法探究这几个演艺集聚区诞生的原因。武汉素有"九省通衢"之称，是中国内陆最大的水陆空运输交通枢纽；重庆港区是我国长江码头，是我国长江上游地区的政治经济活动中心；上海亦被普遍认为是中国第一大长江入海码头，位于中国南北海岸的中心端，长江与黄浦江两条主要河流入海的交叉口和汇合点。天津这个现代

[1] Steinberg M. *Anime's Media Mix: Franchising Toys and Characters in Japan*[M]. U of Minnesota Press, 2012.

[2] Poon J.P.H., Lai C.A. Why are Non-profit Performing Arts Organisations Successful in Mid-sized US Cities[J]. *Urban Studies*, 2008, 45(11): 2273-2289.

[3] Krugman, P., Venables, A. Globalization and the Inequality of Nations[J]. *Quarterly Journal of Economics*, 1995, 110: 857-880.

化大都会城市的规模和占地面积比其他 3 个小得多，老天津过去是一座 1.5
平方千米的大型现代化小城，被称呼为"大天津"的主要原因是它本身作为
一个水陆码头的独特性，各个行业的工商界人在此聚集、竞争着自己的资源
和居民赖以生存的权利，在这样发展过程中"码头文化"也应运而生，这是
早期我国演艺产业发展的重大特征。艺术作为一种社会经济资源，因其对当
地一些大型城市及其地区的发展、振兴做出了潜在贡献。艺术作为一种经济
资源，因其对当地城市和地区发展和振兴的潜在贡献而日益受到关注。近几
年来中国演艺业的迅速发展和持久性的增长与方便快捷的公共交通设施之间
有着重要而关键的相互连接，在现代化建设的环境下，高铁、飞机等公共交
通工具的使用和便捷性极大地提高了巡演的精确度和时效性，节约了大量的
人力和资金成本。巡演安排戏装台的周期被大幅缩短，在较小的一段时间内
多个地区和城市巡演的路线逐步被改变和开拓，也由此形成以城市为重点的
表演布局。尤其是通信的摩擦，虽然越来越多地通过诸如因特网等电信的改
进来调解，但当有面对面的交流时，这种摩擦就会减少。由面对面接触产生
的社交网络创造了更有效的合作伙伴关系，增加了合作，减少了搭便车的问
题[1]。当下社会形态的中国演艺产业，面对面的互动以及由此而发展起来的
社交网络可能更为重要。

与西方的"新自由主义"观点不同，当代中国的文化生产总是受到
"国家问题"的困扰[2]，在商业成功、意识形态宣传和全球影响之间寻求平
衡[3]。即使近几年全球对文化产品和服务的需求大幅增长[4]，但中国演艺产
业的国际巡演地图仍处于开拓阶段，海外巡回演出水平较低，仅占据了市场
的一小部分比例，国际影响力微乎其微。外向国际化的潜在好处促使国内演
出作品冒险拓展自己的艺术边界和实践空间，政府对国际巡回演出的财政支
持力度不足限制了中国演艺产业的国际化发展。作为同样发展起步较晚的国
家，韩国演艺产业的国际化经验也许可以给我们一些启示。韩国演艺公司通

[1] Storper, M. and Venables, A. Buzz: Face-to-face Contact and the Urban Economy[J]. *Journal of Economic Geography*, 2004, 4(4): 351–370.

[2] Wang J. The State Question in Chinese Popular Cultural Studies[J]. *Inter-Asia Cultural Studies*, 2001, 2(1): 35–52.

[3] Lin J. Be Creative for the State: Creative Workers in Chinese State-owned Cultural Enterprises[J]. *International Journal of Cultural Studies*, 2019, 22(1): 53–69.

[4] UNESCO (2000). The International Flows of Cultural Goods 1980—1998, Paris.

过应对文化差异的能力在国际上生存和发展，同时也克服了国际营销环境中的其他障碍。自 20 世纪 80 年代韩国进入世界市场以来，韩国创意产业总体上发生了重大变化，在此之前，国际交流困难，人员进出韩国受到限制。绝大多数韩国艺术机构雇用的工人不到 50 人，小型演出公司具有冒险承受能力和创业营销能力，可以将其作品国际化过程中遇到的问题的影响降至最低，通过参加爱丁堡边缘艺术节等长期性的艺术活动吸引国际赞助商和场地总监的关注，同时也发展他们的声誉和提高他们的艺术质量来获得海外演出的机会，参加世界上最大的艺术节所获得的经验有助于他们未来的发展[1]。爱丁堡艺术节和阿维尼翁艺术节等舞台被确定为进入更广阔国际市场的重要便利渠道。爱丁堡艺术节利用创意将城市定位于更广阔的国内和国际旅游市场。观众体验往往发生在日常环境之外，可能是高度享乐主义的。图像文化的短暂性使得复制成为可能，不受民族起源的束缚。随着每个迭代不断地从其他迭代中借鉴，符号网络的节点之间的差距不断缩小。尤其是当合作制片关系进一步加强了邻近性时。[2] 国际化是由内部能力因素（如人际网络、口碑营销、判断力、创新、机会识别和风险承担）以及外部驱动力（如演出的国际需求和海外场地与表演者建立联系的愿望）的结合，中国演艺产业的国际化发展，除提升国际市场营销和研究能力、发展国际演出活动之外，还需要寻找合适的财政策略以应对短期亏损风险，实现国际合作。

中国演艺产业的产业资源与生产要素的开发和分布不均，造成中国演艺产业的跨地域的流动性生产，演出商和各院团不得不从不同的地域获得互补性的资产，在一定程度上加剧了地理上的不平衡发展。值得注意的是，以资本、人才、技术在地理上的流动为代表的中国演艺产业经济动态并未给中国演出产品的生产效率带来提高或者显著性的竞争优势，与之相对的是，相关政策的同质性和倾斜性给中国演艺产业的发展带来了竞争。

四、政策导向视角下的演艺产业发展

空间及地域在中国演艺产业的产业结构中发挥作用，演艺产业总是优先

---

[1] Fillis I., Lee B. Internationalisation of Korean Performing Arts: A Case Study Analysis[J]. *European Journal of Marketing*, 2011, 45 (5): 822-846.

[2] Noh SS. Co-opting the Nation Brand: The Politics of Cross-cultural Co-production[J]. *International Journal of Cultural Studies*, 2020, 5.

考虑社会资本，或者有时过于商业化[1]，尤其是在国有企业中。中国的国有企业应该在"良好的社会效益"和"在国内和全球市场取得商业成功，从而增强中国的软实力"[2]。

政策本身对中国演艺产业的发展有着至关重要的作用，或者可以说政策直接决定了产业的兴衰存亡。2004 年 3 月 29 日，国家统计局下发了《文化及相关产业分类》，演艺产业正式纳入文化产业行列。2006 年 9 月《国家"十一五"时期文化发展规划纲要》首次明确了演艺产业的概念，提出"推进营业性演出单位资产重组，发展演艺经纪商，加强演出协作网络建设，形成一批大型演艺产业集团"，从国家政策层面确立了演艺产业的法律地位。2009 年 7 月，国务院《文化产业振兴规划》强调"以文化创意、影视制作、出版发行、印刷复制、广告、演艺娱乐、文化会展、数字内容和动漫等产业为重点"，"发展文艺演出院线，推动主要城市演出场所连锁经营，支持全国文化票务网络建设"，并鼓励非公有资本进入演艺娱乐领域。这一规划的出台确立了演艺产业作为"重点文化产业"的战略地位。

（一）中央政策、区域政策以及政策的同质化

国家艺术基金是中国中央财政拨款的旨在推动艺术繁荣的一项公益性资金，该基金成立于 2013 年。根据《国家艺术基金 2020 年度资助项目申报情况报告》公布的数据（表 1），舞台艺术创作项目的申报数量增幅较为稳定，小型创作项目则由于自身的灵活性和大众性等特点逐年增多且类型丰富多样（图 2），近几年中国基层艺术机构的大量建设为小型演出项目提供了生存土壤，也在国家补贴政策的申报中逐渐占据重要位置；2020 年大型舞剧项目申请艺术类型的分布情况显示（图 3），戏曲类是申报数量最多的项目，侧面反映戏曲类演出项目在演艺产业中的商业性发展较为缓慢，歌舞剧被作为音乐剧的民族形式纳入申报范畴。由近几年国家艺术基金对大型舞剧的资助主体类型分布来看（图 4），国家及地方的专业艺术院团获得资助的比例较高，民营企业获得资金支持的比率较低；从申报数量（图 5）和立项率（图 6）来看，近几年项目资助的竞争较为激烈，随着获得资助的比率逐年降低，申报数量

[1] O'Connor J., Gu X. A New Modernity? The Arrival of "Creative Industries" in China[J]. *International Journal of Cultural Studies*, 2006, 9(3): 271–283.

[2] Lin J. Be Creative for the State: Creative Workers in Chinese State-owned Cultural Enterprises[J]. *International Journal of Cultural Studies*, 2019, 22(1): 53–69.

类也在逐年减少，由于演艺产品的高投入性和风险性，政策的导向性使得申报主体转而寻求其他申报方向以获得资金资助；从项目资助的地域分布情况来看（图7），北京、上海等主要城市获得了较多的项目资助；同时我们也可以看到近几年大型舞剧题材的主要趋势，以项目的地域性、民族性为主，强调弘扬主旋律和现实题材。国家艺术基金、宣传部"五个一工程"优秀作品奖，文化和旅游部"文化奖"等中央政策的奖励和资助代表了行业内最高水平，对于项目方来说，获得国家级项目的认可是行业内的最高荣誉，因此，项目从创意到生产都尽量贴近项目资助标准，争取最大的立项可能性是他们追求的目标，这就造成了项目的模式化和集中化，为了迎合项目审核方的取向而忽略演出项目的多样性、艺术性、创造性，不利于演艺产业的商业化运营。

表1　2014—2019 年申报舞台艺术创作项目概况（单位：项）

	2014 年	2015 年	2016 年	2017 年	2018 年	2019 年	2020 年
大型舞台剧和作品创作项目	1056	1138	1106	966	981	1119	1129
小型剧目和作品创作项目	942	789	1389	1467	1629	2179	2424

来源：国家艺术基金 2020 年度资助项目申报情况报告

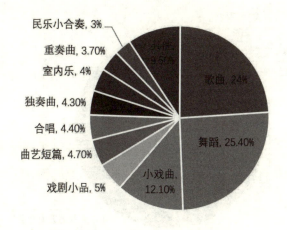

（来源：国家艺术基金 2020 年度资助项目申报情况报告）

图2　2020 年度申报小型剧目和作品创作项目艺术类型概况

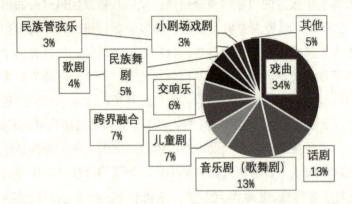

（来源：国家艺术基金2020年度资助项目申报情况报告）

图3　2020年度申报大型舞剧项目艺术类型概况

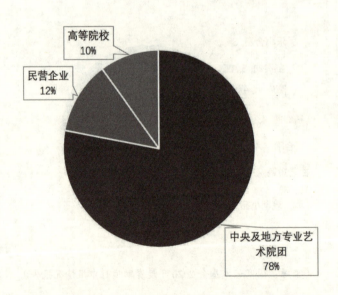

（来源：国家艺术基金2020年度资助项目申报情况报告）

图4　2014—2019年国家艺术基金大型舞剧项目资助主体类型分布

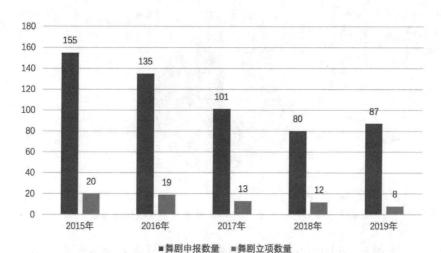

（来源：国家艺术基金 2020 年度资助项目申报情况报告）

图 5　2015—2019 年国家艺术资金资助大型舞剧项目情况

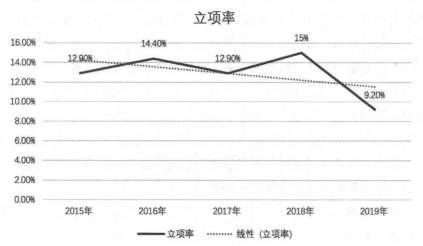

（来源：国家艺术基金 2020 年度资助项目申报情况报告）

图 6　2015—2019 年国家艺术基金资助大型舞剧项目立项率

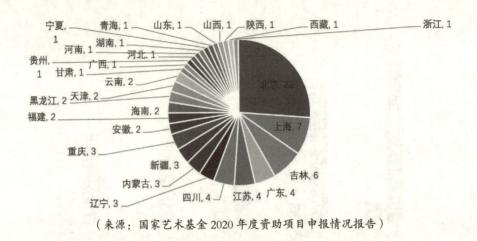

（来源：国家艺术基金2020年度资助项目申报情况报告）

图7　2014—2019年国家艺术基金大型舞剧资助项目地域分布

　　演艺产业对地理位置的需求是本土性的，区域性的政策提供了明显优势，例如公共部门的支持、劳动力市场、技能培训和人才培养等，这些政策的内在本质显示了区域性优势和演艺产业的特别关系。演艺产业中的小公司，特别是初创公司，不大可能负担得起市中心的昂贵房租，房租补贴政策能够为这些公司降低成本，接触更多的人才资源，获得比他们能够承担的价值更多的服务，以及更大的生存机会和空间。集聚性的中心区域的租金上涨是必然的，而房租补贴的相关政策往往不具有持续性，只有成熟的大型商业公司才能够承受这些高成本的租金，尽管一些企业通过转租部分空间来降低风险，但在无法享受补贴政策或经营状况不佳时，大部分企业会选择迁往边缘地区，所以即使一些政策能够在短期内吸引企业进入，但对企业的可持续发展或当地经济的增长和再生没有特别大的帮助。

　　区域性的演艺产业相关政策存在同质化现象。从政策内容来看，巡演补贴、低票价补贴、政府采购项目、文化消费补贴、戏剧节和演出季等常规补贴政策在各地均有部署，基本是对核心政策的复制，资助方式也主要以财政性补贴为主，鲜少存在对接演艺产业运营需求的补充性政策。正如Stock所提出的：后现代主义、全球化和国际化效应之间的相互作用也可以使体验和解释的异质性永久化，而不是同质化[1]。虽然中央及地方的核心政策为演艺产业提供了保障，但中国各个区域存在差异性，财政支持力度不同，需要根据当地的产业环境和产业需求进行差异化、因地制宜的政策制定标准以及精准化的政策实施，才能避免政策的同质化和资源的浪费，与此同时，演艺产业的人才补贴、技能补贴及产业建设等环节没有被覆盖，演艺产业中的重要环节开发等相关政策需要补充。现时相关政策中企业融资、产业链建设、产业技术研发等相关政策大多针对科技型企业，对公司规模及纳税额存在较高要求，而演艺产业中大多为中小微企业，获得政策支持存在一定难度，甚至有些企业为了获得补贴资助伪造财务报表和审计报告，调整纳税金额以达到政策标准，这无疑是违反法律规定的。

2020 年新冠疫情暴发之后，演艺产业受影响较大，演艺活动全面暂停，大量演出项目取消或延期，疫情之下的演艺产业需要产业结构的优化和变革，以及商业模式的转变来获得生存机会，相关政策补贴方向则成为演艺市场后续发展的关键要素。疫情应对的相关政策主要是针对已经被撤销的文艺表演单位或者展示性活动中的文化场所、被撤销的表演单位等而提供资金，以及针对文化产业园区内的中小微企业进行房租减免，另外还有一些税收返还等相关政策，以及其他普惠性政策制度和调高现有补贴项目金额等措施。补贴金额相对演出项目的高投入、高成本来说比例较小，且大量中小型民营企业由于自身规模小，营业收入不达标等因素无法获得相关政策资助。疫情的常态化又使得剧场剧院的限流措施一再延长实施时间，出入境政策以及全球疫情的蔓延让海外演出项目的未来无法预期，即使一些线上活动和线下演出活动陆续展开也无法获得收支平衡，因此现时演艺产业仍处在生存困境之中。

（二）艺术与商业的微妙平衡

在文化政策和文化产业领域存在权力差异[2]，围绕文化产业的概念形成了文化政策。与文化规划一样，文化产业政策打破了以艺术为中心的重点，融合了社会和经济目标，但通过强调商业文化产业（如音乐、出版、电影、

---

[1] Stock, C. Myth of a Universal Dance Language: Tensions Between Globalisation and Cultural Difference[C]. in Burridge, S. (ed.), Asia Pacific Dance Bridge, World Dance Alliance conference, Singapore, 2001: 246-262.

[2] Hesmondhalgh, D., Pratt, Andy C. Cultural Industries and Cultural Policy[J]. *International Journal of Cultural Policy*, 2005, 11(1): 1-14.

电视）实现了这一目标[1]。2013 年以来中国的演艺产业发展虽然经历了一次重大而具有历史性的发展低谷，这一年来的中央政府再次明确提出了反腐倡廉、勤俭节约的政策要求和工作号召，但随着演艺产业逐渐在文化产业中占据重要地位，公众对演艺产业的接受度也逐渐增高，文化相关部门中掌握权力的官员也因此获得了更多的在官僚机制和等级制度中晋升或获取利益的机会。

中央及地方相关政策对演艺产业的补贴通常以结果为导向，针对演出多场次、低票价或国家认定的优秀艺术作品进行资助，另外还有一些符合营业收入门槛的税收优惠、员工保险补贴等政策。整体来看，国营企业获得政策的倾斜性补贴更多，国家级资助项目"国家艺术基金"针对演艺产业的相关政策倾向于给予国有企业的演出项目或与政府有关联的机构资助，以及符合国家发展主旋律以及红色主题的相关演出产品及演出活动，而其他具有盈利能力的商业性项目往往不能得到政府的青睐。从目前中国演艺产业发展的整体态势来看，国营企业的剧场运营、院线扩张、资源扩充、人才引进等方面均处于优势性地位；相较之下，中国民营演出企业的生存空间较小，为了维持运行，演出公司将低质量、多场次的演出项目安排尽可能多的排期，用于申请项目巡演相关资助，尽可能地迎合政府采购的审美方向，长此以往，演出产品的艺术性得不到提高，市场性下降，无法提供符合市场需求的演出产品，优秀人才和未能获得资助的优秀作品处境艰难，不利于演艺产业的整体发展。

对于民营企业来说，建立艺术和商业空间，尽量寻求与政治权力的平衡恐怕是最好的方法。尽管这些民营企业获得的利润并不十分客观，但因此获得的政治关注度是他们所追求的重要目标，对于演出公司来说，能够以演出作品或演出活动等项目获得政府的认可，有利于拉近与政府的关系，增加社会知名度，被允许更多的社会参与，也能够在演艺产业内积累信誉，一些常规性的补贴项目是他们争取的目标，中国演艺产业中政治与商业元素的频繁互动的显著特征由此可以体现。

五、结论

文章从空间、地域和政策 3 个维度来理解分析中国演艺产业的发展，这

---

[1] Grodach, C. Urban Cultural Policy and Creative City Making[J]. *Cities*, 2017, 68: 82-91.

3 个维度的相互作用和内部的关系可以作为一个解释框架，来解释中国演艺产业的发展现状以及政治背景下的商业发展策略。中国的演艺产业发展主要由国家和地方政策指导，经历了由传统的剧场表演到实景演出再到沉浸式演出以及线上演出的尝试 3 个阶段，就目前来看，中国演艺产业的商业模式发展尚未成熟，没有形成真正的产业集群和具有全球性影响力的产品；地理位置以及地域性发展的不均衡造成了演艺产业的流动性，形成了几个较大的演出集聚地，产业资源聚集，吸引了优质人才和大型演艺集团进驻，同时由于活跃的演艺活动和产品创作，获得了产业政策的倾斜性支持；演出产品以巡演为主要形式，长期驻场演出项目较为稀少，海外巡演链条薄弱，且由于演艺产业投入大、风险高等因素，存在商业运营不成熟、不规范等问题。在技术、社会和政治潮流的推动下，社会正从一个集中的等级模式向一个分散的共享模式转变。[1] 演艺产业政策是推动文化发展和经济增长的整体性政策，新型冠状肺炎带来的产业危机可能会重塑演艺产业的政策路径，为解决产业生存困境做出贡献。

　　演艺产业的商业化模式建立是中国演艺产业转型的重要标志之一。演艺产业是中国政治和行政机制的组成部分，演艺资源与资本的融合，演艺产业的空间化建设是建立在地理维度的产业政策基础之上的，空间的规划可以视作政治管理手段的延伸，中央政策指明发展方向，通过对演艺空间的规划和管理发展区域经济和市场，打破区域边界，超越传统的生产方式，加强区域间的联系，发展可持续性。中央和区域性政策指导和演艺产业的空间化建设，推动产业的地域性繁荣。同时，也受制于同质性政策和不均衡的政府资助等环境因素影响，中国演艺产业的商业性不足、无法建立国际品牌。演艺产业是流动性的，演艺产品生产的范围很大程度上取决于商业上可行的东西，文化资本通过社会空间中与表演相关的社会性惯习、价值观和信仰影响地域之间的联系。本文的价值在于基于中国演艺产业分析框架，构建对中国演艺产业的理解，演艺产业的营销战略目标包括收入模式、竞争工具以及内容策略，演艺政策的标准化和区域化需要纳入政策的研究设计，在数字化发展的趋势下更加智能化、国际化发展，建立国际品牌。本文提供了一个社会学角度用

---

[1] Lluís Bonet Agustí, Emmanuel Négrier. The Participatory Turn in Cultural Policy: Paradigms, Models, Contexts[J]. *Poetics*, 2018, 66: 64-73.

于解释中国演艺产业的整体性发展，演艺产业的繁荣代表了将文化产业发展导向全球性活动的机会，以及刺激区域性经济发展，那些高度城市化的区域将以不同的演艺产品制造方式推动产业发展，演艺产业框架的应用未来也许可以拓展到更多的文化领域中去。

作者简介

王一鸣，澳门城市大学人文社会科学学院，文化产业研究专业在读博士生，主要研究数字文化产业、演艺管理、非物质文化遗产保护。已发表数篇期刊论文。

巴蜀文化在科幻文化产业中的转化与应用 [1]

刘 怡 陈 睿

近日，三星堆遗址又有新发现，六座"祭祀坑"中出土了近500件文物，包括金面具残片、青铜面具等。这使得神秘的巴蜀文明又再一次活跃在大众视野之前，它不仅昭示着古蜀文明的浩瀚历史，还预示着在这片巴蜀大地仍有许多未被我们挖掘出来的历史和文化，等待着我们继续开掘。历史上的巴蜀文化，古老而悠久，而在今天这个时代，巴蜀大地上盛行的新兴文化，则是科幻文化。科幻文化并不是凭空出现的，它之所以在这片土地上得以绽放，与巴蜀文化也有一脉相承的内在联系。本文将从科幻文化产业发展的角度理解巴蜀文化的时代及精神内涵，在成渝双城经济圈建设和科幻大会申办的政策和时代背景下，积极探求其如何在科幻文化产业中实现转换与应用。

一、巴蜀文化研究现状及概念界定

"巴蜀文化"一词源出20世纪40年代，在《说文月刊》上卫聚贤先生发表的《巴蜀文化》和缪凤林先生发表的《漫谈巴蜀文化》等文章标志着"巴蜀文化"的正式提出。虽然这个研究命题提出时间不过80余年，但其探讨的时空跨度却是相当之大，它远可至古蜀文明，广可达南亚、中亚和西亚等域外文明。巴蜀文化历史悠久，内涵丰富，具体涉及地理、民俗、民族、科技、艺文、宗教等方面，研究的领域也十分广泛，横跨历史、文学、社会等多个学科。由于巴蜀文化的研究主要依托于考古发现和古文献资料的挖掘，因此它的研究进度主要取决于新史料发掘的多少。参考段渝先生的梳理，巴蜀文化的研究主要可以分为3个阶段：第一阶段是20世纪50年代至60年代， 主要研究内容为巴人和蜀人的族属、地域、迁徙、列国关系等。第二阶段是20世纪70年代至80年代中期，主要研究巴蜀的来源、政治、经济、社会制度等，

──────────
[1] 基金项目：本文是国家自然科学基金面上项目"数字创意产品多业态联动开发机理及模式研究"（编号：71874142）阶段性成果。

对传统研究有所突破。第三阶段是 20 世纪 80 年代后期至今，主要研究巴蜀文化的来源，巴蜀古文明的起源、形成、内涵、内外关系等。[1]

如此广博的研究范围和丰硕的研究成果让"巴蜀文化"这一词的内涵变得十分广泛，因此在本文展开讨论之前，我们需要对巴蜀文化进行一个界定。胡昭曦先生梳理了前人观点之后，整理综合提出：巴蜀文化是指巴蜀地区即主要在今天四川省、重庆市境内，自古至今汉族和各少数民族共同发展的具有巴蜀地区特色的地域文化。[2]这是广义上的巴蜀文化，之后，林向先生在《巴蜀文化辩证》一文中，也提出了广义巴蜀文化概念，即"包括四川省与重庆市两者及邻近地域在内的、以历史悠久的巴文化和蜀文化为主体的、包括地域内各少数民族文化在内的、由古至今的地区文化的总汇"。[3]

总之，从古到今，巴文化共同体与蜀文化共同体从始源到发展，经过长期的历史融会与区域文化认同，形成了一个亲缘相近、刚柔相济、相辅相成、相辅相依的紧密的文化共同体。这个共同体的根脉与根系盘根错节，不会因为历史与现实行政区划有所变更而割断。[4]

随着巴蜀文化自身的发展演变和适用时代的应用需要，关于巴蜀文化的研究开始转向与其他文化类型进行结合，例如，经济制度、政治制度和社会生活等。除此之外，与文化产业结合也成为巴蜀文化研究的新宠，城市建设、旅游开发、动漫产业等都是已有的切入点。文化产业分类众多，而本文所聚焦的科幻文化产业属于行业中的"朝阳产业"，尚具有较大的开发潜力，也在文化市场中占据着越来越重要的比例。因为科幻文化产业对科技的关注应和了新技术革命的大浪潮，而其注重的想象力或者说幻想力的消费需求也是当今文化市场新的风向标。本文将聚焦于广义的巴蜀文化概念下蕴含的文化精神资源，探究如何将巴蜀文化创造性地转化与应用于科幻文化产业的发展之上。

二、巴蜀文化与科幻文化何以联结

之所以考虑将巴蜀文化应用于科幻文化产业的创造生产之中，是有其必

[1] 段渝 .70 年巴蜀文化研究的方向与新进展 [J]. 中国史研究动态，2019（04）：56-62.

[2] 胡昭曦 . 巴蜀历史文化论集 [M]. 巴蜀书社，2002：6.

[3] 林向 ."巴蜀文化"辩证 [J]. 华中师范大学学报，2006（04）：90-94.

[4] 谭继和 . 同根同源 差异发展 特色整合——试说成渝双城文化圈的历史渊源与特色 [J]. 文史杂志，2021（02）：12-15.

要性和重要性所在。大致可分从政策背景、资源优势以及文化双赢 3 个方面来展开。

（一）政策背景：成渝地区双层经济圈建设

巴蜀文化和科幻文化都是成渝地区的特色和代表，这种得天独厚的地域特色优势让它具有了不可替代性。巴蜀文化可以说是不断对古代文明的探索，而科幻文化则是这片巴蜀大地对于未来世界的向往与畅想。这两者的结合，不仅是过去与未来的文明结合，从实际意义上来讲，还能直接促进巴蜀地区文化产业的凝聚和发展。在文化产业成为经济发展的一大重要支柱之后，这种行为也就自然符合和响应了成渝地区双城经济圈建设的重大战略政策。所谓"成渝地区双层经济圈"的提出，正是在成渝两地之间一步步加深的密切往来中逐渐形成的。在此之前，双方已经有相关的合作往来，直到 2021 年 2 月底，中共中央、国务院正式印发的《国家综合立体交通网规划纲要》中提出：京津冀、长三角、粤港澳大湾区和成渝地区双经济圈 4 个地区作为"极"。这项举措是国家实行交通建国，构建现代化高质量国家综合立体交通网的必然要求。这也是首次将成渝地区与其他 3 个发达城市群在国家重大规划文件中放于同一等级，文件的发布标志着成渝一体化已成为国家战略。从这个层面上来说，大力推动巴蜀文化和科幻文化的发展以及促成两者之间的结合是顺应了政策的号召，也是将宏观政策落实到微观方面上的具体操作。

（二）资源优势：成渝科幻文化发展

在中国科幻圈有句很经典的话："成都是中国地理上的洼地，却是中国科幻的高地。"成都可谓是当之无愧的"科幻之都"，在《2019 中国城市科幻指数报告》中，成都位列第一，足以证明这里科幻文化氛围十分浓厚。成都举办过很多大型的科幻活动，2017 年起，中国（成都）国际科幻大会成为常设性活动，每两年举办一次，永久落户成都。而在 2019 年的第 77 届世界科幻大会上，成都市申办世界科幻大会代表团正是提出申办 2023 年第 81 届世界科幻大会。对于科幻大会的申办不仅预示着成都迈向国际化水平科幻文化发展的决心与野心，也体现出了成都本身具备了足够丰富和优质的科幻文化资源。这里拥有中国最为知名且历史最为悠久的《科幻世界》杂志，诸如《三体》《流浪地球》等一系列大获成功的作品都是最先刊发连载于该杂志，《科幻世界》以其"伯乐相马"的眼光发掘了一大批优质的中国科幻文化作品。

除此之外，还有以八分光为代表的科幻文化传播公司以及各大高校的相关科幻研究协会及社团等资源，从方方面面滋养着成都的科幻文化发展。

同样地，重庆作为毗邻成都的大都市，近年来一直重视高精尖科技发展，逐渐成为科幻文化重镇。在科幻文学方面，有知名科幻作家韩松坐镇，不断输入上乘的科幻文学作品，斩获科幻银河奖、华语科幻星云奖等重量级奖项。近年来重庆又建立了钓鱼城科幻中心，将从人才培养方面助推中国科幻时代的真正到来。

（三）文化的目的是双赢

从此前的梳理可以看出，成渝两地都拥有相当充裕的科幻文化资源，而科技的进步终究只是外在的加持，文化产业的长远发展，究其根本，需要一个强有力的文化内核。一切文化产业发展的源头都来自文化资源本身，只有源源不断且具有强大吸引力和生命力的文化源头，才能助推相关文化产业链不断延伸和发展，涉猎更多的领域，获得更长远的收益。文化是创意产业、创意经济最根本、最长远的历史底蕴。[1]与传统文化相结合，是现代文化产业发展的可行之路。

回顾历史，我们可以清楚地看到，闪耀在成渝大地上的璀璨夺目的传统文化就是巴蜀文化。巴蜀文化以其强烈的地域特色和丰硕的文化成果在整个中国文化中占据了重要一脉。文化交融最理想的结果是实现双赢的局面。巴蜀文化要想得以传承和延续，就必定要借助新媒介的力量，新媒介的传播速度和形式的多样化都是前所未有的，如若将它注入新兴文化产业，可以在潜移默化之间使其得到延续。同样，只有一项强有力的文化资源作为基底，由此衍生出来的文化作品甚至是整个文化产业才具有顽强生命力的可能性。大浪淘沙之后，能够通过文化市场检阅的，必然是本身质量就过硬的作品。培育先进的文化产业，不仅是指要在巴蜀地区培育具有高科技含量的文化产业，而且还要促使巴蜀文化现代化。[2]

三、以巴蜀文化滋养科幻文化产业

巴蜀文化最突出的特点就是兼容和创造。历史上的巴蜀曾有过多次移民

[1] 金元浦.我国当前文化创意产业发展的新形态、新趋势与新问题 [J].中国人民大学学报，2016，30（04）：2-10.
[2] 王小菲，袁鑫."一带一路"战略下巴蜀文化的国际拓展 [J].中华文化论坛，2017（04）：50-55.

潮，它一直在吸纳来自各方各地的文化，从而丰富着巴蜀文化的多样性，达到兼容并包，刚柔并济的效果。另外，巴蜀文化一开始就是以创造的经验展示在世人面前，不管是究其本身特点而言，还是讨论而古老的巴蜀文化与当代文化的发展过程之间如融合，创新创造都是绕不开的话题。在兼容和创造的大前提之下，如何从中汲取文化精神资源应用于科幻文化产业上，具体来说，可以从科幻文学创作和科幻文化产业发展两方面来谈。

（一）　促进科幻文学创作

1. 以想象力为衔接点

就目前的实际情况而言，科幻文学还是主要以小说、电影和电视剧为载体。因此，对于文本创作层面的探讨也是基于以上几种文本形式为前提。而归根究底，科幻文学也是文学的一种，因此它理应符合文学创作的一切规律。谈及巴蜀文化，必然要提及想象力。三星堆遗址和金沙遗址中出土的造型奇特的文物，总是给予人无限遐想。而在历代文人墨客的诗文中也充斥着想象力的闪光，古有李白超凡浪漫的《梦游天姥吟留别》，今有郭沫若冲破一切束缚的《女神》。巴蜀文化的想象力自始至终浸润着人事之中，而想象力同样是科幻文化中的一大需求，这种跨越了几千年的隔空呼应，也许早就昭示着，巴蜀文化与科幻文化冥冥之中的奇妙缘分。在今天的创作中，我们应该继续延续和传承这种想象力，使其在新的文化载体下焕发出新的生机与活力。抓住想象力这一根本特点，就抓住了巴蜀文化和科幻文学制胜的法宝。

想象力自古有之，为何此前富有想象力的作品不能称之为科幻作品？如果我们把"科幻"一词拆开即能得到答案，"科幻"是指"科学幻想"，因此，只有科学技术通过现代媒介传播的幻想作品才能够被称为"科幻文学"。巴蜀文明中也并非没有科技，反倒是出现过众多的发明创造，甚至放眼整个人类文化历史长河，也毫不逊色。水利、冶金、钻井以及天然气的开采无一不彰显着巴蜀人的智慧。这些技术在现代也并没有完全消失，而是以各种形式融入了现代科技中，更好地为现代生活服务。如果将这些科技通过现代手段融入科幻文学创作中，也是古蜀文明借助高科技在现代的重生。

2. 以巴蜀文化符号为主题素材

从作品内容维度来说，"写什么"是很重要的一件事，即题材与素材。题材构成了作品中具体的现象与事件，与题材相比，素材更像是原始材料，正如希腊神话可以作为希腊艺术的素材，同理，巴蜀文化符号也可以作为科幻文学创作的素材。这种以某个地域文化为主题的创作在传统文学中并不少见，例如"京派文学""海派文学"，就连川渝本身，也有自己特色的"巴蜀文学"。而将巴蜀文化放置在科幻文学作品中的，也有尝试的先例。网络作家鱼离泉先后出版了《巴蜀图语》《金沙古卷》系列，不仅展现了他对巴蜀文化的痴迷，也探索了巴蜀文化与科幻文学结合的可能性。而以某个巴蜀文化符号进行文学创作的例子也不在少数，风靡全球的美国动作喜剧电影《功夫熊猫》中熊猫这一形象就与巴蜀文化密切相关，而号称"国漫之光"的动漫电影《哪吒之魔童降世》中太乙真人的"川普"口音也是巴蜀特色的体现。以此为出发点，在科幻作品的创作层面上，或许我们可以汲取巴蜀文化中的某个元素或某个形象进行创作。例如三星堆中外形奇异诡谲的青铜面具，它们通常是有着凸出的眼睛，细长的耳朵和大到夸张的嘴巴。又如太阳神鸟以简单线条形成的精妙图案，让人不禁赞叹古人的奇思妙想。这样的形象如果应用在科幻文学中人或物的形象设计上，或许能起到出奇制胜的效果，既具备巴蜀风格，同时又科技感十足。除此之外，巴蜀历史名人符号也可以应用在科幻文学创作之中。例如大禹，据考证，大禹就是蜀人，而大禹治水这类充满想象力的神话故事在今天也可以借助科技的力量转化为科幻故事。正如时下流行的说法是说如今是"诸神复活的时代"。神话得以在今天复活，传统得以在今天被发明。

3. 以巴蜀宗教哲学为价值导向

由于东西方文化和历史的差异，中国的科幻文学作品中"科技感"的体现一直逊色于西方。中国没有直接经历过工业革命，对于科技革命的浪潮处于被动接受的状态，因此中国的科幻文学中对于"理性""科学"的书写一直不如西方。相反，中国的幻想类作品一直在向民间取材，从民俗故事、志怪志异类中汲取营养。或许这并不见得是一件坏事，反倒是能从自身国情出发，由此走出一条"中国特色"科幻创作之路。这样的做法力求把中国传统文化中边缘性存在的民间民俗志怪文化与高科技支撑下的影像奇观结合起来，可能不失为一条切实可行之道。[1]

---

[1] 吴福仲,张铮,林天强.谁在定义未来——被垄断的科幻文化与"未来定义权"的提出[J].
南京社会科学,2020（02）：142-149.

　　此前就有学者指出，现代中国的科幻话语生成和本体重构与"气"有关。"气"是来自中国传统哲学中的一个概念，以气论之，就是在将科幻文学本土化的过程中赋予传统文化的特征，"气本论"从哲理甚至是伦理层面为科幻做注解。循着这个思路，除了"气"之外，在浩瀚如烟的中国传统文化中，还有许多其他的文化资源可以加以利用。就巴蜀文化而言，不得不提的就是道教文化。中国道教是老子道家学说与民间巫鬼方术结合的产物，巴蜀地区正因为同时兼具了这两个条件，才成为道教的发源地。[1] 此外，在佛教超禅宗形成过程中，巴蜀文化起着极为重要的作用，甚至决定着禅宗的思想特征。[2] 所以我们可以看到，佛教传入中国逐渐定型的过程汇总，形成了区别于印度的繁复，而独具中国特色的禅宗。同时，又因巴蜀大地地处偏安，远离中原，所以甚少受到传统儒学的影响，从而保持一种独立自主和大胆反叛的精神。这种精神文化资源可以从创作思想和主题旨归之间引导"中国特色"的科幻文化发展。

　　科幻文学一般叙述的都是未来世界的故事，因此其带有强烈的预示性和启发意义，是人类对于未来生活状态和命运处境的想象，但同时也暗含了对当下某些问题的焦虑。纵然科幻文化指向的是一个虚构的世界，但它既映射了人类命运某种困境，又指示着人类的解决之道。[3] 在西方的科幻文学作品中，当危机发生时，往往是依靠个人的力量来拯救世界，充斥着"个人英雄主义式"的价值观。而作为倡导"命运共同体"，提倡互帮互助理念的中国来说，我们需要在自己的科幻文学作品里创造和输出我们的对人类命运的关切。以中国科幻电影代表作《流浪地球》为例，电影中没有好莱坞式的"超级英雄"拯救世界，而是在中国"人类命运共同体"的价值体系下，不分国别人种、所有人通力合作改变地球的命运，这是对好莱坞科幻叙事的突破。[4] 巴蜀文化向来推崇"先锋意识"和"反叛精神"，那么从巴蜀文化中孕育出的科幻文学自然也可以做到"离经叛道"，突破西方价值观的束缚，以自由而悲悯的姿态，展示出对人类走向的思虑。

[1] 邓经武.二十世纪巴蜀文学 [M].成都：电子科技大学出版社，1999：12.
[2] 邓经武.二十世纪巴蜀文学 [M].成都：电子科技大学出版社，1999：12.
[3] [英] 凯斯M.约翰斯顿.科幻电影导论 [M].夏彤，译.北京：世界图书出版公司，2016: 5.
[4] 高尚学，李欣.由《流浪地球》开辟中国科幻电影产业链的新篇章 [J].电影评介，2019（11）：41-44.

（二）增进成渝两地科幻文化产业发展

1. 新媒介下的出版发行

依托于《科幻世界》杂志四十余年出版发行历史，创作出版成为四川科幻产业的特色优势和核心竞争力，因此在文本创作之外，我们应该站在更宏观的角度，抓住这个核心优势，推进科幻文化产业的发展。在媒介融合时代，出版不再是只有印刷发行这一种单一的形式，而是个媒介之间通力合作，实现传播效果的最大化。传统出版社要想在全媒体时代有所作为，就不能对日益萎缩的传统营销渠道敝帚自珍，必须主动探索与新媒体的融合发展，开拓新的营销渠道。[1] 媒介边界的消解，促成同一内容产品在不同媒介之间的延伸和再造，导致媒介生态重构，催生了内容生产与传播的新模式。[2] 在这一点上，《科幻世界》积极顺应时代发展的潮流，先是完成了转企改制，后是与融创文化集团合作成立融创科幻影业（成都）有限公司，将业务范围不断拓展，从最初的出版延伸到科幻影视 IP 的孵化等方面。

媒介发展日新月异，在未来发展的路上，成渝的科幻出版行业应该继续开拓新媒体新渠道，借助网络直播等新兴方式为传统的行业注入新鲜的血缘，延长产业的生命周期。

2. 科幻文化产业园搭建

科幻文化具有高度的版权生命力与产业延展性。[3] 它的版权可以经由一系列开发从文本延伸到电影电视、游戏、主题公园等领域。从世界范围内来说，环球影城、迪士尼乐园等都是主题公园建设的范本和标杆。在当下阶段，成渝两地也都在进行基地建设项目。就成都而言，2020 年 2 月，四川天府新区、融创集团以及峨眉电影集团三方签署了天府影都项目，该项目将以"好莱坞影城"为对标，力求打造世界级的电影全产业链 IP。就像如今好莱坞不单单只是作为一个影视基地，更是成为一个文化符号引无数人心向往之，那天府影都这个项目也可以在打造电影产业的同时，建设出一个科幻文化创意园，与巴蜀文化结合，展现出自身的地域特色。

---

[1] 洪琼. 全媒体时代传统出版业的融合发展之路 [J]. 中国编辑，2021（02）：78-82.

[2] 徐媛. 场域理论视角下科幻 IP 的跨媒介生产与传播探析 [J]. 出版发行研究，2019（04）：34-38+29.

[3] 吴福仲，张铮，林天强. 谁在定义未来——被垄断的科幻文化与"未来定义权"的提出 [J]. 南京社会科学，2020（02）：142-149.

同样，重庆拥有亚洲最大的科幻文化基地——钓鱼城科幻中心。与天府影都的项目相比，钓鱼城科幻中心少了一些商业性，而多了一些学术性。钓鱼城科幻中心与国内外高校和研究中心都建立了深度合作关系，设立全球华语科幻钓鱼城奖，旨在打破"星云奖""雨果奖"等以英语语言为评选门槛的桎梏，力图打造出华语科幻的"诺贝尔奖"。另外该中心还设置"未来小说工坊"，提供十分顶尖和优质的资源来培养科幻作家，鼓励和引导产出高水平的科幻作品。在这两个核心项目之外，钓鱼城科幻中心还建立了多线发展的科幻产品线，全方位地推进科幻文化产业的发展。

天府影都和钓鱼城科幻中心二者相各有侧重，恰好起到了互相补足的作用，它们发挥各自的优势，从自己的维度结合巴蜀文化将科幻文化产业的发展推向新的高度，进入新的阶段。

四、结语

近年来，成渝文化产业发展势头向好，涌向出一大批优秀的创意产业成果。这说明成渝本来就具备较为成熟的文化产业发展的条件和水平，各文化之间更应通力合作，跨界开发。科幻文化对接巴蜀文化，不仅使得传统文化焕新场景，还使得文化产业带有强烈的地域特色和审美风格。在建设成渝地区双城经济圈的政策背景下，在以"申幻"为共同奋斗目标的指引下，成渝两城之间应以此为契机，互通有无，实现利益的最大化。将巴蜀文化融入科幻文化，也是将巴蜀文化跨越国际向国外输出的一种方式。两地要优势互补，整合资源，以市场为导向，联合设计和打造 IP，以降低成本，提高整体竞争力。两地要置换市场，联合拓展市场空间。[1] 巴蜀文化的内涵一直在被丰富着，相信如今的科幻文化也能在未来成为巴蜀文化研究中的代表性分支，为其增添浓墨重彩的一笔。

作者简介

刘怡，西华大学文学与新闻传播学院 2020 级中国语言文学专业硕士研究生，研究方向：文艺学、创意与传播。

陈睿，男，四川绵阳人，管理学博士，副教授，硕士生导师，西华大学

---

[1] 彭云思，秦羽. 双城经济圈建设背景下成渝跨区域文化资源的开发利用研究——以非物质文化遗产为例 [J]. 四川戏剧，2020（10）：189-192.

文学与新闻传播学院文化产业管理系副主任，主要研究方向为文化产业管理、影视产业。

互补共融：
成渝两地巴蜀文化旅游资源协同开发路径探析

胡珍平　陈 彧

作为西部大开发、"一带一路"倡议、长江经济带等国家区域战略实施的重要支撑点，成渝地区的发展一直都备受关注。从 2011 年的《成渝经济区区域规划》、2016 年的《成渝城市群发展规划》再到 2020 年 1 月中央财经委员会第六次会议明确指出要推动成渝地区双城经济圈建设，以及 2020 年 10 月，中共中央政治局召开会议审议《成渝地区双城经济圈建设规划纲要》，从这些文件中，我们就可以看出成渝地区联合建设的必要性及重要性。

其次，对于贯彻落实成渝地区双城经济圈重大战略，巴蜀文旅资源协同开发具有重要意义。习近平特别提出要"支持重庆、成都共建巴蜀文化旅游走廊"，将巴蜀文化旅游走廊建设作为推动成渝地区双城经济圈建设的一项重要工作。[1] 成渝地区联合召开了巴蜀文化旅游走廊建设推进工作会，双方就"一盘棋" 推进巴蜀文化旅游走廊建设等各项重点事项进行了深入谋划。

因此，以巴蜀文旅资源为研究核心，探讨巴蜀文旅资源的协同开发路径，能以加强区域旅游合作的具体方式， 从实践层面实现成渝两地的旅游资源共享，促进两地旅游经济的共同发展，达到资源共享、优势互补、互利共赢。

一、巴蜀文化是成渝地区双城经济圈建设的重要资源支撑

成渝地区双城经济圈建设，离不开成都和重庆两个中心城市协同带动，尽全力发挥区域优势和特色。那么，如何让成渝地区成为带动全国高质量发展的重要增长极和新的动力源？其中，最不能忽略的，便是文化对城市发展

---

[1] 刘旗 . 协同打造高品质巴蜀文化旅游走廊全力助推成渝地区双城经济圈建设 [J]. 重庆行政，2020，21（06）：20-23.

的影响力与渗透力。

党的十六大报告指出："当今世界，文化与经济和政治相互交融，在综合国力竞争中的地位和作用越来越突出。文化的力量，深深熔铸在民族的生命力、创造力和凝聚力之中"。这意味着，我们必须重新审视文化与经济的关系，社会经济的发展必须依靠文化建设作为内基础，无论是一个国家、一个地区或者一个城市，其背后都有着深厚的文化背景，这一文化背景，是人们在不断探索的过程中所沉淀累积下来的精神力量，包括推动思想解放浸润心灵的生命力、把个体强化为整体的凝聚力和向心力以及激发活力与创新的创造力。这种文化的力量，往往是经济发展的重要支撑。其次，如果从成渝地区双城经济圈建设的结果来看，其经济发展的最终目的，是为了满足人民群众日益增长的物质需求和精神文化需求，在物质满足的同时，人们更需要精神上的放松与文化熏陶，文化建设，成为经济发展的重要目标。

二、文旅融合：巴蜀文化资源的文化资本转化

四川盆地自古分为巴蜀两大地域。在巴蜀文化圈这个区域里，蜀文化的中心是成都，巴文化的中心是重庆。人们普遍认为巴蜀文化是一个地域文化，没有太大的差别，实际上，巴文化与蜀文化二者渊源不同，实质内涵各有差异。俗话说，"巴有将，蜀有相"，巴文化尚刚，尚武重义；蜀文化尚柔，崇文好仁。[1] 但是，经过长期的历史交融，巴文化与蜀文化也逐渐从分离状态过渡到后续的融合发展，最终形成了一个刚柔相济、文质互补、阴阳和合的文化共同体。巴文化与蜀文化的这种互补结构，成为巴蜀文化融合发展的基础。巴蜀文化融合，是成渝双城经济圈建设的文化基础，而巴蜀文旅融合，就是成渝双城经济圈建设的未来发展方向。

为什么要进行巴蜀文旅融合？首先，文旅融合让文化资源创造性地转化为文化资本，为成渝地区经济发展提供了新的经济增长点。其次，要使成渝地区成为高品质生活宜居地，那么就得满足人民日益增长的美好生活需求。2018年，国务院办公厅发布《关于促进全域旅游发展的指导意见》指出："旅游是发展经济、增加就业和满足人民日益增长的美好生活需要的有效手段，

---

[1] 谭继和. 同根同源差异发展特色整合——试说成渝双城文化圈的历史渊源与特色 [J]. 文史杂志，2021（02）：12-15.

旅游业是提高人民生活水平的重要产业"[1]，那么让文化与旅游结合，能最大限度地满足人们对美好生活的向往，也能为成渝双城树立良好的城市形象。最后，巴蜀文旅融合，能够推动文化的传承与发展，彰显成渝地区的文化内涵，成渝双城经济圈建设始终要落足到文化发展上来，文旅融合为文化的传播提供了一种最合适的方式，让传统文化在当代迸发出生命力与创造力。针对文旅深度融合发展这一新的时代课题，文化和旅游部强调要坚持"宜融则融，能融尽融，以文促旅，以旅彰文"的思路。即要让文化底蕴为旅游业的发展提供人文价值与精神享受，反过来旅游业同时也能促进区域文化的传播，彰显城市文化特色。总体来说，要让文化和旅游互补共进、深度融合，实现文化和旅游两大产业转型升级、提质增效。

三、抱团取暖：巴蜀文旅资源协同开发路径

成渝地区双城经济圈是成渝双城的文化圈、生态圈、旅游圈、亲情圈、友谊圈，是巴文化与蜀文化的共生之地、融合之地。[2] 围绕成渝双城经济圈建设，以及巴蜀文化旅游发展核心，针对大范围、多样化的巴蜀文化资源，此次将以成都和重庆的文化资源作为研究对象，从中心点出发，最后再辐射周围地区。

观巴蜀文旅合作现状，从政府层面出发，重庆与四川文旅部门已建立合作，围绕"成渝发展主轴"，以成都、重庆为核心，打造文化旅游发展核，建设文化旅游经济带。通过建立健全联动合作机制，在重大文旅项目、精品线路、公共服务等方面展开深入合作，打造巴蜀文旅精品。[1] 因此，对巴蜀文旅资源的协同开发路径进行深入研究，十分有必要。在巴蜀文旅资源协同开发路径上，本文将从以下4个方面进行深入剖析，如图1所示，层层递进，得出其精准的发展建议。

---

[1] 国务院办公厅：《关于促进全域旅游发展的指导意见》，国办发〔2018〕15号，2018年3月9日。

[2] 刘旗.协同打造高品质巴蜀文化旅游走廊全力助推成渝地区双城经济圈建设[J].重庆行政，2020，21（06）：20-23.

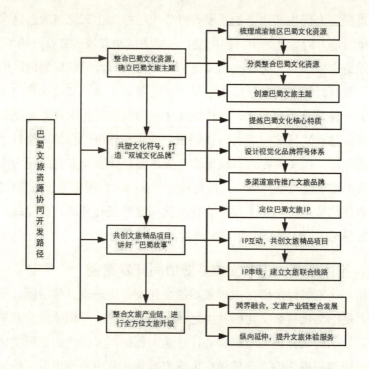

图 1　巴蜀文旅资源协同开发路径

（一）整合巴蜀文化资源，确立巴蜀文旅主题

首先，成都和重庆要进行区域旅游合作的重点，便是通过加强区域旅游合作，实现资源共享、客源互送，达到优势互补、互利共赢，最终实现1＋1＞2的效果。整合开发的第一步，便是进行文化资源整合。文化资源整合就是对传统文化进行发掘、选取和价值再造的过程，根据市场的需要加以集中优化，形成具有较高社会价值和市场价值的文化资本。[1] 成功的文化资源整合，首先需要根据其文化资源的自身特色，正确选择资源整合的对象，之后再明确哪些文化资源具有共通之处或互补之处，以此为切入点进行整合活动。因此，在整合成渝地区巴蜀文化资源前，首先需要把两地的文化旅游资源进行细分、归纳、整理，最后才能根据特色整合成为统一的地域文化品牌。

1. 梳理成渝地区巴蜀文化资源

成都地区的文化旅游资源众多，其中历史文化名人旅游资源有蜀郡太守

---

[1] 王志平，郑克强.鄱阳湖区非物质文化遗产禀赋评价与保护利用模式 [J].江西社会科学，2012（10）：213-218.

文翁、卓文君、司马相如、扬雄、李白、杜甫、苏轼、陆游等文人学士以及现当代的郭沫若、巴金、李劼人等人；古蜀文化旅游资源有金沙遗址、郫县古城址、鱼凫古城址、芒城古城址等成都平原史前城址，还有古蜀船棺合葬墓以及为了纪念望帝和丛帝而修建的望丛祠；三国文化旅游资源主要是成都武侯祠博物馆，现今，它分为三国历史遗迹区（文物区）、西区（三国文化体验区）、锦里民俗区（锦里）三大板块；都江堰水文化旅游资源主要以都江堰水利工程为主，包括多年来在修建和维护过程中遗留并传承的物质与精神财富；古建筑街区文化旅游资源主要以古色古香的宽窄巷子和远洋太古里文化街区为代表；民俗文化旅游资源主要以历史悠久的茶文化和川剧为代表。

重庆旅游文化资源特色鲜明，包括有巴渝文化、移民文化、抗战陪都文化、三峡文化等，这些文化的撞击和融合，形成了特色各异的重庆旅游文化资源。主要有三峡文化旅游资源，包括境内的大宁河小三峡和马渡河小小三峡、以巫山龙骨坡遗址和大溪文化遗址为代表的新石器时代历史文化遗存、云阳张飞庙和奉节白帝城等三国文化遗址、"水中碑铭"白鹤梁和"江上明珠"石宝寨等文物景观以及重庆中国三峡博物馆；有红色文化旅游资源，它大致分为两类，一是非物质类，有以老舍、冰心、萧红、郭沫若等为代表的作家所创作的散文、小说、诗歌等文学艺术作品。二是以物质形态遗存下来的各类文化遗址，包括抗战纪念遗址、革命事件遗址、文艺类遗址和名人旧居；有古建筑街区文化旅游资源，包括洪崖洞、磁器口、通远门历史文化街区和湖广会馆历史街区等；有民俗文化旅游资源，包括传承历史悠久的川江号子、苗族民歌、民间戏剧秀山花灯、传统民俗舞蹈铜梁龙舞以及梁山灯戏等。

2. 分类整合巴蜀文化资源

根据成都和重庆两地的文化资源现状的梳理，以巴蜀两地文化的互补性与共通性为依托进行文化资源整合。文化旅游资源整合时，如果把成都和重庆两地资源全部整合为一个方面去进行开发显然是行不通的，此时，便要根据"分类整合，多点传播"的整合模式[1]，即按照各类资源的内在联系，遵循"求同存异"的原则，思考不同的文化旅游资源可以从哪些方面、哪种方式相互融合在一起，既能突出特色，又能优势互补、互为依托，让它们能够满足游

---

[1] 梁明珠，张欣欣. 泛珠三角旅游合作与资源整合模式探究 [J]. 经济地理，2006（02）：335-339.

客不同层面的需求，最终让这些特色的"点"带动整个"面"的发展。在分类整合中，大部分文化资源的分类是以"文化"的分类为参照的，例如物质文化资源、精神文化资源、行为文化资源、制度文化资源等，根据两地的巴蜀文化资源特色，相同文化主题或者相同表现形式的，便可划为一类进行整合开发，我们可以构建出六大文化资源整合方案：巴蜀文化名人旅游主题、巴蜀古文化旅游主题、巴蜀水文化旅游主题、巴蜀三国文化旅游主题、巴蜀古街区文化旅游主题以及巴蜀民俗风情文化旅游主题。

3. 创意巴蜀文旅主题

在这六大主题当中，巴文化与蜀文化资源如何进行创意融合与对话？那么可以根据巴蜀文化资源类型的共性与差异性，将二者相互融合，提取精髓，最终形成极具创意性的巴蜀文旅主题，如图 2 所示。

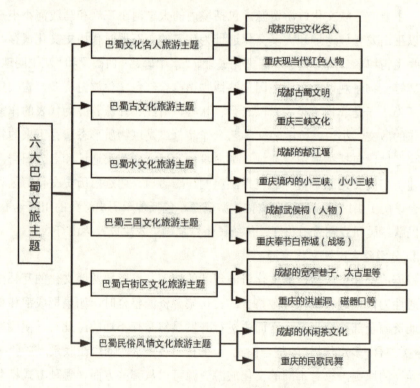

图2　创意六大巴蜀文旅主题

在巴蜀文化名人旅游主题中，可以将成都的历史文化名人和重庆现当代的红色人物相结合，形成古代人物与现当代人物之间的隔空对话，通过这样的方式，成都和重庆两地的两种资源便以联通古与今的名义相融合。在巴蜀古文化旅游主题中，则可以以成都的古蜀文明和重庆的三峡文化为中心进行联合开发，两地之间各自展现其特色的历史文化内涵，打造人文印象。在巴蜀水文化旅游主题中，则把成都的都江堰和重庆境内的小三峡、小小三峡整合在一起，将李冰治水精神和三峡精神通过创意的方式讲述出来，体现两地水文化的不同韵味。在巴蜀三国文化旅游主题中，主要以成都武侯祠和重庆奉节白帝城为主，武侯祠是由汉昭烈庙、武侯祠、惠陵、三义庙四部分组成的建筑群，而白帝城因其天生易守难攻，战国时白帝城有镇守三峡、拱卫巴楚之称，两者的三国文化资源刚好能优势互补，从不同的侧面展现三国时的风采。在巴蜀古街区文化旅游主题中，要将最具当地人气、最有体验价值的文化旅游地进行整合，让两地的"网红"景点能根据自身文化特色联合打造来了就不想走的"文化网红集合地"。在巴蜀民俗风情文化旅游主题中，要充分挖掘巴蜀文化当中的民俗文化典型，从民俗文化中体会成都的休闲惬意和重庆的淳朴民风。

（二）共塑文化符号，打造"双城文化品牌"

文化旅游资源整合是成渝双城文化旅游品牌建设的前提和基础，通过对文旅资源的有效整合来打造出特色鲜明、公众认同、符合城市形象与发展的文旅品牌。从传播角度来看，品牌塑造在根本上是一种树立自身文化符号意义及品牌的价值观念，并让消费者产生认同的过程。[1] 因此，文化旅游品牌对目的地的文化宣传有着积极作用，让大众对该地独一无二的文化特色一目了然，在增加文化认同感的同时，也提升了文化的吸引力与知名度。更重要的是，旅游文化品牌的塑造，还可以大大提升旅游地的旅游形象，有助于提高成渝两地文化旅游的增值能力和竞争优势。

1. 提炼巴蜀文化核心特质

那么如何构建成渝两地的"双城文化旅游品牌"？首先，需要根据两地文化资源的特色与内涵，分别提炼出最核心的文化特质。在成渝文化旅游六大主题当中，巴蜀文化名人旅游主题可以提炼成都优美的诗歌文化与重庆热血的红色文化这两种特殊文化特质，突出刚与柔的和谐与共鸣；巴蜀古文化

---

[1] 周诗诗.品牌传播过程中文化符号的传导机制研究 [J].重庆广播电视大学学报，2019，31（02）：74-80.

旅游主题则挖掘成都神秘的古蜀文明和重庆三峡奇妙的巴渝文化这两种文化特质，揭开成都重庆古文化的神奇面纱；巴蜀水文化旅游主题则依托成都的都江堰水利工程和重庆长江三峡大江大山共同讲述的水文化精神，主要体现都江堰的治水文化与三峡的山水文化；巴蜀三国文化旅游主题则依据成都的武侯祠和重庆的白帝城，提取人物精神与白帝城的古战场遗留符号；巴蜀古街区文化旅游主题则聚焦古典与现代的融合、文化与休闲的碰撞，重点突出"网红打卡地"的特色；巴蜀民俗风情文化旅游主题则突出成都的休闲活动和重庆的川江号子、民间戏剧歌舞，定位"闲坐与舞动"的文化特质。

2. 设计视觉化品牌符号体系

其次，围绕巴蜀文化核心特质，通过创意融合，凝练为一种统一的、具有文化展现力的文化符号，最终形成具有主题特色的视觉形象设计。视觉化的品牌文化符号的塑造，能给人最直观的视觉冲击，从而在那一个瞬间、一个时刻成功夺取人们的眼球，形成品牌记忆力。

针对六大文旅主题的核心文化关键词，视觉化的品牌符号在进行设计时，除了需要设计最具特色、最有辨识力的品牌符号，还需要依据成都重庆两地文化资源的特色，设计推广一系列相关的品牌符号体系，从不同侧面补充、展现其双城的文化魅力之处。在巴蜀文化名人旅游主题中，可围绕"优美"与"热血"这两个关键词进行深入挖掘，可以共同塑造具有"刚柔结合"特色的文化符号；巴蜀古文化旅游主题则围绕"神秘"与"奇妙"这两个关键词，共同塑造"奇秘"的文化符号；巴蜀水文化旅游主题则围绕"治水文化"和"江山文化"，共同塑造"和谐与激荡"的文化符号；巴蜀三国文化旅游主题围绕祀祠中的三国故事与精神和白帝城战场地势的易守难攻，共同塑造"时代与英雄"的文化符号；巴蜀古街区文化旅游主题则共同塑造"文雅逗趣"的文化符号；巴蜀民俗风情文化旅游主题则围绕"休闲"和"开放"，共同塑造"静与动、闲适与欢庆"的文化符号。

3. 多渠道宣传推广文旅品牌

在完成品牌文化符号塑造、形成视觉形象设计后，还需联合相适应的品牌宣传口号，进行文旅品牌的宣传，最终让游客对双城文旅品牌形成品牌共识。

六大文旅主题，应设计有相应的"一句话"式品牌口号，定位自身的文化内涵，加深品牌符号的文化印象。其次，多渠道宣传推广文旅品牌，需要结合一系列的线上线下活动创新组合推广。例如，线上通过制作宣传短视频，视频内容可以围绕品牌符号体系制作一系列的人物故事对话，突出代表性的人物或地点，或者融合文化创意制作幽默类短视频配以文字解说，投放到双方各自的官方媒体以及双方共建的账号，这样既彰显了品牌符号所代表的文化意蕴和内涵，又以创意的方式突出核心，深入人心，被大众所接受。线下则可以在双方的景点都融入品牌文化符号，并配以相适应的图文解说，加上"来了这儿，不去成都／重庆看看吗？"等类似的宣传语，共同构造双城品牌，形成双城文旅整体印象。

（三）共创文旅精品项目，讲好"巴蜀故事"

对成渝文化旅游六大主题进行了品牌文化符号塑造后，就要思考如何围绕塑造的品牌特色来打造、包装所整合的文化资源，共创文旅精品项目。众所周知，文旅 IP 建设有利于提升旅游产品的附加值、促进文旅深度融合。因此，首先需要挖掘文旅主题内具有典型性的文化资源作为文化旅游 IP，其次成渝两地 IP 与 IP 之间进行创意互动，形成 IP 共同体，并以 IP 的文化创新力带动其他同类文旅资源的整合发展，体现成渝文化特色。

1. 定位巴蜀文旅 IP

文旅 IP 是指文化与旅游要素融合下，具有文化特质、品牌内核、独特价值体现的知识产权体系，它往往是在长期发展中形成的有较高区域辨识度和知名度、留给游客鲜明主题印象的核心文旅资源。[1] 在成渝文化旅游六大主题当中，符合文旅 IP 定位的，有巴蜀文化名人旅游主题的杜甫草堂和刘伯承同志纪念馆，巴蜀古文化旅游主题的金沙博物馆和三峡博物馆，巴蜀水文化旅游主题的都江堰和大宁河小三峡，巴蜀三国文化旅游主题的武侯祠和白帝城，巴蜀古街区文化旅游主题的宽窄巷子、太古里文化街区和洪崖洞、磁器口，巴蜀民俗风情文化旅游主题的茶文化和川江号子。

2. IP 互动，共创文旅精品项目

那么，如何让两地的 IP 进行创意互动？此时，必须以文化创意为两者的互动注入灵魂，讲好"巴蜀故事"。据习近平提出的"要推动优秀传统文化创造性转化、创新性发展"，讲一个精彩的"故事"，需要我们根据现代

---

[1] 汪仁正 . 文旅 IP 的建设路径与价值创造 [J]. 当代农村财经，2020（02）：29-31.

观念，重构故事的叙述逻辑，将传统的、精髓的文化核心与现代的、创意的表达方式相结合，以多种方式、多重渠道来塑造巴蜀文旅 IP 的具象形象。[1]

针对杜甫草堂和刘伯承同志纪念馆，可以利用诗歌元素和抗战元素，来讲跨越时空的情怀，线上给两者制定自己的个人账号、进行互动对话，线下可以用两者的卡通玩偶进行简短的小剧场表演，联合举办文化表演、故事讲堂等活动，甚至划分一个专门的地域，打造二者相关的互动活动等。金沙博物馆和三峡博物馆的互动，则可以利用文物与文物之间的对话进行，选择在某一方面具有关联性的两类文物，线上可以利用视频、海报的方式，用语言的幽默性将二者巧妙结合，线下则可以利用 AR、VR 技术，让这些代表性文物进行互动。都江堰和大宁河小三峡围绕"和谐与激荡"，则可以打造共同的音乐剧，让音乐让两者共融，同时将治水文化和山水文化再创作，形成一幅幅相互呼应的山水画展等。武侯祠和白帝城，则可根据其互补性，制作宣传视频，将白帝城的地势和武侯祠的人物相结合，在视频中展现人与城的刀光剑影。宽窄巷子、太古里文化街区和洪崖洞、磁器口的打造则可以参考之前"宽宏大量"的 IP 组合，将此种组 cp 的方式，让这两组景点成功转型为网红的、文化的、乐趣的文化景观。而关于茶文化和川江号子这类特色民俗，可以将其创意融入其他主题文旅当中，例如一边喝茶一边享受名人文化、古文化、三国文化等的熏陶，川江号子则可以和水文化结合，展现其民歌的魅力。

3. IP 串线，建立文旅联合线路

成渝两地文旅 IP 之间进行深入互动，形成整体印象后，便可将两地的同类型资源都整合起来，让 IP 品牌带动周围文旅资源的发展，促进文旅产业协调发展。

首先，需要进行同地区同类型的文旅资源进行衔接，针对和成渝两地主推 IP 同类型的文旅资源，可以首先根据品牌特色，打造自己的品牌符号，进行品牌定位，在形成视觉形象后，便可和主 IP 的品牌符号进行宣传互动，进入大众视野，然后在周边文旅项目的建造中，主要选择与主推 IP 有明显差异的项目进行打造，形成差异化竞争，进行优势互补。

其次，便是将两地衔接好的文旅资源进行组合对话，形成一条完整的成

---

[1] 国务院办公厅：《关于促进全域旅游发展的指导意见》，国办发〔2018〕15 号，2018 年 3 月 9 日.

渝文旅线路，此时，便需要两地的文旅品牌进行相互的互动对话，无论在宣传方面还是线下的体现项目中，都应该体现成渝文旅线路主题的完整性与独一无二性。

最后，在不同的文旅线路中，仍然可以以地理位置、文化环境等背景为基础进行不同主题线路的整合，建立成渝文旅联合线路。

四、整合文旅产业链，进行全方位文旅升级

从产业链的视角来看巴蜀文化旅游，整合其文旅产业链，要以文化旅游产品和服务为核心，以满足文化旅游消费者需求为导向，结合吃、住、行、游、购、娱六要素，旅游中所面临的各方面要素都要让游客满意。

（一）跨界融合，文旅产业链整合发展

在文化旅游当中，首先应考虑的便是"吃、住、行"问题，此时，便需要横向跨界融合，整合文旅产业链。这需要政府和企业共同发力，利用各种方式将成都和重庆两地聚合在一起，以便利游客在成都和重庆旅游时，能够畅玩双城，尽情享受乐趣。此时，可以共建成渝两地的文旅线路手册，手册上围绕成渝文化旅游六大主题，以 IP 旅游地为主策划旅游线路，旅游线路中提供交通乘坐方式，以及大概的乘坐时间；手册上还应体现文化品牌符号、宣传口号、旅游地特色节目、美食和产品等，突出文旅特色。文旅线路手册完善之后，可以根据线路图，建立成渝双城文旅专线列车，通过"一辆车"，将两地的文旅主题和各文旅景点联合在一起，除此之外，通过专线列车，还可将成渝旅游地的住宿和美食都囊括其中，提供具有地方特色的、具有人文气息的主题民俗、客栈、旅店等，以及周边的特色川菜、火锅、名小吃等，在专线旅游当中，不用担心交通、住宿等问题。

（二）纵向延伸，提升文旅体验服务

除了整合文旅产业链，从纵向来讲，需要在文旅精品项目上做细做深，增强产品体验，开发特色文创产品，让巴蜀文旅持续发力。因此，文旅产业在"游、购、娱"方面，就要思考如何提高游客的体验性。

旅游体验是现代社会旅游的最高层次，强调以人们感受外界事物的五种感官——眼、耳、鼻、舌、身，即从视觉、听觉、嗅觉、味觉、触觉等感官

角度综合体验。[1] 在成渝文化旅游六大主题当中，线上或线下的创意活动，都可增加和游客之间的互动，让游客都参与进来，亲身体会文化的内涵与韵味，例如文化表演、故事讲堂、歌舞表演、音乐剧、艺术画展等，都可增加互动环节，例如设计问答、增加游客画画 DIY、舞蹈模仿、唱歌等，还可利用各类科技技术打造科技与人文的互动项目，增加游客的沉浸感。其次，在文创产品的开发上，除了需要创意加持，还应联合打造成渝两地的文创产品，形成成渝两地特色文创产品"网红礼包"或"文创盲盒"，借此树立成渝两地文旅印象。

结束语

成渝双城经济圈的建设，需要依靠巴蜀文化的文化生产力来推动，而巴蜀文化交融发展的最终目的，其实是为了文化软实力的提升，经济圈的建设和巴蜀文化之间的关系互为因果。因此，成都和重庆两地需要共同发力，让巴文化和蜀文化共同对话，而巴文化与蜀文化的对接，其最重要的表现方式和发展方向，也就是巴蜀文化旅游的整合开发。

巴蜀文化旅游的整合开发，最为重要的关键点，是从巴文化和蜀文化中挖掘出具有代表性的特色文化，然后从此类文化的精神内核出发，挖掘其中或优秀、或浪漫、或传奇、或奥妙的文化特质，接着将两种文化特质用一种创意性的融合方式串联在一起，成为一种互补共融的文化精神核心。只有从源头上，成功将两种文化通过创意性再创造，后续才能延伸发展为文化资源、文化产业等方面的互补共融，即经由此种精神内核孵化出相对应的文化符号，形成一个独属于巴蜀风韵的文化故事核，并结合相对应的文化资源，从而转化为一系列的文化旅游资本，最终成渝两地的巴蜀文化资源才能成功整合，协同开发，成功打造双城文化品牌、共创文旅精品项目，真正讲好"巴蜀故事"。

作者简介

胡珍平（1997— ），女，西华大学文学与新闻传播学院研究生在读，研究方向：文艺学。

---

[1] 许建,廖任文.体验经济时代旅游体验交往互动模式的构建[J].经济研究导刊,2009(20):59-60+109.

陈彧(1982—　),女,西华大学文学与新闻传播学院副教授,硕士生导师,研究方向:文艺与传媒。

从游戏产业到元宇宙

——数字经济持续创新视野下创意管理的挑战与机遇

袁 园

今年 3 月 10，美国游戏沙盒平台 Roblox 成功登陆纽交所，首日市值突破 400 亿美元，并且是第一个将"元宇宙"概念写进招股说明书的公司，成为游戏行业乃至整个数字经济发展的一个里程碑似的标志性事件。全球最大的社交媒体脸书（Facebook）的首席执行官扎克伯格，在更早的时候就提出论断，认为元宇宙将会颠覆未来的人类社会，不仅早早收购了 VR 公司 Oculus，更明确提出数年内 Facebook（脸书）将从"一家社交媒体公司变成一家元宇宙公司"，甚至即将要将脸书公司更名为元宇宙公司。在国内的游戏行业和数字经济版图上，今年 9 月字节跳动不计成本地以 90 亿元的竞价收购了国内头部 VR 公司 Pico，进而带动了二级资本市场相关元宇宙概念公司的暴涨，都使得元宇宙成为今年引爆科技和资本圈最火热的话题。有学者甚至将 2021 年视为"元宇宙"元年。[1]

对于创意产业，尤其是数字创意产业来说，游戏行业的产值一直是占据其中最大份额的部门。因此，当游戏行业在数字经济持续创新的环境下，出现了被科技、资本界共同视为标志性事件的事物和概念时，对于创意管理研究领域来说，事实上同样也提出了全新的命题。究竟什么是元宇宙？它是一时的概念炒作，还是人类不可回避的未来？当游戏行业从过去完全基于互联网的拟态环境的娱乐，借由硬件的发展、数字货币的发展，开始演变成人类未来一种全新的存在方式时，创意管理研究本身的研究对象、研究视角和研究诉求又将遭遇怎样的挑战和机遇？以上正是本文尝试探讨的问题。

---

[1] 朱嘉明."元宇宙"和"后人类社会"[N].经济观察报，2021，6（033）.

一、什么是元宇宙？

元宇宙（Metaverse）一词最早出现在尼尔·史蒂芬森1992年出版的科幻小说《雪崩》（*Snow Crash*）一书中[1]。在作家最初的想象中，随着互联网的发展，未来会出现一个与现实平行的虚拟世界，人们同时在虚、实两个世界里生活。30年前的科幻想象，到如今由于各种数字技术的加持，而逐渐演变成一个内涵越来越丰富的可逐渐触达的现实。2018年由斯皮尔伯格导演的《头号玩家》（*Ready One Player*）以及2021年好莱坞暑期档的热片《失控玩家》（*Free Man*），都为我们提供了在虚实两个平行世界里同时上演故事的未来世界想象。

从目前现实的发展阶段来看，元宇宙概念还仅仅停留在游戏产业的内生性演变上。例如，带上VR头盔或MR眼镜，辅以可穿戴的传感器设备，人们就可以在虚拟的游戏世界里体验自己作为另一个化身主体（avatar）的所有感受。但随着数字技术革命越来越向日常渗透以及产业经济正在经历的产业互联网变革，整个人类社会的数字化转型，就成为一个可以预见的未来。因此，元宇宙概念开始于科幻小说和游戏，而其真正的想象空间和最终指归却不仅仅是游戏，而是一种"后人类社会"似的生存状态。2021年之所以被称为元宇宙元年，是因为其指向的现实内涵已经在新技术开拓的革命性未来想象中，全面超越了1992年《雪崩》小说中的想象且有了实现的可能。这些新技术包括但不限于：以5G/6G为代表的信息革命、以Web3.0为代表的互联网革命、以算法和机器学习为代表的人工智能革命，VR、AR、MR为代表的硬件技术革命，另外还包括大数据、云计算为代表的数据采集、数据处理，以区块链为代表的分布式治理和在其基础之上的数字货币为代表的数字金融等。这么多的技术在过去的10年、20年可能还是单一地、逐步地发展，然而随着技术发展和数字经济转型的加速，这些技术越来越在局部形成了相互配合的数字生态，这就意味着想象整个人类社会的全部内容，在未来全部实现数字化的互联互通和数字"拟像"，就不再是天方夜谭。

首先将"元宇宙"写进招股说明书的游戏平台企业Roblox创建于2004年，

---

[1] 《雪崩》中相关段落表述为："名片背后是一堆杂乱的联络方式：电话号码、全球语音电话定位码、邮政信箱号码、留个电子通信网络上的网址，还有一个'元宇宙'中的地址。"在2009年由郭泽翻译、四川科学技术出版社出版的中译本中，Metaverse被译为"超元域"。

缘起于 1989 年由二位创始人编写的"交互式物理学"物理实验室。最初的目标是打造一个新一代的、为人们提供更加人性化、让大家可以自由表达的平台，通过游戏创作、分享人生体验。与其他平台不同的是，Roblox 既提供游戏，又提供创作游戏的工具，同时还有很强的社交属性，玩家可以自行输出内容、实时参与，并且还有独立闭环的经济系统。在其创始人看来，在 Roblox 平台上，游戏不能被称作游戏，而应被叫作"体验"（Experience）。截至 2020 年年底，Roblox 用户已经创造了超过 2000 万种体验，其中 1300 种体验被更广泛的玩家造访、探索，并形成频繁互动的社区。基于以上实践，Roblox 将元宇宙理解为"用来描述虚拟宇宙中持久的、共享的三维虚拟空间"。它还提出了通向"元宇宙"的 8 个关键特征，包括身份（Identity）、Friends（朋友）、沉浸感（Immersive）、低延迟（Low Friction）、多样性（Variety）、随地（Anywhere）、经济（Economy）、文明（Civility）。这 8 个关键特征既概括了 Roblox 对元宇宙世界得以实现的技术基础的要求，又预示了元宇宙虚拟世界的参与者一旦规模化，所可能带来的对社会结构各个重要方面的影响。

因此，"元宇宙"可以看作对人类未来社会全面转型的概念化命名。虽然目前还停留在游戏阶段，但随着其逐渐在经济层面打通虚实两个世界的互联互通，其本质所指向的未来，是对虚拟化、数字化的网络空间与物理性的现实空间高度融合之后的超级智能社会的设想。这个设想并不是单方面来自游戏的某种小规模想象，随着各种先进的数字技术的不断成熟和应用于日常生活，例如目前已经颇有端倪的 NFT 风潮，VR/AR/XR 等硬件的商用化、家用化、普及化，未来人类世界朝向数字虚拟与物理现实两个"宇宙"融合的可能性，在严肃的高校的研究所里，也有相应的成果。日本东京大学与日立制作所在东大成立的研究所——"日立东大实验室"在 2018 年发布的研究报告，将这个即将到来的超级智能社会命名为"社会 5.0"。可以说，是从严肃的学界视角，用不同的术语对元宇宙概念进行的另一种表述。

二、从"新经济"到元宇宙经济学

无论人类世界如何演变，经济始终是支撑社会大趋势转型的重要支撑。元宇宙的概念之所以在近两年逐渐成为风口，并从少数的游戏玩家的关注转而成为整个社会广泛讨论并持续热议的话题，其根本原因是自互联网新经济以来，随着数字技术对原有社会结构中既定资源壁垒和信息边界的不断突破，产生了数字经济的持续创新，致使经济的内在规律也在不断变化。

20世纪90年代，随着信息技术在美国的迅猛发展，引起社会一系列变革，使得美国的经济形式出现了明显的转变。1991年以来，不仅经济增幅明显，失业率下降，消费品的通货膨胀也在下降，而且经济的周期性明显淡化。1996年年底美国《商业周刊》的一篇文章将这种现象归纳为"新经济"，并认为其主要动力来自信息技术革命以及经济的全球化浪潮。除此之外，另有不少学者将这种新出现的经济特征归因为包括但不限于信息技术的"知识经济"的发展。随着制造业在全球范围内有规律地转移，美国、西欧、亚洲等先发国家的经济结构也越来越倾向于以第三产业的服务业为主，而这些以知识服务为主的工作也被视为是"知识经济"的主要代表。

到了21世纪初，以2010年iPhone 4的发布正式开始了移动互联网浪潮。2011年，微信发布，移动智能手机作为硬件支持加上应用软件附加的社交属性，使得当下社会的每一个人几乎都或主动、或被动地卷入到移动互联的数字经济网络中。从消费互联网到产业互联网，不仅各行各业都在进行各种程度的数字化转型，而且几乎每一年都会出现一个创新的、现象级的经济焦点。例如2017年共享经济爆发，2018年短视频爆发，2019年电商直播爆发，数字经济的持续创新在改变着商业结构和商业模式的同时，也在改变着人们的生活方式。但总的来说，即使由于技术的迭代和经济模式的转变，更便利了人们的生活，人们所拥有的真实身份，对自我的认知和确认，基本还是以现实社会的人际网络结构来决定和定义的。

Roblox的出现以及元宇宙概念的提出，之所以成为资本市场和众多头部科技企业的热议风口，就在于它对一个平行于物理世界的虚拟世界的体系化构建，正在数字技术和数字货币的基础上，越来越成为未来数字经济增量的一个重要领域。在Roblox的游戏平台上，人们不再仅仅是用现实世界的货币，去购买平台上的虚拟代币Robux，然后在平台上消费。而游戏的开发者和创造者通过在平台上搭建自己的游戏来赚取Robux。Robux可以重新投入游戏中，也可以进行再投资，或者通过一定的汇率兑换成现实世界的货币，成为现实世界的经济资产。据统计，2020年，Roblox上超过120万名的开发者赚取到了平台虚拟代币Robux，其中超过1250名开发者收入高达1万美元，超过300名开发者收入高达10万美元。不过开发者每年赚取10 Robux才有资格加入把 Robux 兑换成美元的计划。[1]

对于现有的经济体系来说，这个规则打破了游戏仅仅是一个用于消费的文娱产品的内涵，从本质来看，因为这两个世界在经济上的互联互通，双向兑换，而使得游戏平台上的活动也成为现实世界经济生产的一个源头。也正是在这个意义上，游戏平台以及未来借由全息投影、传感装置等创造的更清晰逼真的虚拟世界，得以进化为一个平行于物理社会的元宇宙社会的基本经济逻辑得以成立。而彼时，个体无论是作为生产者还是作为消费者，都可以拥有不止一个身份。

由国家发改委数字经济新型基础设施课题组牵头人、中国人民大学数字经济与数字化转型研究中心联系主任赵国栋领衔主创的《元宇宙》一书，于今年 8 月出版。在这本先锋之作中，首次提出了"元宇宙经济学"的概念，将其定义为："数字产品的创造、交换、消费等所有在数字世界中进行的经济活动"[2]，并明确提出元宇宙经济是数字经济中最活跃、最具革命性的部分。

如果按照 2016 年 G20 峰会发布的《二十国集团数字经济发展与合作倡议》中对数字经济的定义——以实用数字化的知识和信息作为关键生产要素、以现代信息网络作为重要载体、以信息通信技术的有效使用作为效率提升和经济结构优化的重要推动力的一系列经济活动——数字经济既包括传统物质产品生产、流通、消费的内容，也包括数字产品的创造、交换、消费的内容。因此，元宇宙经济是数字经济的一个子集。但这个子集产生之所以与之间的数字经济具有划时代的不同，就在于它在根本内涵上背离了传统经济学的基本假设。

首先，传统经济学完全产生于物理世界的现实中，因此其基本的前提和共识是认定资源是有限的；其次，传统经济学对个体有一个最基本假设，就是每个人都是具有利己心理的理性经济人，这一点在亚当·斯密的《国富论》中做了最广为人知的精妙论述。但是在元宇宙世界中，这两点被打破。元宇宙经济关联的是在完全的数字世界所生产的数字产品，它建立在想象、体验和价值认同的基础之上，与现实的物质资源并不存在直接的生产要素关系；而个体除了现实世界的"本尊"之外，在元宇宙世界的化身，是可以任凭自己的喜好去创造或假设的，从心理学上来说，这个元宇宙的分身往往是对现

---

[1] 赵国栋，易欢欢，徐重远 . 元宇宙 [M]. 北京：中译出版社，2021：10-11.
[2] 赵国栋，易欢欢，徐重远 . 元宇宙 [M]. 北京：中译出版社，2021：86.

实世界身份的"补偿"。尤其是,它将补偿作为经济理性人在纯粹经济逻辑下所被压抑的部分,这包括情感体验、价值认同以及个人理想的实践与实现。这意味着,在元宇宙经济中,很多传统经济的基本法则将遭遇挑战。

黄江南、朱嘉明早在 2014 年网易经济学家年会夏季论坛上就提出了"观念经济学"的系统性理论,明确挑战了传统经济学的一些基本定律[1]。其核心观点是:观念经济学是以人的主观价值认同为基础的,这与马克思在工业资本主义时代提出的"劳动时间决定价值"出现了明显的背离。赵国栋等在《元宇宙》中借鉴了观念经济学的理论框架,提出元宇宙经济学呈现出与传统经济明显不同的经济规律,包括:认同决定价值、边际效益递增、边际成本递减、交易成本趋零等。[2]

三、元宇宙经济对创意管理学的机会与挑战

从最早的互联网新经济,到 21 世纪初结合文化创意而诞生的创意经济,再到以游戏产业为雏形的元宇宙经济的呼之欲出,数字经济在数字技术的持续迭代和硬件产品不断更新的语境中,也在发生经济形态、经济原理的重大改变。从管理学的视角来说,正在发生并将在未来成为重要经济增量的元宇宙经济对正在发展中的创意管理学既提出了面对新问题的挑战,又生长出了重要的机会。

创意管理学的诞生应该说与创意经济概念的兴起有着直接的关系。杨永忠教授在他的《创意管理学导论》一书中就将创意管理学产生的背景与起始于英国的"第二次文艺复兴"做了直接的关联[3]。颁布于 1998 年的《英国创意产业路径文件》,其初衷是面对美国的高科技创新,将文化视为英国的独特优势资源,通过文化与创新的结合,发展出英国的国家竞争优势。这份政策纲领性文件与彼时由学术界专家教授接连出版的诸多著作不谋而合[4],共同在新世纪的全球范围内掀起了一股发展创意产业、推动创意经济的浪潮。与此相应,对创意经济独特规律的发掘和总结,成为创意管理这门分支学科

---

[1] http://money.163.com/special/hjnguannian/.

[2] 赵国栋,易欢欢,徐重远. 元宇宙 [M]. 北京:中译出版社,2021:92-97.

[3] 杨永忠. 创意管理学导论 [M]. 北京:经济管理出版社,2018:9.

[4] 例如:凯夫斯的《创意产业经济学》(2000)、兰德利的《创意城市:如何打造都市创意生活圈》(2000)、霍金斯的《创意经济》(2001)、佛罗里达的《创意阶层的崛起》(2002)等。

的独特对象。国内外诸多学者，纷纷在这个全新的领域著书立说[1]，形成一股重要的合力和趋势，推动着创意管理研究渐渐发展成创意管理学。

事实上，梳理创意经济发展史的过程中，学者们大多会从阿多诺和霍克海默于 1947 年在《启蒙辩证法》中提出的带有批判性、单数的"文化产业"（culture industry）术语开始，对创意经济进行学术文献上的溯源。后来法国学者将这个术语变成复数，承认将文化作为商品的出版、演出等产业也具有传播知识和观念的正面意义，由此，复数的文化产业（culture industries）成为一个带有经济意义的中性词[2]。到了 20 世纪 60 年代，经由鲍莫尔[3]等经济学者，从经济理论出发对表演产业等进行严肃的经济学研究，以及 70 年代文化经济杂志[4]的出版发行和国际文化经济学会的创立[5]，"文化经济"的概念也逐渐应运而生。随后到了 20 世纪 90 年代末期，由于数字科技、互联网行业的发展，文化和以软件为代表的数字创新同时被视为重要的"智慧财产权"，具有更广泛的经济生产价值，因而产生了"创意产业"和"创意经济"概念，从而也有了"创意管理学"的诞生。

对创意管理学处理的对象，进行一个简略的学术发展史回顾，是想将创意管理学重新放入到历史的、发展的语境中，思考在"元宇宙经济"的起步阶段，创意管理学在研究对象、研究视角和研究诉求上，如何能回应一个与传统经济学不大相同的经济形态所产生的管理上的需求。

首先，在研究对象上，由于元宇宙经济作为"观念经济"在数字世界的全面体现，身份认同和价值认同，将成为价值生产、实现的主要方式，因此如何理解人的心理、情感、需求等原本难以被量化和具体化的"软要素"的

---

[1] 国内一些重要的学术出版包括：厉无畏的《创意产业导论》（2006）、范周等主编的《文化创意产业前沿》（2007），向勇等编著的《中国创意城市》（2008），杨永忠主编的《创意产业经济学》（2009），金元福编著的《文化创意产业概论》（2010），魏鹏举编著的《文化创意产业导论》（2010），高长春主编的《时尚与创意经济系列》丛书（2011）等。

[2] 例如法国社会学家伯纳德·米亚基（1989）和德国著名社会学家沃特·本雅明（2008）分别提出了与阿多诺、霍克海默不同的看法。

[3] 鲍莫尔和鲍文 1966 年出版了《表演艺术：经济困境》一书，提出了著名的"成本疾病"（Cost Disease）理论。

[4] 1973 年，由美国俄亥俄州阿克拉大学的 William Hendo 教授创立了《文化经济》（*Journal of Cultural Economics*）学术期刊。

[5] 1979 年 William Hendo 教授在英国爱丁堡组织了第一个国际文化经济学术年会，并成立了国际文化经济协会（Association for Cultural Economics）。

生产机制以及 M 世代 [1] 作为元宇宙"原住民"所可能拥有的代际独特性，都将与创意管理的过程息息相关。鉴于元宇宙还是一个想象中的，正在形成的未来事物，对于创意管理学来说，原本相对集中地从经济或商业模式的角度来研究已经生成的创意产品的对象限定，将被扩容。更重要的是，元宇宙的构建是一个动态生成的过程，其中牵涉到"创世纪"式的虚拟世界规则的设定、监管和治理，因此，研究本身也将作为元宇宙生成过程中的重要一环，参与对未来元宇宙空间的建构。例如，传播学、社会学不少知名学者对算法的研究和反思，对人工智能的效率和威胁的反思等，都有可能在未来与元宇宙经济的价值生产和价值实现方式紧密相关，因而创意管理的研究对象将从相对集中的经济现象扩容到与虚拟世界生成相关的诸多方面。

其次，从研究视角上来看，对人的需求的全方位研究，不仅仅只是目前关注的具有生理肉身的人，甚至包括人的化身、后人类、赛博格人等多样化"未来人"在虚实和现实世界的全方位需求，创意管理学原本主要倚重的传统经济学视角也需要扩大到包含心理学、社会学乃至政治学的新的"观念经济学"研究视角。近些年，对资本主义一个重要的反思，就来自于以皮凯蒂为代表的"巴黎经济学派"的左翼经济学家们，呼吁将社会学视角再度拉回到经济学研究中，提出"以社会为中心"，寻求一种"适应社会的经济"，而不是"屈从经济的社会"。[2] 可以看作是这种"重新思考经济学"，进而"重新思考管理学"的一个先声。以数字经济为代表的创意经济的发展，不断突破工业革命以来建立的学科边界，不断将人们生活原本分裂的方方面面融合为一个一体化的生态系统，这就为创意管理的研究视角趋向整合性、跨学科性提出了更高的要求。

最后，从研究诉求上来看，现代管理之父德鲁克在其 95 岁高龄之际，于 1999 年出版了献给 21 世纪管理者的前瞻性著作——《21 世纪的管理挑战》。在这本书中，德鲁克没有谈具体的管理方法、管理理念，而是围绕着人为中心，谈论管理所需要的新范式以及未来每个人都将面对的"自我管理"的挑战。未来的元宇宙经济中，每一个人都有可能是一个建立在认同价值上的微型企

---

[1] 即元宇宙（Metaverse）时代，出自赵国栋，易欢欢，徐重远 . 元宇宙 [M]. 北京：中译出版社，2021。

[2] Thomas Piketty, *Capital and Ideology, Trans. Arthur Goldhammer*[M], Harvard University Press, 2020.

业，通过相互认同的网络而在数字世界中创造不依赖物质资源的价值，通过货币兑换而转换成现实的经济资产。因此创意管理研究的诉求就不仅仅是服务物理世界中"经理人"的企业管理问题，它可能同样需要服务于每一个在虚实两重宇宙中进行价值生产与消费的个人。日本对于"社会5.0"的研究指出："将来的社会应在提高人的能力以及运用大脑、内心和身体的新途径上投资。意味着人们有机会改变自己一直以来的习性。"为此，他们将未来的超智能经济社会定义为"人的资本主义"。[1]

四、小结

以游戏为雏形的元宇宙以2021年为元年，即将展开一轮人类历史上可以预见的史诗般的转型。2021年10月29日，就在本文即将收尾的今天，Facebook创始人、CEO扎克伯克正式宣布将Facebook更名为Meta，引发全球范围的热议。据报道，由Facebook收购的VR头显硬件企业Oculus，在去年发布了Oculus Quest 2之后，已售出近700万台，其升级版Oculus Quest Pro也将在宣布更名后的一周内发行，势必又将向我们带来逼近元宇宙世界的新可能与新想象。

与此同时，各行各业都在寻找与元宇宙的关联。元宇宙在硬件、软件技术的逐步成熟中，逐渐成形的脚步越来越近了，这是数字经济自20世纪90年代互联网经济盛行以来发展的新高峰。人类无论是作为经济理性人，还是作为物种，都同时面临重大的挑战。创意管理研究，若能在当下的新世纪／数字创世纪的萌芽中，发展出自己独特的研究范式和研究成果，参与构建未来社会的法则与标准，将为创意管理学的兴盛创造坚实的基础。

作者简介

袁园，深圳市文化广电旅游体育研究中心副研究员，台湾实践大学（台北）创意产业博士班兼任教授。国际创意管理专委会委员，主要研究领域为创意城市、文化管理、文化政策。目前已发表多篇学术论文并出版一本英文专著。

---

[1] 日本日立东大实验室（H-UTokyo Lab.）：社会5.0：以人为中心的超级智能社会[M].北京：机械工业出版社，2020：2-7.

第三编

新兴城市形象描述数字化创意

元宇宙视角下新兴城市数字文化建设研究

杨海露

一、引言

《中华人民共和国国民经济和社会发展第十四个五年规划和 2035 年远景目标纲要》中明确提出"加快数字化发展"。以数字经济、数字文化为驱动的变革正在飞速影响着人们的文化生活、城市形象。推动数字文化建设，可以更好地满足城市群体的文化需求，也让城市文化能够产生更大影响。伴随着 5G、大数据、人工智能、区块链等信息技术在文化领域的深入应用，城市的文化产业数字化迎来了广阔的发展空间。[1] 由 AR、VR、3D 等技术支持的虚拟现实的网络世界，是互联网之后的又一个数字化高潮，这个平行于现实世界运行的人造空间叫元宇宙。

城市竞争的赛道上一直缺不了互联网，云宇宙的虚拟化，给城市发展，特别是数字文化的建设带来思考。随元宇宙概念兴起，以下层面亟待思考和解决：数字文化在云宇宙环境下的发展前景，现有数字文化短板补足，从业人员的作用及定位，以及元宇宙对新兴城市的赋能方式。很有可能，未来的娱乐、媒体、文化，甚至经济都是虚拟的，这是世界进化的大方向。与元宇宙最为密切关联的就是文化，具体到娱乐、社交需求。因此城市文化要想创造新的体验，锻造城市数字文化体系，首先需要去理解元宇宙这一新的生态系统。

二、元宇宙概念阐述

关于元宇宙的概念，最早见于美国科幻作家尼尔·斯蒂芬森的小说中，其定义为："戴上耳机和目镜，找到连接终端，就能够以虚拟分身的方式进入由计算机模拟、与真实世界平行的虚拟空间。"在原著中，元宇宙（Metaverse）分别由 Meta 和 Verse 两个单词组成，Meta 意味着超越，Verse 是宇宙（uni-

---

[1] 吴桐，王龙.元宇宙：一个广义通证经济的实践 [J]，东北财经大学学报，2022.

verse），组合起来就是"超越宇宙"。随着 2021 年 3 月 10 日 Roblox DPO 上市，元宇宙概念被带火后，Facebook CEO 马克扎伯格在 7 月 23 日紧接着宣布将 Facebook 打造成"元宇宙公司"，腾讯、字节跳动等企业也展开构想概览。随着科网巨头纷纷前瞻布局，预测元宇宙与文化产业的未来、新兴城市的未来息息相关，应关注最前沿的技术可能带来的新的产业增长点。

（一）元宇宙的发展阶段

元宇宙的发展阶段如表 1。第一个阶段近 10 年，极具沉浸感的游戏、社交等领域，软件由 UGC 平台和能构建虚拟关系的社交平台支撑，第二阶段预估在 2030 年左右，是全真互联网指导下的智慧城市、逐步形成闭环的虚拟消费体系，第三个阶段预期在 2050 年。元宇宙构想中智慧城市、新消费、金融系统元宇宙的演进符合社会发展规律，每一阶段环环相扣，人、物、环境，人与人产生的关系，也就是交互层中人与人的交互，再到商品和服务交易，不断循环、加强和完善。可以看出的是，元宇宙所处的世界真正实现了数据的定价、交易和赋能。这是与从前基于数字技术的虚拟产品最大的不同。[1] 元宇宙是一个二维变成三维的升维空间，是多学科交叉结合运用的场景，是物理世界在数字世界的投射。实现由全数字化到虚实共生再到虚实融合的转化。

表 1　元宇宙发展阶段

阶段	预测时间	领域	关注点	技术支持
第一阶段	2020—2021 年	社交、游戏、娱乐	沉浸感的内容体验	移动设备 VR/AR/MR 技术
第二阶段	2030 年	生产生活	虚拟化服务形式	VR/AR/MR 为主 云端化设备
第三阶段	2050 年	全领域	人与人、物、环境	虚拟增强的物理现实数字技术

（二）元宇宙的显著特征

世界。其中的底层架构区块链完全去中性化、不受单一方控制。

1. 去中心化的极致开放性和创造性

激发多元主体采用诸多独立工具、平台、基础设施、各主体间的协同协议等来支持元宇宙的运行与发展。在这个大环境下，人类自由自然地创作，随时随地地交易。

---

[1] 季铁，闵晓蕾，何人可. 文化科技融合的现代服务业创新与设计参与 [J]. 包装工程，2019，40（14）.

作为"大规模参与式媒介"，使得元宇宙的主要推动力将来自用户，而不是公司。元宇宙是无数人共同创作的结晶。应该是由用户创造的公平认同性，用户生成的内容，元宇宙基本是由创作者自己制作内容来驱动和丰富，例如抖音是由表演者创造的，进入元宇宙后，表演者升级为创造者。中国人民大学哲学院教授刘永谋说：我们在元宇宙中，越是自主，就越是创新。

2. 场景化社交

元宇宙的场景多样化，包括游戏、社交、购物等。虚拟现实交互的场景从基础应用阶段、补充应用阶段朝泛行业应用、生态构建阶段迈进，形成垂直行业应用商业模式，如垂直场景的医疗场景，包含理论教学、临床技术培训、手术前演练、远程会诊、远程手术等细分场景。在数字孪生、数字共和的场景下，用户通过终端进入，在一个安全、稳定、有序的经济系统里利用海量资源创作各种开放式的活动。借着互联网、物联网、移动互联网、虚拟现实、增强现实等数字技术，元宇宙增强人的自主性、能动性和创造性，不断将社会互动的权力交还于每个主体。

3. 关于虚拟与现实

元宇宙不会以虚拟社会关系取代现实中的社会关系，而会催生线上线下一体的新型社会关系，虚实融合，打破了实物与虚拟场景隔阂，虚实结合营销互动。腾讯公司董事会主席兼首席执行官马化腾在去年就提出"全真互联网"的概念，他认为互联网的下一步发展就是完全敞开虚拟世界和真实世界的大门。网络文化的发展一直在折射现实社会。人脸识别、线上销售、物联网等数字化的现实世界和影视媒体、实名认证、物理仿真等现实化的虚拟世界互相交融，元宇宙的最终发展状态会打破现实和虚拟的边界。

4. 极致的沉浸式效果，交互的体验。

不同于之前的交互技术，元宇宙带来的沉浸式交互体验是一种 N 种交互技术的多维互动，比如眼动追踪交互、手势交互、表情交互等，虚拟的设备可以为用户创造出高沉浸式的数字环境，更具备拟人化的特征。VR 指虚拟现实，也称灵境技术或人工环境。体验者借助传感设备，置身在三维感官世界的信息交互。AR 是指增强现实或者扩充实景。运用智能交互等技术手段，将生成的虚拟信息模拟仿真再应用到真实世界中。　VR、AR 带来的优质沉浸感让人有了元宇宙中极致交互和沉浸的体验感。

元宇宙有着持续性、实时性、兼容性、经济属性、可连接性、可创造性的六大准则。关于元宇宙的特征观点不一，但皆存共性。概言之，元宇宙的属性与特征引进笔者对于新兴城市数字文化的建设的思考，如何把握元宇宙的用于城市的数字文化，尤其是抓住时代的变革。

三、概念对新兴城市数字文化的应然逻辑

当前新兴城市崭露头角，文化数字建设上有着保护机制不强、产业关系闭合、创新力度不强、线上线下脱节的问题。元宇宙概念从兴起以来一直受到科技巨头、风险投资企业、初创企业的青睐，随着用户计算设备功能的强大，腾讯、字节跳动、HTC、英伟达等科技巨头纷纷宣布入局元宇宙，文化产业、游戏、社交、金融等各个领域都不同程度地受到席卷和冲击，一个数字化世界正逐渐呈现在我们眼前。[3] 城市的数字文化建设则可基于此，做出有效借鉴，笔者通过两者共同之处，找到彼此的重合点如图1，希望能在元宇宙视角下为新兴城市数字文化的建设，为城市提供科技化、全面化、开放化的建议。

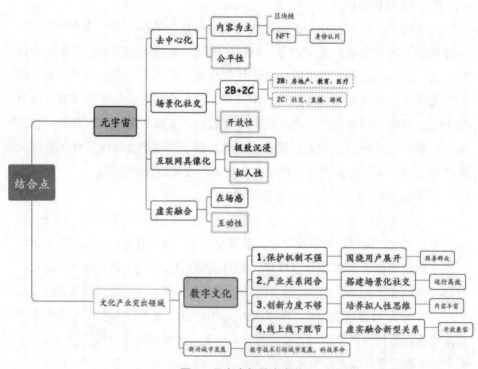

图1　元宇宙与数字文化

（一）去中心化以应对数字文化保护机制弱势

新兴城市在建设数字文化时，存在信用度不高、保护机制不强的问题。所有权与使用权分离，文化资料和个人隐私数据的安全方面有待提升，这就需要加强数据意识，注重公平性。元宇宙提供的不是平台，而是内容，是吸引全民体验到创造的内容。由此可以看出元宇宙为内容创作者搭建阶梯，在元宇宙的构想中，区块链是支持元宇宙终极形态的底层协议，而 NFT 将具有独特价值（非同质化价值）的资产加密化，其 100% 不可仿冒或者盗版，从而保证数字艺术品的安全性。NFT 给了大多数字艺术领域的艺术家艺术作品的所有权保护，还为数字艺术创作者的经济回报提供了新的路径[1]，激发了全民的参与度，保护了知识产权。通过区块链新技术、新系统的不断升级，加密、版权应受到更多重视。NFT 的独一无二、不可复制性，可以用来记录和交易数字资产，如艺术品。去中心化能让数字文化建设认识到，重点在平台和内容创造者，而不是一个企业、一个中央。城市的数字化，应该按照用户的需求，即时响应用户的需要。

（二）社交化场景打开数字文化产业闭合关系

目前，城市数字文化建设中各产业直接关系闭合、信息孤独，无法实现双赢，元宇宙的产业链可分为硬件层，包括 5G 技术、交互设备、物联网等；软件层包括信息处理和系统平台；服务层包括平台分发、渠道销售和内容运营；应用与内容层，一般是现在前景最广阔的产业链环节（2B 和 2C）。2B 这一类面向房地产、教育、医疗类，2C 面向社交、直播、游戏等。[2] 元宇宙提供了一个完整运行的世界体系，运动、学术活动、购物、游戏多种场景，如若现代数字化建设能把沉浸式游戏、智慧医疗、工业设计、智慧教育等各个场景连通起来，抓住时代发展前景较好的产业，看到线上毕业典礼、线上博物馆、线上演唱会引爆的热潮，让跨界合作成为常态。

（三）拟人化互联网提高创新力度

即使数字技术为城市文化的应用和发展提供了广阔的空间。但是因其创新点不够，宣传力度不强以及价值体系框架的不够完善，一旦缺乏社会主义核心价值观的引领，文化的宣传将面临走歪、碰壁的现象。一座城市

---

[1] 罗仕鉴 . 新时代文化产业数字化战略研究 [J]. 包装工程，2021，42（18）.

[2] 郭春宁 . 元宇宙的艺术生成：追溯 NFT 艺术的源头 [J]. 中国美术，2021，（04）.

需要符合自己形象的宣传大使来具体化、拟人化，但当作为城市形象的代言人爆出丑闻，让城市意识到，形象代言人这种城市营销模式，当其站在舞台中央处在全民审视、围观的状态之下，人设崩塌之后，负面影响将无限放大。元宇宙概念中提出的互联网拟人化，虚拟的设备可以为用户创造出高沉浸式的数字环境，更具备拟人化的特征。倘若注意到虚拟形象可以由创作者完全注入正确的价值观和思想理念，将其打造成城市形象大使是否一样能得到宣传效应。

（四）虚实融合结合线上线下

虚实融合是互联网发展的大趋势，现目前的城市数字文化建设线下的物理空间与线上的虚拟空间直接联系脱节，不少独立的数字文化馆、数字博物馆与其线上的公众号、线上运营店黏合度不高，共享性低，导致受众群体规模小，封闭。大众往往需要通过参与感、沉浸感将现实世界缺失的在虚拟世界找到补充。元宇宙的定位中，未来的世界是全面连通的线上和线下相结合，是现实世界和虚拟世界的结合，疫情催化线上学习、办公和娱乐的常态化已形成。元宇宙属性中虚实结合营销互动，可以让大众在物质消费和精神娱乐消费自由切换。

四、元宇宙视角下新兴城市数字文化建设

目前我国正处于国民经济和社会发展第十四个五年规划时期，数字化技术的发展，是引领城市发展、科技革命的主导力量。数字文化消费向头部、腰部城市集中，长尾城市潜力从局部释放。作为新兴城市，必然是在城市建设上能做到全面数字化、可视化到城市管理和运营模式，可以为公众提供更加便捷、更加高效的服务。每一次的大革新都会改变人们的生活、体验，价值认知均发生天翻地覆的变化，元宇宙概念从诞生，一直与数字文化紧密贴合，加速社会的虚拟化发展。因此笔者从元宇宙视角出发，对数字文化可以为城市带来的机遇、推动的创新进行预测并提出优化策略。

（一）强化知识产权的优质建设

政府加强统筹协调，重视公平性，完善知识产权，加强城市数字文化信用机制。城市数字化的加快，数据隐私和透明度曝光度越来越高，这是城市数字文化建设有待解决的一大难题。上文提到元宇宙借助于 NFT 的力量，虚拟世界中的数字化物品将不会被第三方所控制，例如 Roblox 作为现目前市场

份额最大的游戏类元宇宙项目，拥有 700 万地图创作者，是目前最接近元宇宙概念的游戏，有着内容生态丰富、创作激励丰厚、房间可容纳玩家数量多等优势，值得借鉴的是，其有一套稳定的经济系统和优秀的创作者激励机制，玩家在地图中充值的 robux 有近四分之一成为创作者的收入，这项措施极大激励了用户，让他们有着从普通玩家转化成创作者的动力，你可以尽情展示自身的想象力和创造力，打造优质内容，帮助用户获得更好的人生体验，实现价值。政府应该强化知识产权和信用机制的建设，发挥去中心化的特点，让大众能从被动消费到参与生产设计形成新的用户互动方式，让创作者得到所有权保护和感受到交易的公平性。

（二）培育催化数字技术，重视 5G 发展

技术的提升是发展数字文化关键的一环，5G、AI、区块链、物联网能提供技术场景支持元宇宙的系统工程，同时也支持着当下的科技发展。技术的演进和大众的需求升级正交替进行着。政府应该领先部署 5G 后端基建，将《国家信息化发展战略纲要》和区块链实际到各省各市中，让云计算、5G、区块链和 VARA 技术持续稳健发展，为推动数字文化，做足底层基础设施的准备，包括重视游戏的长期价值、VR 技术的沉浸式体验。不断完善和提升 5G 网络和音频、视频技术，可以使得用户设备承载的负荷更轻，硬件门槛奖励，技术提升上来了，城市的数字文化平台的知晓度也会相应提高，运输机制、传播管道更加通畅，大量文化数据可以发挥其价值。根据工信部的数据，2020年全国新建 5G 基站数已达 58 万个，预计在 2025 年将实现累计建造 5G 基站438 万个。5G 技术能帮助数字文化服务突破用户数量限制，实现多设备连接和多用户连接，从而实现万物互联，推动"文化产业数字化 2.0"向更高质量的"文化产业数字化 3.0"迈进。[3]

（三）实现多产业，新业态互相融合

城市推动智慧城市、智慧园区、电子商务、数字旅游、教育类游戏、老人陪伴、心理治疗多主体协作，产业链，发展场景丰富，通过元宇宙概念的渗透，我们可以看到社交、文娱、经济等各产业的融合程度越来越高。数字时代催生新兴文化产业，形成新业态、新模式，就意味着数字文化产业应该协同各个产业、组织构架，整合自身产业内的资源，赋能新兴产业等相关产业，实现多产业融合的场景，促进文化产业与联动。积极调动文化产业内部要素，

实现全领域的发展。不仅如此，场景融合还应包括数字文化产业与艺术、经济、政治各个方面相融合，共创可持续发展。

（四）打造城市形象塑造虚拟化创新新模式

随着社交媒体、短视频的流行，数字文化产业中的流量效应加持和助推城市的曝光度，可以促进当地的旅游业、招商和人才引进等各个方面，不同于以往找明星效应来代表城市形象，元宇宙给我们提供了一种新的思路，相比偶像，虚拟人物由团队结合城市真正的文化内涵和想传达的正能量更有借鉴意义。随着技术的进步，虚拟偶像的实时互动性、变现方式都会提升，毕竟虚拟偶像和数字人有着天然的 IP 安全性优势。

（五）加快促进线上与线下、真实世界与模拟世界的有机连通

城市文化部门应该思考将线上和线下的文化方式联合更紧密，比如在线上推出一个文化展览时，考虑线下博物馆、文化馆或者承包机构也组织同步进行，将所谓意义、价值、情感等进行虚拟和现实的流通。尽可能地将城市的线上与线下连通。还可以通过线下向大众普及网络技术，比如建立 VR 线下体验店，这是全民接受 VR 体验最直接的路径。城市线下的传统店铺想要脱胎换骨，必须跟上时代步伐，融入数字化潮流，打造自己的线上店铺、智能工厂、智能供应链等，缩小实体产业和线上产业的边界，收获一批线上受众群体。整合城市数字文化平台的线上线下，帮助人们跨越信息壁垒、加速知识的发现。线上线下齐头并进，跨专业、跨虚实、跨区域合作，推动城市数字文化建设的可持续性。

五、总结

元宇宙的技术积累了 NFT、去中心化的身份、虚实相融等众多社会期待，利用大数据技术找到不同人群对数字文化的需求，找到城市不同地区的差异化。但元宇宙的实现还需要着更大的算力支持，在我们当今能触碰到的元宇宙只是一个初级的雏形，其还有着许多风险包括 VR 发展不及预期，区块链政策监管风险，元宇宙的泡沫指数，科学幻想的遮蔽性等。我们可以展望未来，根据其优越的特性借鉴于当下城市的数字文化发展，为新兴城市的文化发展提供数字化的新模式、新思维，并随着科学技术的进步，为打造全真互联网指导下的智慧城市而做好准备。

作者简介

杨海露，福建工程学院闽台文化传承与设计专业硕士研究生，曾在大学生创新创业项目、乡村振兴计划等学术活动中获得奖项。

文旅品牌"走出去"的"三分"战略
——重庆的经验与路径

马 健

重庆先后使用过"永远的三峡，世界的重庆""新重庆、新三峡、新旅游""壮美三峡，激情重庆""重庆，非去不可""山水之都，美丽重庆"等基于文旅品牌定位的文旅宣传口号。上述文旅品牌（宣传口号）也曾获得过比较广泛的传播与不同程度的认可。但一方面，上述文旅品牌都未能很好地全面概括重庆文旅资源的核心竞争力；另一方面，在品牌定位上也缺乏独特性、丰富性、印象感。例如，"重庆，非去不可"就毫无信息量可言，换为"西安，非去不可""成都，非去不可""拉萨，非去不可"，也毫无违和感。又如，"山水之都，美丽重庆"则缺乏独特性和印象感。且不说以山水而闻名或定位为山水城市者何其多也（长沙市提出的是"多情山水，璀璨星城"，湘潭市提出的是"伟人故里，山水湘潭"，焦作市提出的是"焦作山水，人间仙境"，更不要说举世闻名的"桂林山水甲天下"）？此外，哪个城市不可以自认为"美丽城市"（"美丽北京""美丽上海""美丽广州""美丽深圳"）？因此，整体而言，上述文旅品牌定位，实际上都不够准确和全面。

一、重庆文旅品牌"走出去"的现状与措施

2018 年 5 月 16 日，时任重庆市委书记陈敏尔在重庆市旅游发展大会上提出，打好"五张牌"（"三峡"牌、"山城"牌、"人文"牌、"温泉"牌、"乡村"牌），唱响"四季歌"（"春赏花""夏消暑""秋观叶""冬玩雪"）。[1]这种同时将"旅游吸引物"（空间关系）与"旅游淡旺季"（时间关系）整体纳入文旅品牌战略框架的"重庆文旅发展的时空融合范式"，为重庆文旅品牌建设指明了方向。2019 年 1 月 27 日，时任重庆市市长唐良智在重庆市

---

[1] 杨帆，张珺. 适应高质量发展高品质生活要求 全力打造重庆旅游业发展升级版 [N]. 重庆日报，2018-05-17（1）.

第五届人民代表大会第二次会议上做的《重庆市人民政府工作报告》提出："今年重庆将增强旅游服务功能，深化文旅融合，打好三峡、山城、人文、温泉、乡村'五张牌'。"[1] 为 2019 年的重庆文旅品牌建设工作点明了重点。回顾 2019 年的重庆文旅品牌建设工作，在以下八方面可圈可点。

（一）注重发挥各区县的品牌建设主体作用

2019 年 1 月，重庆启动"晒文化·晒风景"大型文旅推介活动。具体包括："书记晒文旅"专题宣传（重庆各区县党委书记化身"导游"，讲述本区县的精彩历史文化故事，推介本区县的奇美自然风光）、"区县故事荟"专题报道（重庆各区县用故事美文和精彩图片，述说本区县最经典的文化旅游故事和人文风情画面）、"炫彩 60 秒"文化旅游微视频大赛（重庆各区县深入挖掘本区县独具特色的人文精神标识及其丰富的文化内涵，并结合人文风韵、自然风光等文旅资源，拍摄微视频）三大活动。全面宣传推介重庆 38 个区县和两江新区、万盛经济技术开发区的文化旅游精品。[2]

（二）注重重庆文旅品牌的国内推广工作

一方面，充分发挥鲁渝协作平台的作用，打造鲁渝扶贫协作品牌——"十万山东人游重庆"。先后在山东的济南、烟台等 14 个市举办专场旅游推介会。开发了"渝东北""渝东南"两条旅游扶贫线路产品。开通了"黔江濯水号"和"酉阳桃花源号"两辆旅游扶贫"专列"。此外，还争取到山东省扶贫协作重庆省级援助资金 500 万元，用于奖励组团赴重庆贫困区县旅游的山东旅行社。[3] 另一方面，积极整合重庆优质文旅资源，赴全国各地进行宣传推广。例如，重庆市文化和旅游发展委员会组织重庆旅游投资集团及旗下 7 个精品 A 级企业，以及近 30 个区县的 40 余个景区（景点）南下广东。2019 年 8 月 30 日和 9 月 3 日，分别在广州和佛山举办"山水之城·美丽之地"重庆旅游推广活动，吸引意向组团游客 30 万人次。[4]

（三）注重重庆文旅品牌的海外推广工作

2019 年，重庆市文化和旅游发展委员会先后组团参加了文化和旅游部主办的"亚洲文化旅游展"（现场推出 4 条精品旅游线路产品：长江三峡之

[1] 陈潜 . 重庆：增强旅游服务功能 深化文旅融合 [N]. 中国旅游报，2019-02-13.
[2] 重庆市文化和旅游发展委员会 . 重庆文旅简报 [Z].2019（7）：1.
[3] 重庆市文化和旅游发展委员会 . 重庆文旅简报 [Z].2019（62）：2-3.
[4] 重庆市文化和旅游发展委员会 . 重庆文旅简报 [Z].2019（66）：2-3.

旅、温泉康养之旅、世界遗产之旅、重庆都市之旅)[1]，文化和旅游部组织的 2019 "美丽中国"欧洲旅游推广活动(在法国、意大利、西班牙开展"美丽中国"欧洲旅游推广活动，同近 40 家欧洲旅行商进行了"一对一"项目对接和招商洽谈)[2]等多个海外推广活动。重庆市文化和旅游发展委员会还率团赴日本东京、广岛、北海道等地开展重庆文化旅游交流推广活动，并成功举行重庆文化旅游东京推广中心签约授牌仪式。[3]此外，还在澳大利亚、新西兰举办了"美丽中国——山水之城·美丽之地"重庆旅游推介会等活动。[4]

(四)注重通过海外平台深化国际交流合作

重庆市文化和旅游发展委员会实施的"入境旅游提质增效三年行动计划"提出，建设"重庆文化旅游国际会客厅"。按照该"行动计划"，将增设 8 个境外(文化旅游)推广中心和 9 家境外(文化旅游)宣传形象店。此外，还要依托重庆旅游国际传播中心，搭建"1+N+X"的文化旅游国际合作平台和对外宣传平台，持续开展"百城、百媒、百景"推广工程，并引进 3 个以上有影响力的国际性会议。[5]2019 年 4 月，重庆在香港设立了旨在增强重庆特色文旅资源在港澳地区的知名度、影响力、美誉度的重庆文化旅游香港推广中心。截至 2019 年 4 月，重庆已在全球 15 个城市设立了境外(文化旅游)推广中心，覆盖重庆入境旅游重点客源所在的欧洲、美洲、亚洲和大洋洲的 12 个国家和地区。[6]重庆文化旅游的全球营销推广体系正在不断地拓展和完善。

(五)注重海外文旅资源的"引进来"工作

重庆市文化和旅游发展委员会实施的"入境旅游提质增效三年行动计划"提出，每年举办 20 场次以上的文旅专项推介活动，并邀请 10 批次以上的境外文旅机构来渝踩线和考察。[7]2019 年 6 月，重庆文化旅游悉尼推广中心与天津航空有限责任公司共同组织了由 18 位英国旅行商组成的代表团，来渝开展为期 8 天的重庆踩线和参会之旅。重庆市文化和旅游发展委员会为前来考察的英国旅行商精心安排了旅游(踩线)线路。重点推介了大足石刻、武隆

[1] 重庆市文化和旅游发展委员会.重庆文旅简报[Z].2019(25)：1-2.
[2] 重庆市文化和旅游发展委员会.重庆文旅简报[Z].2019(31)：3-4.
[3] 重庆市文化和旅游发展委员会.重庆文旅简报[Z].2019(32)：4.
[4] 重庆市文化和旅游发展委员会.重庆文旅简报[Z].2019(53)：3-4.
[5] 重庆市文化和旅游发展委员会.重庆文旅简报[Z].2019(13)：1-2.
[6] 重庆市文化和旅游发展委员会.重庆文旅简报[Z].2019(18)：1.
[7] 重庆市文化和旅游发展委员会.重庆文旅简报[Z].2019(13)：1-2.

喀斯特、万盛黑山谷等精品旅游线路产品，并让英国旅行商充分体验了重庆的火锅、温泉等特色文旅资源。此外，还组织他们参加了第六届中国西部旅游产业博览会。[1]

（六）注重通过文化交流活动推广文旅品牌

2019年3月，在亚洲规模最大的影视交流盛会——中国香港国际影视展"重庆馆"内，布置了以"山水之都·光影重庆"为主题的展馆，专设南岸和巫山两个独立展区。[2]该活动一方面推动了重庆影视业的对外交流合作，另一方面则推介了重庆文旅资源。2019年7月，重庆市文化遗产研究院在法国和意大利开展了钓鱼城遗址的推介活动。在法国巴黎香舒芒城堡举行的"2019中法文化遗产日"活动中，举办了钓鱼城遗址申报世界文化遗产推介会。在意大利古堡真实电影节上，举办了"中国风景线"——中国文博旅游展开幕式暨钓鱼城遗址申报世界文化遗产专题展。[3]2019年7月，重庆市文化和旅游发展委员会还在澳大利亚、新西兰举办了"重庆綦江农民版画展暨南川世界自然遗产风光摄影展"，并同墨尔本维多利亚州博物馆和奥克兰国际艺术空间进行了深入交流。[4]

（七）注重通过文旅展会进行精心宣传推广

2019年4月，重庆市文化和旅游发展委员会组织了18个区县的文旅单位和文旅企业参加了在厦门举办的第十五届海峡旅游博览会。通过图片、视频和虚拟现实技术，集中展示了长江三峡、武隆喀斯特等重庆文旅资源。现场派发近30000份宣传资料，送出近1000件重庆文旅纪念品，接受5000余人次的现场咨询，并获得第十五届海峡旅游博览会组委会颁发的"最佳人气奖"和"最佳组织奖"。[5]2019年7月，重庆市文化和旅游发展委员会组织4区县参加了在台北举办的2019海峡两岸台北夏季旅展。在2场重庆旅游专场推介会上，现场派发15000份宣传资料，现场成团8个（共400余人）。[6]

（八）注重发挥空港等"窗口"资源的作用

重庆高度重视发挥空港等"窗口"资源的宣传推广作用。2019年5月，

---

[1] 重庆市文化和旅游发展委员会．重庆文旅简报 [Z].2019（36）：2.
[2] 重庆市文化和旅游发展委员会．重庆文旅简报 [Z].2019（8）：3.
[3] 重庆市文化和旅游发展委员会．重庆文旅简报 [Z].2019（49）：5.
[4] 重庆市文化和旅游发展委员会．重庆文旅简报 [Z].2019（53）：3-4.
[5] 重庆市文化和旅游发展委员会．重庆文旅简报 [Z].2019（15）：1.
[6] 重庆市文化和旅游发展委员会．重庆文旅简报 [Z].2019（65）：3.

重庆市文化和旅游发展委员会与重庆机场集团有限公司在重庆江北国际机场航站楼联合主办了持续全年的"山水之城·美丽之地"空港大型宣传推广活动。通过展示重庆各区县的民间艺术表演、民间手工艺制作、非物质文化遗产等文旅资源，向中外游客推广重庆文旅品牌。[1] 从2019年7月9日起，还在重庆核心商圈——观音桥都市旅游区步行街的"亚洲之光"巨幕连续7天播放总时长为45秒的重庆中国三峡博物馆形象展示片，累计循环播放2000多次，充分展示了重庆博物馆作为重庆文化客厅的新形象。[2]

二、重庆文旅品牌"走出去"的对策与建议

为了早日实现"全力打造重庆旅游业发展升级版，建设世界知名旅游目的地和文化强市"[3] 的战略目标，重庆有必要在总结文旅品牌建设的经验与教训基础上，尽快实施针对性明显、可操作性强的重庆文旅品牌"走出去"的"三分"战略：分区定位战略、分工协作战略、分步实施战略。

（一）分区定位战略

在重庆文旅品牌的定位问题上，首先需要搞清楚两个基本问题：第一，重庆文旅品牌到底是单品牌，还是多品牌？第二，重庆文旅品牌究竟应该如何进行精准定位？

事实上，对于文旅资源丰富如重庆的城市而言，文旅品牌决不能是单品牌，而必须是多品牌。重庆文旅品牌实际上是一个品牌体系（品牌树），既有主品牌（犹如主干），也有副品牌（犹如枝叶）。重庆目前已经提炼出五张牌："三峡"牌、"山城"牌、"人文"牌、"温泉"牌、"乡村"牌。但是不是只有这种提炼方式？如何才能提炼得更具吸引力？这些"牌"之间的关系又是什么？上述问题都需要进一步调查和分析。这就涉及重庆文旅品牌的精准定位问题。

重庆文旅品牌的精准定位，可以形象地比喻为绘制品牌地图的过程。重庆提出的是"建设世界知名旅游目的地和文化强市"的战略目标。一方面，这需要重庆在了解全世界游客的旅游消费心理和旅游产品需求基础上，在世界城市（文旅）体系中找准自己的合适位置；另一方面，世界知名旅游目的

[1] 重庆市文化和旅游发展委员会. 重庆文旅简报 [Z].2019（27）：2.
[2] 重庆市文化和旅游发展委员会. 重庆文旅简报 [Z].2019（48）：3.
[3] 韩毅. 打好"五张牌" 建设世界知名旅游目的地 [N]. 重庆日报，2019-01-25.

地不是一个抽象的概念，世界知名旅游目的地同时是区域性旅游目的地、全国性旅游目的地、世界级旅游目的地。三类游客的需求大不相同。只有准确地把握住这点，才能在重庆文旅品牌的定位问题上少走弯路。为此，重庆文旅品牌就需要进行分区定位（见表1）。

第一，作为区域性旅游目的地，重庆要增强对周边省（自治区、直辖市）的辐射力，尤其要重视"2小时交通旅游圈"的建设（走出重庆）。来自西南地区（尤其是"2小时交通旅游圈"）的游客可能更看重"火锅"资源（西南地区口味接近）、"乡村"资源（增大乡村旅游辐射半径）。

表1　重庆文旅品牌的分区与定位

分区	定位	可能的最核心文旅资源
西南地区	区域性旅游目的地	"火锅"资源、"乡村"资源
全国各地（除西南地区外）	全国性旅游目的地	"山城"资源、"人文"资源
全球（除中国外）	世界级旅游目的地	"三峡"资源、"温泉"资源

第二，作为全国性旅游目的地，重庆文旅品牌要突出展示的是重庆同其他文旅资源大省（自治区、直辖市）相比而言的独特性、差异性、唯一性（走出西南）。来自全国各地（除西南地区外）的游客可能更看重"山城"资源（"3D魔幻网红城市"）、"人文"资源（巴渝文化、陪都遗迹、红岩精神等）。

第三，作为世界级旅游目的地，重庆文旅品牌则要向全球（除中国外）的游客展示重庆最具影响力、吸引力、竞争力的世界级文旅资源（走出中国）。来自世界各地的游客可能更看重"三峡"资源（传统的国际黄金旅游线路）、"温泉"资源（"世界温泉之都"）。

当然，来自不同区域的游客究竟对哪些文旅资源更感兴趣？这需要重庆市文化和旅游发展委员会梳理重庆文旅资源的基本盘和关键词，进行针对西南地区、全国乃至全球（建议针对欧洲的调查以英国、法国、德国为主；针对亚洲的调查以日本、韩国、印度、马来西亚为主；针对美洲的调查以美国、加拿大为主；针对大洋洲的调查以澳大利亚为主）的大规模调查和分析，找出不同区域游客最感兴趣的文旅资源。根据调查结论，分别制定出重庆作为区域性旅游目的地、全国性旅游目的地、世界级旅游目的地的文旅品牌分区营销宣传方案，进行有的放矢地宣传（选择重庆文旅的多品牌战略），而不是一招包打天下（放弃重庆文旅的单品牌战略）。

在此基础上，集中资源，定向推广。启动"今年非去重庆不可"计划，每年选择一个省（自治区、直辖市）进行定向宣传，举办"重庆-某省（自治区、直辖市）文化旅游年"活动，实施定向优惠。

例如，凡该省（自治区、直辖市）居民凭本人有效身份证件，享受重庆各收费景区门票挂牌价的五折优惠。又如，凡该省（自治区、直辖市）车牌的7座及以下小型客车行驶重庆境内的高速公路，实施五折通行优惠。再如，凡该省（自治区、直辖市）旅游企业组织的赴渝包机和旅游专列（包车厢），给予专项资金补贴。

（二）分工协作战略

重庆文旅品牌建设的成败，在很大程度上取决于文旅品牌营销场的有效构建。所谓文旅品牌营销场，是指文旅产品、营销主体、营销宣传等品牌营销变量的时空分布状态和互动作用机制。简单来说，文旅品牌营销场的概念类似于物理学中地球引力场的含义。

首先需要明确的是，构建重庆文旅品牌营销场的最重要主体并不是政府，也不是受政府委托负责营销宣传的企业，而是市民（主人翁）和游客（消费者）。举例来说，假设政府委托企业在外地策划了一场声势浩大的重庆文旅品牌营销宣传活动。从理论上讲，营销宣传覆盖了当地的大部分人群。但从实际效果来看，假如没有产生重庆市民和当地游客的互动，以及当地游客之间的交流，实际上是很难吸引到潜在游客的。事实上，真正的重庆文旅品牌营销宣传主体是市民和游客。一方面，市民从某种意义上讲就是广义的重庆文旅产品（游客的人文体验）的重要组成部分；另一方面，外地游客的话题讨论和相互邀约往往才是决定他们是否前往重庆的最终影响因素。因此，在重庆文旅品牌营销场的构建过程中，需要进行科学合理的分工协作，最终形成政府协调引导，企业、非政府组织（旅游协会、旅游俱乐部等）、智库专家和民间高人积极谋划，市民热情参与，游客主动宣传的战略格局。

第一，传统的城市文旅品牌建设往往是由政府主导的。由于长官意志决定最终方案，行政力量过度干预市场等诸多原因，政府主导型文旅品牌建设模式往往是花了大钱，不见成效。事实上，政府部门主要是起引导方向和提供资源的作用。为此，建议重庆成立由重庆市主要领导挂帅，专门负责引导和协调工作的重庆市文旅品牌工作协调小组（办公室设在重庆市文化和旅游发展委员会），为重庆文旅品牌建设指明大的方向，提供资源保障。

第二，在重庆文旅品牌营销场的构建过程中，企业、非政府组织、智库专家和民间高人起到了重要的话题设置和兴趣激发的作用。通过精心谋划，利用政府部门提供的有限预算，让重庆文旅产品成为热点话题，通过初始刺激，激发市民和游客的具有杠杆效应的展示心理。为此，建议重庆成立开放式的重庆文旅发展智库，常态化地有偿接受和采纳来自相关机构、智库专家和民间高人的创意、策划和建言。

第三，在对重庆文旅产品的认知上，要牢牢把握"行千里·致广大"[1]的价值定位，树立"大文旅产品观"——将整个重庆视为一个大的文旅产品，而市民风貌（活化的人文体验）和文旅景观（旅游观光的景点）共同构成了作为大文旅产品的重庆。事实上，每个人都是一道风景。重庆市民在日常生活中展示出的质直好义、尚诚守信、自强不息、爱国奉献的精神，就是一道道独特的风景，并且构成了重庆文旅形象的重要组成部分。为此，重庆市精神文明建设委员会办公室等有关部门要激发重庆市民作为主人翁的好客精神，向海内外游客展示重庆市民高素质的精神风貌，彰显生命之美、生活之美、人文之美，让海内外游客获得审美上、心灵上、精神上的享受。[2]

第四，世界知名旅游目的地和文化强市的评判标准，不是各类"排行榜"，而是重庆在全世界的实际知名度和对游客的现实吸引力。事实上，重庆文旅品牌建设的最好方式并不是生硬的付费广告，而是游客的口碑相传。因此，重庆市文化和旅游发展委员会等有关部门要开动脑筋，让游客真正成为重庆文旅品牌的最重要营销主体。让世界各地游客的在渝生活期间享受到"市民待遇"的各种便利（例如，将重庆市及其下辖各行政区县的"市民服务中心"

---

[1] 在十三届全国人大一次会议重庆代表团全体会议上，中共重庆市委书记陈敏尔为重庆起了一句广告语："重庆行千里，可以致广大"。他认为，"'重庆'二字可解释为'千里为重、广大为庆'，在重庆'行千里'，可以'致广大'。"具体来说，在重庆"行千里"，可以领略巴山渝水的独特魅力。在"行千里"的旅程中，还可以开阔人的视野和胸襟，提升"致广大"的格局。参见：肖立.两会热评：行千里 致广大[N].重庆日报,2018-03-09.

[2] 2019年国庆长假期间，重庆市公安局、重庆市文化和旅游发展委员会向广大重庆市民发送"温馨提示"短信："国庆假日期间，渝中解放碑、洪崖洞、朝天门、大剧院、长嘉汇等旅游景点人员密集，请本市市民错峰出行，为市外游客提供游览方便，展示重庆市民良好形象！"得到重庆市民的充分理解和积极响应，并立即在全国网友中引发热议和好评，成为"现象级"话题，就是一例。

升级为同时为市民和游客提供相关服务的各级"市民和游客服务中心",发售重庆公交/轨道交通一日通票、重庆一日/两日/三日游通票,实施外地65岁以上老人同样享受公交免票的市民待遇等政策),为他们提供绝佳的重庆文旅体验,让他们行之顺心、住之安心、食之放心、娱之开心、购之称心、游之舒心,从而将宣传重庆作为一种"文化自觉"的行为。

（三）分步实施战略

重庆文旅品牌建设,需要以闭环思维分步实施文旅品牌建设战略（如图1所示）。

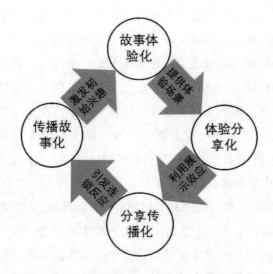

图1　重庆文旅品牌的闭环传播模型

第一步是重庆文旅品牌的传播故事化（激发初始兴趣）。举例来说,从大众传播的角度看,重庆给游客的印象很多都来自影视作品。从贾樟柯执导并获威尼斯电影节最佳影片金狮奖的剧情片《三峡好人》,到宁浩执导并创下低成本、高票房神话的黑色喜剧片《疯狂的石头》,再到张一白执导并意外引爆稻城亚丁景区（而不是重庆）的爱情片《从你的全世界路过》,都无不彰显出影视传播对于城市文旅品牌塑造的重要意义。据重庆市电影制片人协会秘书长徐郭涛介绍:"近年来,越来越多的电影、电视剧开始出现重庆场景,仅仅2017年就有接近100部电影、电视剧、网剧等影视作品在重庆拍摄。"

为此,建议重庆市文化和旅游发展委员会成立重庆市影视创作服务中心,为影视作品的在渝拍摄提供包括外景取景咨询、群众演员招募、拍摄现场协调在内的一系列周到服务。重庆甚至还可以从剧本的改编环节入手，有意识地主动嵌入能够整体呈现重庆市民风貌和文旅景观的影片内容。通过"巧传播"，激发游客的初始兴趣。

第二步是重庆文旅品牌的故事体验化（提供体验场景）。重庆文旅品牌的故事体验化是指运用场景空间设计和游客行为引导等策略，让游客在能够再现重庆故事的体验场景中以听、看、说、拍等个性化的方式参与故事情境的活动。通过记忆关键点的设置，调动和激发游客的感官、情感和行为，让游客对重庆文旅产品留下深刻印象的过程。

首先，要将重庆故事体验点进行有意识的保护和生活化的处理（如有意识地保留和保护某些重要影片的拍摄现场），以便自然而然地拉近重庆与游客之间的心理距离。

其次是场景个性化。因为每个游客的潜意识都以自我为中心，所以，场景个性化既可以满足游客内心的自我诉求，也很可能让这次体验成为他们的难忘的回忆。

再次是场景戏剧化。事实上，游客本人就是一出戏的主角，游客每天的行程就是剧本，重庆故事体验点就是舞台。通过有趣、轻松、好玩，并且有情怀、有温度、有参与的戏剧化手段进行精心设计，就很可能真正抓住游客的眼球和兴趣。

最后是场景虚拟化。随着虚拟现实技术和人工智能技术的日臻成熟，重庆故事体验点既存在于现实世界，也存在于虚拟世界。借助相关科技手段而实现的虚拟化的重庆故事体验点，将为游客创造出一个现实世界都无法呈现的"虚拟现实"的重庆难忘之旅。

第三步是重庆文旅品牌的体验分享化（利用展示效应）。就本质而言，游客的分享体验实际上是一种追求自我实现和精神满足的自觉行为。以游客在微信朋友圈分享其重庆旅游体验为例，游客的分享体验动机大致可以分为四类：

第一类动机是传递信息——游客于某年某月某日某时到达了重庆的某地。第二类动机是展示自我——重庆某地的风景好，游客拍出的照片（自拍）美。第三类动机是社会交往——有没有朋友恰好也在重庆，要不要相约小聚？

第四类动机是表达态度——感受到了重庆人的质直好义，令人印象深刻。

因此，重庆的有关部门要有意识地利用游客分享体验的展示效应，帮助游客更好地分享他们的重庆旅游体验。

首先，重庆故事体验点要让每个游客产生主角的"C位感"[1]，从而让游客深切地体会到骄傲感、自豪感、难忘感，乃至马上分享的急迫感。其次，重庆故事体验点要帮助游客及时和清晰地记录下游客的精彩一刻。最后，重庆故事体验点还要为游客的及时分享提供技术上的保障。

例如，重庆故事体验点可以放置几台自动拍摄照片的照相机和自动拍摄视频的摄像机，游客只需要扫描二维码即可免费下载自己的照片和视频。

又如，重庆故事体验点可以为游客准备若干足以表达体验后感悟的好玩而有趣的文字内容供游客选择和加工，让体验者产生强烈的分享欲望。

再如，在每个重庆故事体验点安装无线基站（AP），为市民和游客提供免费上网信号，实现重庆故事体验点的"免费Wi-Fi全覆盖"。

第四步是重庆文旅品牌的分享传播化（引发连锁反应）。由于移动互联网终端具有天然的社交属性，因此，近年来，以关系网为基础的社会化传播越来越大地发挥着裂变传播的威力和连锁反应的效果，并成为"微时代"重庆文旅品牌建设的重要策略。重庆文旅体验的分享传播主要有3种驱动力。

第一种驱动力是事件驱动。这是最应时、最高效、最巧妙的分享传播方式，也是年轻群体最擅长、最喜欢、最接受的传播方式。通过对游客心理的精准把握和对网络文化的深刻理解，以最新发生的某个热点事件作为切入点，制造具有趣味性和（重庆）关联性的话题，从而引起游客的积极关注和主动转发，甚至让相关受众（游客的朋友）再加工、再创造、再传播。

第二种驱动力是内容驱动。这是最重要、最传统、最经典的分享传播方式。只要在文字、图片、视频上用心构思，重庆文旅体验的内容，总能引起游客的情感共鸣和热情回应，从而在社会化传播空间中占有一席之地。

第三种驱动力是技术驱动。这是越来越重要甚至将会是最重要的驱动力。随着虚拟现实技术和人工智能技术的日臻成熟，游客的日常生活数据和旅行需求数据都在不断累积，社会化传播将变得越来越自动化、智能化、效率化。

总之，只要稳步推进重庆文旅品牌建设的"三分"战略，自然会取得超

---

[1] C位，即 Carry 或 Center，在网络流行语中是指核心位置的意思。

乎预期的裂变传播威力和连锁反应效果。

作者简介

马健，现任（文化和旅游部研究基地）国家文化产业创新与发展研究基地西南研究中心执行主任兼首席专家，西南民族大学旅游与历史文化学院教授，西南民族大学公共管理学院行政管理专业硕士生导师，成都大学中国—东盟艺术学院艺术管理专业硕士生导师。主要研究方向：文化发展战略与管理、文化产业理论与政策、文化创意与艺术管理。已出版7本专著和2部文集。以独立或第一作者SCI、SSCI、CSSCI期刊发表论文26篇，独立荣获省级哲学社会科学优秀成果奖三等奖4项。

基于汽车运动的数字文体旅一体化发展研究
——以福建省漳州市环东山湾为例

黄杰阳

近年来，我国文化、体育、旅游产业取得了高速发展，满足了人民群众日益增长的文化消费需求。新冠肺炎疫情给文体旅产业发展带来困难。各种数字技术应用，为文体旅产业线上线下融合发展提供了新的突破口。以人工智能、物联网和区块链等为代表的新一代数字化技术，正在加速对文体旅行业的渗透与变革，潜移默化地解构传统文化、体育、旅游行业的边界，大幅提升文化、体育和旅游的智能基础设施建设和公共服务效能。本文中，我们讨论数字文体旅行业一体化发展模式，以线上线下赛车电竞为例，讲解数字技术助力环福建省漳州市东山湾区域文体旅一体化的实践。

一、文体旅一体化融合发展模式
（一）文化、体育、旅游产业融合

随着我国消费结构升级，人们投入越来越多的时间用于文化、体育、旅游等休闲活动，追求差异化的文化体验、健康有质量的生活方式。文化、体育、旅游行业虽然处于不同的细分领域，其运行原理大同小异，都是经过 IP 包装与推广、最终实现价值变现后，再在产业链各个环节进行利益分配。由于盈利模式相近，市场上开始出现了打通文化、体育、旅游各个垂直领域的"文体旅一体化"运行模式。文化、体育、旅游都具有精神文化属性，具有天然的耦合性和产业关联性。跨界融合、组合创新式的文体旅产业逐渐成为经济发展的重要引擎。文体旅产业融合是文化体验、文化认知与文化分享的重要形式。文化和旅游部和国家旅游局出台了《关于促进文化与旅游结合发展的指导意见》，国家旅游总局和国家体育总局出台了《关于大力发展体育旅游的指导意见》，明确推进文化旅游协调发展、旅游产业和体育产业深度融合的战略部署。文化、体育、旅游产业一体化融合发展高效盘活存量资源，获得流量叠加效应和放大效应，获取资源重新配置效率，实现资源共享、要素渗透、业态耦合、市场叠加、规制创新。

体育旅游以体育资源和一定的体育设施为条件，通过旅游商品的形式，为旅游者在旅游过程中提供融健身、娱乐、休闲、交际等于一体的服务，使旅游者在身心得到和谐发展，是促进社会物质文明和精神文明发展，丰富社会文化生活目的的一种社会活动。近年来，我国体育产业快速发展，尤其是基于户外运动的体育旅游最为突出，正重塑旅游产业发展格局和模式，拉动地区经济社会发展效果显著。体育产业和旅游产业、文化产业都具有精神文化特征和强关联性，因此通过产业渗透和产业派生，打破产业边界促进业态裂变新生，发展文化、体育、旅游融合型业态，将丰富体育产业的文化内涵，创新体育文化产品，为大众提供观赏型和体验型精神产品，提升体育产业和文化产业的社会价值和经济价值。

（二）文体旅行业的数字化转型

综观近年来的发展情况，在全球范围内，文化、体育、旅游的核心产值及其占经济 GDP 的比例都在快速增长。一方面，给文化、体育、旅游等行业带来巨大机遇，开辟发展空间；另一方面也给行业带来一些之前未曾预料到的问题。文化、体育、旅游相似的行业形态使文体旅各行业的痛点也存在一些重叠之处。

受新冠肺炎疫情影响，很多知名旅游景点关闭，人流减少。在新形势下，传统文旅产业数字化转型升级，数字技术与文旅产业的深度融合模式的变化，催生出众多新的文旅产业业态以及新的模式结构。旅游景点、博物馆纷纷运用数字技术建设线上旅游体验平台、数字博物馆、艺术元宇宙等。用户网络支付习惯的养成、数字化的各种资讯和内容产品加速了相关产业的联动，带动上下游产业的发展，一方面，精神文化需求越多，促进文旅产品的供给便越多；另一方面，文化消费的增加，代表着出行和游玩的意愿增强。

体育赛事亦是受疫情影响严重的领域。2021 年 3 月，线上召开的国际奥委会第 137 次全会一致通过了全新的奥运改革路线图——《奥林匹克 2020+5 议程》，提出了包括"加强与受众的数字化互动；鼓励虚拟运动的发展，并进一步与电子游戏社区互动"等在内的 15 条改革建议。电子竞技是以信息技术为核心、软硬件设备为媒介，在虚拟环境中、竞赛规则下进行的对抗性电子游戏运动。电竞与体育竞技项目主旨相同，旨在锻炼提高参与者思维反应能力和团队协作精神，促其超越自我和全面发展。

体育运动特点是参与者高忠诚度、重复参与和消费，具较高消费能力和带动能力。体育赛事观众在比赛直播中可以获得几十个小时乃至数百小时的沉浸式体验，比如世界杯足球赛、美国职业篮球联赛 NBA 等。在发达国家中体育旅游达到旅游业整体市场份额的 25% 左右，相比之下我国的体育旅游产业（不到 5%）仍有很大的发展空间。体育运动赛事电子竞技将是未来体育产业的发展方向，被誉为"潮流数字体育""新型文化载体"，有着庞大的用户和观众基数，可与旅游文化、体育会展等产业融合共生。

（三）文体旅数字化转型发展面临的瓶颈

文体旅数字化转型的立意高、行业覆盖面广、消费者需求多样化，如何能更好且合理地利用、组织、运营赛事、自然及文化资源、企业或个体服务，线上线下平滑切换，高效匹配不同层次的消费者需求，促进文体旅融合的良性发展，需要认真分析。文体旅数字化转型面临的瓶颈问题主要有：

第一，信任问题。主要表现在：在线旅游 OTA 平台垄断，用户数据大量被集中到中心化服务器上面，容易有虚假信息与数据滥用风险；信用评价体系不健全等。这些问题司空见惯又防不胜防，不仅影响产业融合的发展效率，侵犯用户隐私，也破坏了大数据的价值，数据生产者无法获得相关的收益。随着《信息安全法》《密码法》等法规的相继出台，文化、体育、旅游行业中将越来越多呈现个人、机器、部门、机构间频繁交互或协作的场景，并由此产生出海量的大数据。如何利用先进技术改变传统互联网经济下文体旅融合发展中将出现的信息准确性问题、用户隐私保护问题、跨行业协作难的问题，将是数字化文体旅项目致力解决的方向。

第二，线下与线上内容体验同步的问题。线下文体旅的体验，由丰富的内容体验组成。数字技术仿真文体旅环境会有体验不完整的问题，文体旅活动要传递人文精神，线下实景较易实现；线上数字场景多少会削弱面对面交流的人文精神。线上场景如何逼真还原文体旅实景实地的体验，需要认真探讨。

第三，文体旅行业面临困境较多的利益主体不是中间环节的 IP 包装推广者，而是最上游的 IP 生产者。他们是相关文创产品的直接产出方，有时却很难获得与自己产出相匹配的酬劳，使得整个 IP 变现的闭环无法完成。体育赛事运营的第一个环节即"消费者—包装与推广者"中存在的最大问题是赛事产品的流量无法为 IP 提供方（包括 IP 的生产者、包装者与提供者）带来收入。虽然部分明星运动员获得令人咋舌的高薪，但是大多数球队、俱乐部及其合作伙伴实际是不赚钱甚至连年亏损的，相关赛事版权的销售也是困难重重，很多运营方出现了"免费众人聚、收费人皆散"的局面。在这种情况下，体育赛事 IP 的包装与推广方只能将投资体育赛事作为一种市场宣传方式，进而在与广大 C 端消费者的互动中打造良好的知名度、公共关系、品牌效应。所以，人们看到那些有能力在体育领域进行投资的企业往往来自现金流比较充沛的细分行业，例如房地产、金融、信息技术等。

（四）数字文体旅技术架构

在数字经济的背景下，文体旅融合发展将从数据局限的时代，跨入全方位线上线下感知数据时代。随着物联网的发展，文旅信息将变得越来越丰富。数字文体旅，是物联网、人工智能、虚拟现实、5G、数字孪生、区块链等多种前沿技术的融合结晶。

数字文体旅仿真技术包括虚拟现实体验 VR、增强现实体验 AR 等，该技术可将虚拟物品与现实空间深度融合，无论用户在虚拟时空中从哪个角度看，都能够得到不一样的风景。虚拟体验使用地理位置实时定位，根据地理位置改变用户的所见、所听、所感，导览路标，方便用户找到指定地点，并且能够根据自身特点合理规划游览路线。

数字孪生本质上是以数字化的形式对某一物理实体全生命周期的动态呈现。相比于传统的产品生命周期管理和仿真技术，数字孪生具有双向交互、实时更新、数据开放等全新特点，可以有效打通虚拟世界和物理世界的体验。

区块链技术在数字文体旅架构中发挥重要基础作用。文体旅市场需求消费者主导，数据有一致性又有私密性，数据脱敏在数字经济时代是刚需。在这点上，区块链为数字文体旅打造一个区块链底层平台，用户可以掌握自己的数据（数字资产），给数据脱敏，让用户数据产生价值。以区块链为底层建立数字文体旅平台，处理数据，可以有效解决中心化互联网平台垄断数据使用权问题，让文体旅消费者在保护数据隐私的前提下更加顺畅地游走于线上、线下。区块链在打造文化品牌上也用独特的功效，非同质通证（NFT）机制可以给线上线下的文化资源赋予独一无二的数字价值，广泛运用于文化品牌的提升。

2021 年，将以上各种前沿技术融合在一起，为数字文体旅提供一体化解决方案的"元宇宙"概念出现了。元宇宙是一个数字世界，是由人按照自己的某种想象，以理想的方式所设计出来的摆脱现实约束的一个数字化虚拟空间。Facebook、Roblox 等科技巨头纷纷布局元宇宙项目。在元宇宙里，用户可以用数字身份体验各种虚拟的文化、旅游、体育场景。元宇宙把虚拟现实体验、区块链经济系统、数字艺术、数字孪生等融为一体，解决文化、体育、旅游数字化融合发展中的痛点，开启了数字文体旅融合发展新的阶段。元宇宙引领一个分布式内容产生和内容消费的新经济模式正在悄然孕育。

二、汽车运动与区域发展

（一）汽车运动的发展

1886 年，第一辆汽车诞生。1894 年法国举办了人类历史上第一次汽车比赛。汽车运动是精神和科技层面的共同追求，经历了萌芽、勃兴、传递等发展阶段，最终发展成为全球一项重要事业。

中国汽车运动起步于 1985 年京港汽车拉力赛；1992 年第一条专业赛道在珠海诞生。伴随着改革开放进程，汽车运动逐步发展起来。截至 2021 年 6 月，中国汽车保有量为 2.92 亿辆，驾驶人数为 4.31 亿。我国已经进入汽车社会，汽车产业在国民经济中起到支柱作用。随着汽车产业发展和汽车日益普及，汽车精神属性正在被挖掘。作为汽车社会精神层面的追求，汽车运动的普及与汽车社会的发展密不可分。

（二）汽车运动的文体旅一体化延伸

汽车运动赛事是汽车社会发展到一定程度的产物。汽车产业发展催生了汽车产业园区、汽车城等业态，带动汽车周边产业发展。围绕汽车文化，文体旅游产业做足了文章，发展了汽车博物馆、汽车主题公园、汽车运动特色休闲小镇等文体旅一体化运营形式。汽车运动是科技精神与体育精神的融合，传递了更高、更快、更强的体育精神和注重规则、保证安全的汽车文明。优秀的赛车手性格都是阳光、正面，而且非常注重交通规则和安全。

汽车文体旅一体化中的汽车运动包括汽车场地赛、汽车街道赛、短道拉力赛、场地越野赛、跨界拉力赛、直线竞速赛、卡丁车赛、摩托场地赛、驾驶体验、试乘试驾和安全驾驶教育等内容，强调专业性、运动性、娱乐性和体验性；汽车文化则包括汽车公共艺术、汽车雕塑、汽车表演、汽车运动科普、汽车历史科普、汽车技术科普、汽车前沿展示等，强调科普性与参与感，是较为灵活的部分，易于吸纳游客流量。

汽车运动场地是汽车文体旅一体化项目的核心，用于举办国际和国内各类赛事，能够吸引大量的汽车爱好者，促进汽车运动推广与汽车文化的传播，为项目周边地块、所在城市、沿线地区汇聚人气，吸引汽车生态商业入驻和赞助商投资，带动相关产业发展，带来经济效益和品牌效益。

（三）汽车运动引领区域发展

当前我国处于新一轮科技革命和产业革命重大转型变革的关口。汽车运动是具有消费引领特征的时尚休闲运动，产业关联能力强，促进消费作用明显，与汽车制造业、机动车修理业、商业服务业、数字创意产业和体育业等国民经济行业都有密切的联系。

汽车运动在自身滚动式发展的基础上，可以带动区域相关产业的发展。有影响力的汽车赛事能够提升所在地区的知名度和话题度，成为区域的形象名片，以强大的衍生效应为当地的发展提供隐性的动力支持。专业赛道能为汽车产业生态服务，提供各种体验、培训、测试服务；体验赛道拥有较强的参与性和长效的吸引力，是游客参与汽车文化的互动平台，也是扩大汽车运动受众群体、推动汽车文化走向大众最直接的途径。

三、福建省漳州市环东山湾汽车运动与文体旅一体化融合发展案例

（一）背景

东山湾位于福建省漳州市，是中国东海与南海的交接处，北邻厦门湾，南邻广东潮汕地区。东山湾区由东山县、云霄县、诏安县、常山经济开发区组成。中国第六、福建第二大海岛东山岛是湾区核心。东山湾接近北回归线，拥有着优秀的旅游禀赋。这里地形多样，山地、平原、树林、海洋、岛屿、滩涂各种地形地貌一应俱全。亚热带海洋性季风气候，让这里夏无酷暑，冬无严寒，著名景点有铜山风动石、马銮湾、乌山风景区、鱼骨沙洲等。这里人文荟萃，是明代思想家黄道周、清代画家汪志周故里。20 世纪 50 年代，模范县委书记谷文昌带领东山县人民战天斗地，遍植木麻黄，引水修渠，将荒芜的盐碱滩开发成秀美生态岛；东山岛上设有中央党校谷文昌干部学院。体育旅游是环

东山湾文旅的一大支撑，中国帆船训练基地设在东山岛，不仅定期举办东山岛国际企业家帆船赛，也为游客提供帆船冲浪体验。东山岛国际半程马拉松赛、全国风筝板锦标赛等具有影响力的品牌体育赛事也定期举办。

东山湾独特的区位优势、地形禀赋、市场环境非常适合发展汽车运动文化。中国汽车拉力锦标赛（China Rally Championship, 简称 CRC），由中国汽车摩托车联合会主办，轮流在全国各地举办，是唯一的全国性汽车拉力赛事。2019 年 12 月，中国汽车拉力赛 CRC 收官站比赛在环东山湾举行，40 多支车队、100 多辆赛车，200 多个选手参赛。东山站苏峰山赛段选在海边的苏峰山路，一边靠着高耸的苏峰山，另一边朝向大海，风景旖旎。收官站比赛角逐出 CRC 年度锦标赛冠军，中央电视台直播了比赛实况。

CRC 中国汽车拉力赛具有多方面产业关联，拉动了当地文化、旅游、体育融合发展。汽车拉力赛电视转播、赛事广告获得巨大收入。环东山湾夏天旅游人流量大，冬天人流量减少；举办汽车拉力赛，熨平湾区旅游人流淡旺季波动。

（二）链上赛车 BCRC 平台

2020 年以来，新冠肺炎疫情持续蔓延，给体育运动比赛带来多种影响：赛事取消或延后、现场人数到不齐、比赛成本激增等。众多体育竞技赛事和运动纷纷向数字化转型，探索新场景、新模式、新玩法。中国汽车拉力赛 CRC 也在寻求线上运营，发展电子竞技赛车。位于漳州市东山县的 N 公司在成功举办中国汽车拉力赛的经验上，提出链上赛车开发方案，首创线上线下同步赛车电竞模式，致力解决线下线上同步体育竞技的痛点。

N 公司打造的链上赛车项目，获得中国汽车摩托车联合会授权，搭建线上线下同步赛车平台，以区块链为底层构建平台，把电子竞技引入 CRC 赛事，比赛数据放到区块链上，因此称为"链上中国汽车拉力锦标赛"（Blockchain based China Rally Championship, 简称 BCRC）。

BCRC 链上赛车作为升级版的中国汽车拉力锦标赛，是体育产业迈向数字经济的拓荒者。赛车电竞正在成为汽车运动拥抱"未来科技"和"数字经济"的一种全新运营方式。在 BCRC 链上赛车平台上，线上车手通过赛车模拟器参加比赛。模拟器可以实时模拟车辆各个部件，达到与现实几乎相同的操控效果，适配各款车企品牌车型。BCRC 利用数字孪生技术对赛道进行 1:1 仿真，把物理赛道重构建模到数字化平台，最大限度地还原赛车驾驶的真实状态，并提供逼真的驾驶、碰撞体验。BCRC平台通过在赛道场地部署传感器等智能硬件，对实时路况、外场声源、气候变化等信息进行采集，根据线下赛道的实时比赛环境，动态优化模拟驾驶的各项参数。赛车运动爱好者"足不出户"，便仿佛置身比赛现场，享受最优质的赛车驾驶虚拟体验。区块链在后台记录比赛数据，为虚拟赛道和物理赛道上的赛车提供公平、公正的计分尺度。车手在赛车模拟器上的各项活动，被记录在区块链上，保证成绩数据自始至终不可篡改，保证线上比赛数据可信真实，进而保证比赛公开、公平、公正。

赛车运动所有比赛数据归根结底由硬件产生，要保障比赛公平及安全可靠，需要解决赛车数据运营普遍存在的数据纯净性、完整性及隐私性问题。BCRC线上线下汽车赛事采用"物联网＋区块链"的方式关联赛事中的计时芯片、GPS导航信息、车牌号、赛手及导航员，联通数据孤岛，保障成绩数据的真实性，实现基于区块链记录比赛成绩的汽车运动赛事。赛车模拟器把实体汽车的车身、车轮换成几个液压杆（见图1）。在BCRC"物联网＋区块链"的技术架构中，通过传感器把赛车数据实时加密保护，打通链上链外可信数据，以区块链的形式存储，形成公平、公正成绩记录。同时引入公证机关，以权威机构作为联盟链中的见证节点，加固生态实力。

图1　BCRC链上赛车设备

数字虚拟赛道相比于物理赛道，配置起来成本更低，举办赛事的频次可以大大增加，而且数字赛道可以将一些不可能线下跑通的赛道通过数字化形式模拟。比如上海的外滩，交通限流作为汽车拉力赛赛道成本非常高，但是在BCRC链上赛车平台就可以模拟出数字赛道,在模拟器上体验上海外滩赛车。目前CRC中国汽车拉力赛举办频率为每年5站,有时候每年3站,使用数字赛道,每周都可以举办线上汽车拉力赛,大大增加了赛事曝光度和广告空间。虚拟赛道可以逼真模拟一些极端路况,比如轮胎漏气、玻璃爆裂。赛车场上险象环生,虚拟赛道提供的极端情况模拟体验为赛车手积累宝贵驾驶经验。

(三)BCRC链上赛车项目生态体系

电子竞技BCRC链上赛车电竞有多种模式,一是比赛模式;二是训练模式,用赛车模拟器训练新手上路,熟悉道路安全规则;三是文旅模式;项目平台通过模式切换满足不同需求。基于BCRC平台的环东山湾文体旅一体化平台以区块链为底层,结合AI、数字孪生、大数据、云计算等相关技术,打通产业合作壁垒,为体育旅游爱好者提供一站式高性价比、安全、可靠的体育旅游服务。BCRC赛车场景取材于赛道实景,随着赛道推广,越来越多赛道实景将加入系统中,形成一个体育与旅游融合的线上平台。赛道沿途的风景,通过电竞VR画面高度仿真,打造一个数字文体旅生态闭环。文体旅全产业链关键数据将上链,链上赛车BCRC平台将确保文体旅大数据的清洁性、完整性、隐私性,确保产业链中非互信主体(机器设备、个体、商户、企业、机构)的高效协作,对用户提供全球唯一数字身份ID信用管理和层级服务,为商户提供直观评级,沉淀脱敏、高价值、可信数据为企业决策及行业创新提供合规支持服务。汽车运动与环东山湾旅游流量叠加,实现资源共享、要素渗透、业态耦合、市场叠加;数字文体旅结合打通数据接口。

BCRC链上赛车电竞助力粉丝经济,让越来越多的人加入赛车运动中来。基于区块链的BCRC平台在推广过程中将把赛事举办地的文化旅游融合起来。链上赛车项目平台孵化电竞直播、电竞内容等文体融合业态,打通电竞运营、赛事运营、游戏媒体等产业链环节,带动文体旅消费。在CRC各分站赛拓展直播业态,与赛事举办地的体育、文旅、电商等产业实现深度融合,探索数字经济时代真实流量转化、可信数据变现的新盈利模式。BCRC链上赛车为生态内的直播商户打造信用评级制度和黑名单制度,并公开广告商信息和排名信息的算法参数。针对直播行业时效性强、更新速度快的特点,采用事中阻断和事后处罚相结合的思路,防止假冒伪劣产品,打造放心消费首选地。

在BCRC生态系统中,技术成果与内容和版权产业将实现深度融合。通过区块链＋物联网等先进技术的运用，BCRC可覆盖任意类型版权作品，对生态内所有有价值的内容和创新成果实现数字化及快速确权，颁发作品登记证书，并提供作品进入流通交易环节的后续保障服务，同时可无缝对接相关机构，满足版权管理的规范要求及配合调查义务。同时，为更好地鼓励创新，BCRC不仅提供版权保护服务，还提供优秀原创内容激励机制，作者通过创新在BCRC平台上获得原创保护并持续获得收益，平台因原创内容和优质生态也将吸引更多作者和流量，最终促成平台的快速及稳健成长。

环东山湾区正在建设汽车运动主题公园、汽车运动特色小镇。以"休闲体育＋泛娱乐"为主线，推动汽车运动IP向电竞IP延伸，聚集电竞运动资源，发展以汽车运动、电竞运动、电竞旅游为支撑的新体育经济。通过举办具有较大影响力的全国性、国际性汽车拉力赛事，打造线上线下文体旅产业一体化平台。

（四）BCRC赛车元宇宙

元宇宙开启了数字文体旅融合发展的一扇大门。BCRC链上赛车内含了元宇宙的众多组成要素，包括数字孪生、游戏电竞、物联网、区块链等，实践了元宇宙的理念。通过链上赛车电竞虚拟体验，BCRC链上赛车平台呈现了一个元宇宙级别的体验效果，而且达到现实和虚拟世界有效安全地桥接和打通。用户在元宇宙虚拟体验中跟着偶像一起玩赛车，实现与偶像同台竞技，一同"飙车"的梦想。

BCRC赛车元宇宙以区块链为底层打造的可信数据生态，为汽车运动赛事直播环节重构信任，提升消费体验和用户满意度。从用户注册到资质审核、内容更新、链接跳转、商品推荐、下单购买，无论是赛车手、主播还是用户都对应元宇宙中唯一数字身份，且所有环节涉及的关键信息都实现链上存储；每一次的转发、使用都会在链上生成可追溯的记录，智能合约将以此作为依据，自动执行收益分配功能。汽车生态企业可以在元宇宙里提供服务，构建经济体系。赛车元宇宙，一方面可以有效杜绝作假，在保证用户隐私安全的同时确保流量和赛事数据的真实性；另一方面便于加强监管，所有侵权行为的数字化记录可追溯并作为追责凭证，维护市场秩序和用户权益。

四、基于汽车运动文体旅一体化发展模式助力"一带一路"倡议实施

2013年9月和10月中国国家主席习近平在出访中亚和东南亚国家期间，先后提出"丝绸之路经济带"和"21世纪海上丝绸之路"的重大倡议，简称"一带一路"倡议，成为中国参与亚欧大陆经济一体化的重大推手。"一带一路"倡议由此拉开序幕，在政治、经济、文化等多个层面有力推动中国与沿线国家合作。"一带一路"倡议以"互联互通"为核心，打造政治互信，寻求经济增长，促进文化交融。

"一带一路"倡议为促进文化交流合作提供了坚实的历史基础和丰富的现实条件。两千多年前的古代"丝绸之路"为中国文化首次对外开放开辟了道路，曾连接了古老的中华文化、波斯文化、印度文化、阿拉伯文化、古罗马文化和古希腊文化，促进了东西方物质文化和精神文化的交流与发展。在此基础上，"一带一路"倡议继续传承着古"丝绸之路"的友好合作精神，广泛深入开展国家间的文化交流、经济往来。

汽车运动的特性非常契合"一带一路"倡议的实践，为"互联互通"注入科技、运动、文化、经济新内涵。汽车运动发源于欧洲，1894年举办了第一届汽车赛事。1907年1月国际汽车运动联合会在巴黎召开会议，决定当年6月举办一场从中国北京至法国巴黎的汽车拉力赛，这不仅是在中国举办的第一场汽车拉力赛，也是历史上第一次跨洲汽车拉力赛。最终有五支赛车参加了"北京—巴黎汽车拉力赛"。这条汽车拉力赛路线跨越欧亚两大洲，连接两大洲运动精神和技术成果，与历史上的中欧"丝绸之路"有较高契合度。相比其他体育运动，汽车运动赛事是实实在在跑通物理距离，传递运动与科技精神。"一带一路"是连接欧亚大陆的经济、科技与文化纽带，未来将有更多的汽车运动赛事在"一带一路"沿线举办。

汽车运动普及为"一带一路"文体旅品牌带来新的内涵。在"一带一路"沿线发展汽车运动，可以拉动汽车运动相关产业国际交流。欧洲国家有着丰富的汽车运动形式，海丝沿线的东南亚、阿拉伯国家也在积极发展汽车运动赛事。汽车文体旅一体化发展模式方兴未艾，成为汽车相关品牌展示平台。

环东山湾所在的福建省，立足于建设21世纪海上丝绸之路核心区。在"一带一路"倡议引领下，BCRC链上赛车发展模式有望以线上线下相结合的形式

拓展，打造汽车运动文体旅元宇宙。"一带一路"沿线是 BCRC 链上赛车重点拓展区域，沿线越来越多的节点参与链上赛车平台，支持赛车电竞平台生态稳健强壮。通过相关产业的集聚效应，带动旅游业、服务业等第三方产业的发展，实现了区域产业结构的优化，通过举办活动和持续的旅游吸引力，刺激直接与间接消费投资，最终促进"一带一路"沿线区域经济发展。

作者简介

黄杰阳，海峡出版发行集团副编审。具有 10 多年文化产业管理、出版编辑工作经验。策划编辑福建人民出版社高等院校经济管理系列教材和"创意经济系列"丛书，担任《创意产业经济学》《创意经济案例精选》责任编辑。

不同主体的"共创声明"对消费者购买意愿的影响

汤 韵 杨永忠

一、引言

随着互联网的高速发展，企业和消费者之间的交互方式发生了很大改变。Prahalad 和 Ramaswamy 指出消费者在市场中的角色逐渐由"被动"转为主动，彼此之间相互联结。他们于 2004 年提出"价值共创"的概念，认为生产者和消费者共同创造价值的过程即为价值共创，共创的结果就是体验。[1] 随后 Vargo 和 Lusch 提出了服务主导逻辑思想，认为消费者们可以通过对话或互动参与到产品的设计、生产、分销和消费等各个方面，从而实现企业的价值共创。[2] 自服务主导逻辑思想提出后，价值共创在管理实践中的快速发展也引起了学术界的广泛讨论。

已有关于品牌价值共创的研究发现，消费者直接参与价值共创或品牌释放消费者参与共创的信号会带来积极影响。[3] 然而鲜有学者关注品牌与新兴明星合作进行共创的结果效应，周懿瑾使用网络民族志研究方法，发现不同于传统的明星代言机制，品牌与明星合作后，其粉丝作为消费者组织与品牌构成了价值共创的关系，与名人合作共创可以影响粉丝促进品牌的价值共创

[1] Prahalad C.K., Ramaswamy V. Co-creating Unique Value with Customers[J]. *Strategy &leadership*, 2004, 32(3): 4-9.

[2] Vargo S. L., Lusch R.F. Evolving to a New Dominant Logic for Marketing[J]. *Journal of Marketing*, 2004, 68(1): 1-17.

[3] Schreier M., Fuchs C., Dahl D.W. The Innovation Effect of User Design: Exploring Consumers'Innovation Perceptions of Firms Selling Products Designed by Users[J]. *Journal of Marketing*, 2012, 76(5):18-32; Dijk J.V., Antonides G., Schillewaert N. Effects of Co-creation Claim on Consumer Brand Perceptions and Behavioural Intentions[J]. *International Journal of Consumer Studies*, 2014, 38(1):110-118; Huertas MK, Pergentino I. The effect of "Cocreation with Consumers" Claims on Purchase Intention: the Moderating Role of Product Category Performance Information[J]. *Creativity and Innovation Management*, 2020, 29(S1): 75-89.

和消费行为。[1]

　　基于参与价值共创的两个不同主体，现有文献缺乏相关对比研究，在价值共创领域的研究中，关于价值共创不同主体的影响差异研究几乎处于空白。因此本文通过文献整理和实验试图探讨品牌发布与明星和与消费者参与产品共创的声明信息对消费者购买意愿的影响差异及作用机理，对以上问题的探讨不仅可以在理论上丰富关于品牌共创声明、感知创新、品牌信任等领域的相关研究，也有助于在实践中制定和实施更有效的广告营销策略。

二、价值共创相关理论

（一）价值共创定义

　　价值共创的概念于 2004 年被 Vargo 和 Lusch 提出，后来很多学者对此展开了研究讨论，并提出了不同的观点。[2]Prahalad 和 Ramaswamy 认为价值共创指的是生产者和消费者共同创造价值。[3]Ramaswamy 和 Gouillart 强调共创的过程是企业和消费者间的互动过程。[4] 如果没有直接互动，就不存在共创。刘文超认为共创指消费者自愿贡献出自己的知识、时间等资源和企业共同设计、研发和生产对自己有价值的产品或体验的过程。[5]Gummesson 则认为企业应把顾客视作资源，企业通过与顾客的互动，来实现资源的整合和互换，最终实现共同的价值创造。[6] 因此综合各个学者的观点，本研究认为价值共创指品牌与消费者通过各种形式的互动以共同创造价值的过程。品牌通过发布与消费者共创的声明，满足消费者表达自我的需求，使消费者愿意主动参与产品互动。而与明星联名共创并释放信号，可以借助明星效应，扩大品牌知名度，吸引更多的消费群体参与到产品的价值共创过程中。因此，

[1] 周懿瑾 , 白玫佳黛 . 明星代言的价值共创新机制——基于多个粉丝社群的网络民族志研究 [J]. 外国经济与管理，2021，43（01）：3-22.

[2] Vargo S. L., Lusch R.F. Evolving to a New Dominant Logic for Marketing[J]. *Journal of Marketing*, 2004, 68(1): 1-17.

[3] Prahalad C.K., Ramaswamy V. Co-creating Unique Value with Customers[J]. *Strategy &Leadership*, 2004, 32(3): 4-9.

[4] Ramaswamy V., Gouillart F. Building the Co-creative Enterprise[J]. *Harvard Business Review*, 2010, 88(10): 100-109.

[5] 刘文超，任俊生，辛欣 . 企业与消费者"共同创造"的动机和结果分析 [J]. 甘肃社会科学，2011（06）：226-229.

[6] Gummesson E., Mele C. Marketing as Value Co-creation through Network Interaction and Resource Integration[J]. *Journal of Business Marketing Management*, 2010, 4(1): 181-198.

本研究以释放品牌共创声明的形式来进一步探索价值共创背景下两个不同主体共创声明的影响差异。

（二）共创声明定义

已有的文献中，学者们较多使用"价值共创信号"这一概念，指企业向市场释放其开展价值共创活动的相关讯息。关于价值共创信号，国内的研究较少，其中最具代表性的是薛哲等人对共创信号和品牌认同关系的研究，通过实验研究和方差分析，结果发现共创信号能增强消费者的品牌认同。[1] 国外学者 Huertas 应用了"共创声明"的概念，指的是品牌对外界释放的"共创"价值的相关信息，研究发现品牌发出的共创声明会对消费者的认知评价及消费行为产生重要影响。[2] 因此本研究结合国内外已有的相关研究，在此基础上引用共创声明的概念探讨其对消费者购买意愿的影响。

（三）共创形式

企业、顾客以及二者之间的互动构成了共创的 3 个主要方面。针对共创的形式，很多学者提出了不同的观点，如 Kaulio 根据顾客的参与程度，提出了为顾客设计、同顾客合作设计和由顾客自己设计这 3 种共创的形式[3]；O'Hern 和 Rindfleisch 根据共创主体的合作深度将共创形式分为提交、共同设计、修补和合作，其中合作是最高等级的共创形式，因为消费者可以根据自己的偏好和意愿贡献自己的智慧。[4] Fuchs 和 Schreier 针对新产品开发实践提出了顾客授权的概念，并分为授予设计权和授予选择权两种基本的授权方式。[5] 目前市场上部分品牌会直接或间接让消费者们参与到产品设计，并在市场上积极释放相关信号，以此来吸引目标市场上广大消费者的关注和互动。东风标致 308 为精准辐射目标受众，以音乐切入目标人群，在年轻人集聚的豆瓣网为品牌活动的主题曲展开歌词征集，从而强化了东风标致

[1] 薛哲,宁昌会.品牌共创对品牌认同的影响: 非参与顾客视角[J].华东经济管理,2017(9).

[2] Huertas M.K., Pergentino I. The Effect of "Cocreation with Consumers" Claims on Purchase Intention: the Moderating Role of Product Category Performance Information[J]. *Creativity and Innovation Management*, 2020, 29(S1): 75–89.

[3] Kaulio M. Customer, Consumer and Rser Involvement in Product Development: A Arame-Work and a Review of Selected Methods[J]. *Total quality management*, 1998, 9(1): 141-149.

[4] O'Hern M., Rindfleisch A. Customer Co-creation: A Typology and Research Agenda[J]. *Review of Marketing Research*, 2009, 6: 84-106.

[5] Fuchs C., Schreier M. Customer Empowerment in New Product Development[J]. *Journal of Product Innovation Management*, 2010, 28(1): 17-32.

308 的品牌推广和宣传；菲多利公司（Frito-Lay）发起 Cheetos Boredom Busters 运动，鼓励消费者创作能够定义 Cheeto 的品牌广告；Threadless 品牌让顾客来对新发布的 T 恤进行评价打分，最终得分高的将成功上架；Lego 公司会对外释放消费者共创信号，在自己的产品包装上标注"由 Lego 的粉丝设计"；耐克公司的官方网站上支持消费者根据自己的需求自主 DIY 鞋子和配件。

三、文献综述

（一）共创声明与购买意愿

企业和消费者的共创可以分为产品共创、营销共创、品牌识别要素共创、品牌形象共创、品牌推广共创等。[1] 本研究主要围绕产品共创展开探索，产品共创主要强调在产品创意、设计及生产过程中的消费者参与。

企业通过向市场释放其开展价值共创活动的相关讯息，不仅可以让参与共创活动中的消费者增强共创热情，也可以吸引更多未参与的消费者，让他们增加对企业和品牌的认可。[2] 薛哲等通过问卷调查、结构方程模型等检验发现，企业释放价值共创信号会正向影响消费者对品牌的认同，进而影响购买意愿。[3] 相关研究也证实了消费者参与价值共创的积极影响，如 Fuchs 等人发现品牌号召与消费者共创可以带来更高的感知客户导向、更有利的企业态度、更有利的行为意图[4]；Schreier 认为与消费者共创会影响消费者对公司创新能力的感知，并进而影响购买意愿、支付意愿和向他人推荐的意愿。[5] 现实生活中仅有少部分消费者会主动参与品牌的价值共创活动中去，消费者的参与动力不足。[6] 在社交媒体高速发展的背景下，不同于传统的明星代言

[1] Greenfort M., Larsen M. *Join Forces: Co-creating Brand Value with Consumers*[M]. Koln: Lambert Academic Publishing, 2011.

[2] 张春霞 . 虚拟品牌社区中品牌共创信号对顾客价值共创行为的影响研究 [D]. 江西财经大学，2019.

[3] 薛哲，杨建辉，张中英 . 共创信号、产品创新感知与品牌认同——基于共创观察者的研究 [J]. 财经论丛，2018（03）：77-85.

[4] Fuchs C., Schreier M. Customer Empowerment in New Product Development[J]. *Journal of Product Innovation Management*, 2010, 28(1): 17-32.

[5] Schreier M., Fuchs C., Dahl D.W. The Innovation Effect of User Design: Exploring Consumers' Innovation Perceptions of Firms Selling Products Designed by Users[J]. *Journal of Marketing*, 2012, 76(5):18-32.

[6] 朱良杰，何佳讯，黄海洋 . 数字世界的价值共创：构念、主题与研究展望 [J]. 经济管理，2017，39（01）：195-208.

机制，新兴明星可以利用强大的号召力和影响力吸引很多消费者自觉参与到品牌或产品互动中，从而实现产品的价值。[1] 相关研究证明，明星与品牌合作对品牌的形象提升、品牌建设、产品销售等方面均会产生重要影响。[2] 随着品牌与明星"联名"热的出现。品牌选择与知名明星进行联合设计，既可以通过明星本人的知名度吸引更多消费者，提高品牌感知，进而促进购买行为，[3] 同时也可以利用明星本人的潮流审美，为品牌产品注入鲜明特色。基于此，本文认为品牌与明星和消费者两个主体的共创声明能对消费者购买意愿产生影响。

（二）感知创新与购买意愿

Henard 和 Szymanski 通过对现有的创新相关文献进行总结分析，发现企业的产品创新是影响公司绩效的重要因素，因而近年来越来越多营销界的学者关注产品的创新以及消费者的感知创新。[4] 学者 Vogt 将企业产品创新与消费者的感知创新进行对比研究，认为消费者的感知创新会对企业绩效产生更直接的影响。[5]Stock 等人也认为消费者感知创新也是品牌产品创新研究中很重要的主题。[6] 从消费者角度出发，感知创新指的是消费者对于产品或服务的创新程度的主观感知。[7] 已有相关研究证实感知创新会影响消费者的购买意愿，如 Fu 和 Elliott 以便携式媒体播放器作为研究对象，研究结果表明感知创新能够通过对新产品态度的正向影响，进而影响消费者对该产品

[1] Yu S., Hu Y. When Luxury Brands Meet China: The Effect of Localized Celebrity Endorsements in Social Media Marketing[J]. *Journal of Retailing and Consumer Services*, 2020, 54j: 102010.

[2] Bergkvist L., Zhou K.Q. Celebrity Endorsements: A Literature Review and Research Agenda[J]. *International Journal of Advertising*, 2016, 35(4): 642-663.

[3] Alex W., Carolyn, L. Effects of Content Class with Endorsement and Information Relevancy on Purchase Intention[J]. *Management Research Review*, 2011, 34(4): 417-450.

[4] Henard D.H., Szymanski D.M. Why Some New Products Are More Successful Than Others[J]. *Journal of Marketing Research*, 2001, 38(3): 362-375.

[5] Vogt D. Innovation Perception from a Customer Perspective Recognition, Assessment, and Comprehension of Innovations[D]. University of Stgallen, 2013.

[6] Stock R.M., Zacharias N.A. Two Sides of the Same Coin: How Do Different Dimensions of Product Program Innovativeness Affect Customer loyalty[J]. *Journal of Product Innovation Management*, 2013, 30(3): 516–532.

[7] Rogers, E.M. *Diffusions of Innovations (5th ed)*[M]. New York:Free Press,2003.

的购买意愿。[1] O' Cass 和 Carlson 通过对消费者的购物数据进行分析，证实了消费者对产品的感知创新可以增加消费者的信任和购买意愿，减少对购物平台的转换行为。[2]

价值共创作为一种新的商业模式，最重要的就是企业和消费者的角色被重新定义。不管参与共创的主体是明星还是消费者，共创的过程既是两个主体的互动过程，也是创新的过程。在现有的研究中，牟宇鹏[3]和薛哲[4]两位学者初步验证了带有"消费者"设计信号的产品对感知创新的影响路径，在此基础上，本文认为不同主体的共创声明也能对消费者的感知创新产生影响，并进一步作用于消费者的消费意愿。

（三）品牌信任与购买意愿

学者们对于品牌信任的研究是基于社会心理学领域中的信任概念为基础的，Bhattacharya 将"信任"定义为个体对能够获得的积极结果的一种期望。[5]基于此理解，很多学者从不同角度对品牌信任的内涵做了定义，如 Lau 从安全感和消费者意愿角度考虑，将"品牌信任"定义为"即使面临各种未知风险，消费者仍然愿意信赖该品牌的意愿程度"。[6]Chaudhuri 和 Holbrook 从消费者对产品的品牌行为意向考虑，将"品牌信任"定义为品牌提供的产品或服务满足了消费者的某种消费需求，从而对该品牌增加消费意愿的情况。[7]Delgado-Ballester 从消费者的期望和意愿考虑，将"品牌信任"定

[1] Fu F ,Elliott M. The Moderating Effect of Perceived Product Innovativeness and Product Knowledge on New Product Adoption: An Integrated Model[J]. *Journal of Marketing Theory & Practice*, 2013, 21(21): 257-272.

[2] O'cass A., Carlson J. An E-retailing Assessment of Perceived Website-service Innovativeness: Implications for Website Quality Evaluations, Trust, Loyalty and Word of Mouth[J]. *Australasian Marketing Journal (AMJ)*, 2012, 20(1): 28-36.

[3] 牟宇鹏，吉峰，汪涛．顾客参与创新：第三方消费者对产品创新性的感知 [J]. 商业经济与管理，（8）：56-65.

[4] 薛哲，杨建辉，张中英．共创信号、产品创新感知与品牌认同——基于共创观察者的研究 [J].财经论丛，2018（03）：77-85.

[5] Bhattacharya R., Devinney T.M., Pillutla M.M. A Formal Model of Trust Based on Outcomes[J]. *The Academy of Management Review*, 1998, 23(3): 459-472.

[6] Geok Theng Lau, Sook Hanlee. Consumers' Trust in a Brand and the Link to Brand Loyalty[J]. *Journal of Market Focused Management*, 1999, 4: 344.

[7] Chaudhuri A., Holbrook M.B. Product-class Effects on Brand Commitment and Brand Outcomes: The Role of Brand Trust and Brand Affect[J]. *Journal of Brand Management*, 2002,10(1): 33-58.

义为消费者在感知到风险时，仍然相信该品牌是值得信赖的。[1]

品牌信任作为一种情感支撑，会在很大程度上影响消费者行为和意愿。已有研究发现，品牌信任是企业进行关系营销和品牌进行资产提升的关键要素，同时也是消费者忠诚的基石，会对消费者购买意愿和口碑传播等产生重要影响。金玉芳等通过对化妆品行业的数据进行结构方程模型分析得出结论，消费者对于以往该品牌提供的服务或产品越满意，即过去的经验中满意程度越高，对该品牌产生的信任程度越高，继而购买意愿更高。[2] 李建生发现消费者会倾向于购买他们所信赖的品牌和产品，减少决策风险，品牌信任会促进消费者的购买意愿。[3] 李倩等人通过研究矛盾性追加评论对青年茶叶消费者的购买意愿，发现消费者满意度越高，购买意愿也越高。[4] 品牌产品邀请明星或者是消费者本人参与产品共创，不仅可以为品牌带去更多创新设计，同时也能提高消费者满意度，让消费者对其产品及其品牌产生更多的信任和好感，从而提高购买意愿。

（四）产品口碑效价

以往研究中关于口碑效价影响力的研究结论不一致。大部分学者认为负面的口碑更具有价值和影响力，这种偏向即负面效应。[5]Cui 通过对亚马逊公司超过 9 个月 300 多种新产品的面板数据进行分析，证明了在电子产品等新产品的销量方面，负面口碑比正面口碑更具影响力，说明负面效应的确是存在的。[6] 然而，另一些学者充分证实了正面效应，根据线索——辨别性模型，认为正面口碑比负面口碑更具辨识度。[7] 正面的口碑会唤醒消费者内

[1] Delgado-Ballester E. Development and Validation of a Brand Trust Scale[J]. *International Journal of Market Research*, 2003, 45(1): 335-353.

[2] 金玉芳，董大海，刘瑞明 . 消费者品牌信任机制建立及影响因素的实证研究 [J]. 南开管理评论，2006（05）：28-35.

[3] 李健生，赵星宇，杨宜苗 . 外部线索对自有品牌购买意愿的影响：感知风险和信任的中介作用 [J]. 经济问题探索，2015（08）：44-51.

[4] 李倩，谢向英，管曦 . 矛盾性追加评论对青年茶叶消费者购买意愿的影响研究 [J]. 茶叶通讯，2020，47（04）：705-711.

[5] Yang J., Mai E.S. Experiential Goods with Network Externalities Effects: An Empirical Study of Online Rating System[J]. *Journal of Business Research*, 2010, 63(9): 1050-1057.

[6] Cui G., Hon-Kwong L., Xiaoning G. The Effect of Online Consumer Reviews on New Product Sales[J]. *International Journal of Electronic Commerce*, 2012, 17(1): 39-58.

[7] Skowronski J., Carlston D.E. Negativity and Extremity Biases in Impression Formation: A Review of Explanations[J]. *Psychological Bulletin*, 1989, 105(1):131-142.

心对产品的认可度和熟悉度,相比于负面口碑,消费者能较快做出决策判断;同时,正面口碑面临的不确定性较少,对于消费者而言,提取评价背后的属性信息诊断性更高。[1]已有相关研究证明产品口碑对消费者决策行为的影响,如 Ye 等人证明积极的口碑评价会增加消费者对于酒店的预订意愿,[2]Cui 等人认为口碑评价会影响消费者的情感,进而影响购买意愿。[3]因此,本文认为在不同主体的共创声明情境下,面对产品的正面和负面口碑,消费者的购买意愿存在差异。

四、总结

本文通过整理现有的价值共创相关文献,发现目前缺少从参与价值共创的两个不同主体视角来探究共创声明信号效应的相关研究。对价值共创相关影响变量进行文献综述,本文认为感知创新、品牌信任和产品口碑效价在共创声明对消费者购买意愿的影响机制中会发挥重要作用。

本文将明星参与共创与消费者参与共创进行对比研究,通过发布不同主体的共创声明来探究对消费者购买意愿的影响差异,在理论层面可以延展和深化品牌价值共创的结果效应研究,明晰品牌共创声明影响的作用机制及边界条件,丰富价值共创的相关研究;在实践层面,可以为品牌营销与管理提供理论和实践指导。

作者简介

汤韵,四川大学商学院硕士研究生,研究方向:文化创意管理,发表两篇 EI 检索论文。作为主要负责人之一,参与横向课题"成华区工业遗址转化利用案例研究"。

杨永忠,四川大学商学院教授、博士生导师,国际创意管理专委会主任,四川大学创意管理研究所所长,主要从事文化创意管理研究。

[1] Gershoff A., Mukherjee, Mukhopadhyaya. Few Ways to Love, but Many Ways to Hate: Attribute Ambiguity and the Positivity Effect in Agent Evaluation[J]. *Journal of Consumer Research*, 2007, 33(4): 499-505.

[2] Ye Q., Law R, Gu B. et al. The Influence of User-generated Content on Traveler Behavior: an Empirical Investigation on the Effects of E-word-of-mouth to Hotel Online Book[J]. *Computers in Human Behavior*, 2011, 27(2): 634-639.

[3] Cui G., Hon-Kwong L., Xiaoning G. The Effect of Online Consumer Reviews on New Product Sales[J]. *International Journal of Electronic Commerce*, 2012, 17(1): 39-58.

如何在跨界者之间达成共识
——探索商业品牌与传统手艺人的跨界协作原则

廖 勇 刘珺琬 李晓蓉 李庆芳

一、导论

在国潮概念得到的关注越来越高的当下，诸多商业品牌希望通过与传统手工艺跨界来吸引消费者的关注。商业品牌与传统手工艺的跨界协作，不仅能为跨界者带来新的技能，更能为跨界者开拓新的市场机会。董芳武（2012）[1]探索了中国台湾地区传统编织手工艺与工业设计行业之间的跨界，提出通过"手工艺—设计"（craft-design）协作，本地的手工技术可以与当代制造方法相结合，探索出新的方法打通本地手工产业和其他产业（如时尚产业和电子产业）之间的界限，创造新的市场。但与此同时，以传统手工艺为依托的产品设计似乎一直都在创新不足和盲目创新之间拉扯。市场上基于传统手工艺的设计产品，要么因为创新不足而无法吸引当代消费者，[2] 要么因为盲目创新而导致传统手工艺原有的丰富文化意涵变为商业符号。[3] 产品开发中创新不足的问题从遍布在各旅游景区的传手工艺产品就能窥探一二。无论是对不同旅游地区进行横向比较，还是对相同地区不同时间进行纵向比较，可以发现，大多数手工艺旅游产品仍然形式单一，同质化现象严重。从云南丽江到江南水乡，消费者接触到的手工艺产品如出一辙。与此同时，有些产品

---

[1] 董芳武，张云帆 . 从共创到创业 ——KAMARO' AN[J]. 设计学报（Journal of Design），2018，23（2）.

[2] 张祥泉，叶丹 . 基于用户需求的传统手工艺产品创新设计模式研究 [J]. 艺术百家，2016，32（1）：236-237+240.

[3] 张朵朵，季铁 . 协同设计"触动"传统社区复兴——以"新通道·花瑶花"项目的非遗研究与创新实践为例 [J]. 装饰，2016，12：26-29；潘鲁生 . 保护·传承·创新·衍生——传统工艺保护与发展路径 [J]. 南京艺术学院学报（美术与设计），2018，2：46-52.

虽然看似创意十足，实则浮于表象。[1] 商业品牌如何与传统手工艺跨界，是一个亟待解决的问题。

二、文献综述——从跨界到共识

传统手工艺的实施主体是传统手艺人，所以商业品牌如何与传统手工艺跨界的问题，其实是商业品牌如何与传统手艺人跨界的问题。传统手艺人所掌握的知识多为隐性知识，包括经过长期的生活、工作积累出来的经验、技巧和认知。这些隐性知识难以言传，需要个体和组织在模仿和实验中反复揣摩，直至吸收。由于在与传统手工艺的跨界协作中，创新的关键是与传统手艺人达成共识，共同完成隐性知识的转化[2]，所以研究的关键问题是：如何跨越由知识结构的差异带来的鸿沟，以达成跨界者之间的共识？

通常来说，不同行业的从业者会依赖自己特定领域的知识来感知跨界协作中的对象和内容[3]，这为跨界者之间达成共识带来了挑战。[4] 另外，商业品牌同传统手艺人的合作因时间、空间的局限性，很难面对面沟通，这更是增加了双方达成共识的困难度。面对这种情况，认为建立特定的问题情境可以协助跨界双方的沟通。[5] 特定的问题情境由"愿景""动机"和"策略"这3个基本部分构成："愿景"问题需要跨界者解答即将共同完成的任务是什么，"动机"问题需要跨界者解答共同完成的任务为何重要，"策略"问题则需要跨界者对如何完成项目给出方法。通过共同探索这3个方面的问题，跨界者之间会增进了解和信任，最终达成共识。另外，Suib 等人（2020）通过实验的方式研究了马来西亚地区传统手艺人与设计师的合作，发现在与传统手艺人跨界合作时，发展出设计工具充当边界对象（boundary

[1] 徐艺乙. 手工·工具·习惯——与传统手工艺实践过程中的不确定性相关的问题 [J]. 装饰，2014，3：58-60.

[2] 廖勇，刘怡，李庆芳. 传统手工艺创新——共创视野下传统工匠与时尚设计师的合作机制研究 [J]. 装饰，2021，3：120-123.

[3] Nicolini, D., Mengis, J., & Swan, J. Understanding the Role of Objects in Cross-disciplinary Collaboration[J]. *Organization Science*, 2012, 23(3), 612-629.

[4] Carlile P.R. Transferring, Translating, and Transforming: An Integrative Framework for Managing Knowledge Across Boundaries[J]. *Organization Science*, 2004, 15(5): 555-568.

[5] Manzini Ezio. Design, When Everybody Designs: An Introduction to Design for Social Innovation[M]. *Cambridge, Massachusetts*, The MIT Press, 2015.

objects），可以促进传统手艺人和设计师之间的知识转化和沟通。[1] 综上所述，从合作项目的愿景、动机和策略出发，研究跨界者之间达成共识的方式，并据此开发出促进沟通的工具充当边界对象，似乎是解决跨界者之间沟通障碍行之有效的手段。

基于以上分析，本研究符合探索性研究的性质。故本文将采用质化的方式，对跨界个案进行研究。通过对个案利害关系人进行半结构化的访谈，本研究将探讨在商业品牌与传统手艺人跨界合作的过程中，促进双方达成共识的因素。为跨界实践中的企业、品牌和传统手艺人等利害关系人提供参考。

三、个案研究

（一）案例描述

为了传递品牌价值，国际艺术彩妆品牌植村秀每年都会和全球最有影响力的艺术家跨界合作，开发年度限量版产品。2015 年年初，植村秀与国家级非物质文化遗产藏族编织挑花刺绣代表性传承人杨华珍老师跨界合作，为品牌两款经典的洁颜油设计全新的瓶身包装纹样。作为该项目的发起方，植村秀开展此次项目的目的是在创作植村秀限量版产品包装的同时，吸引全球年轻人的关注，弘扬中国的优秀传统手工艺文化。在该项目中，杨华珍老师参与到策划、设计、实物制作和成品发布的整个环节中。其设计与制作的两个刺绣作品，既表现出了原汁原味的藏羌刺绣技艺的风格，又传递出植村秀洁颜油的功效和成分（见图 2）。与预期效果相同，该项目获得了较大的成功，可以视为传统手工艺与商业品牌跨界协同创新的标杆。它的成功不仅证明了传统手艺人可以与商业品牌跨界协同创新，以满足品牌对传统文化的商业需求；也为传统手艺人和商业品牌的跨界合作带来一定的指导价值。

---

[1] Suib, S. S. S. B., Van Engelen, J. M., & Crul, M. R. Enhancing Knowledge Exchange and Collaboration Between Craftspeople and Designers Using the Concept of Boundary Objects[J]. *International Journal of Design*, 2020, 14(1): 113-133.

图2　藏羌绣非遗传承人设计并制作的刺绣作品

（二）研究发现——案例中的跨界共识

作为一个时间紧任务重设计参与相关者众的项目，项目发起者为达成目标，从项目实施之初就对传统手艺人的参与动机和周边资源进行了非常系统的引导和整合，并成功地创造了一个沟通合作情境。此沟通合作情境从愿景定制、动机赋能和策略指引3方面引导着跨界双方达成共识。

首先，项目发起方用讲述故事的方式向传统手艺人传达了本项目清晰明确的愿景——传达护肤品牌植村秀代代相传的艺术理念以及表达艺术传承生生不息的美好愿景，同时也希望通过此次合作让更多的年轻人认识并喜爱藏羌绣这个古老的技艺。正是这一明晰的愿景才催化出传统手艺人及设计相关利益者的能量，迅速建立起传统手艺人对项目的信任和参与动力，并将之行为导向同一个目标。

其次，在本案中，项目发起方跟传统手艺人签订了版权授权协议，协议中明确指出刺绣纹样的版权属于传统手艺人，并且传统手艺人可以在符合愿景的规定下，根据自己的风格组织纹样的视觉呈现。这样的协议为传统手艺人对项目的理解创造了动机。在此动机下，传统手艺人更理解自己在合作中需要扮演的角色和肩负的任务，方便其从自身的知识库和周边资源中调取项目需要的内容。

最后，项目发起方为传统手艺人的创作提供了适度的限定框架，框架包括图案数量（2件）、设计成果的形式（圆形团花图案）、尺寸（直径

15CM）、图案颜色种类（不超过3种）、题材（以植物元素为主）等。这样的限定框架清晰地展示了项目要求和产出内容，能协助传统手艺人对现代设计的理解，补齐传统手艺人在设计知识上的缺失。同时，也对项目策略提供了清晰的指引，让传统手艺人明白怎样做才能达成既定的愿景，和合作方达到策略上的共识。

四、研究讨论
（一）传统手艺人与商业品牌的跨界共识原则

表1　案例资料分析表

"共识"构面		植村秀与藏羌绣的跨界	跨界共识原则	
共识	愿景	传递品牌艺术理念的同时将刺绣带入年轻人视野	归属感 将双方的利益编织在一起，形成共同的愿景	NOB模型
	动机	授权协议为传统手艺人明晰了自己的角色和任务	开放性 为对方的技术实施创造空间，使双方对彼此的角色和任务有共同的认定	
	策略	项目发起方为创作给出适度的限定框架（数量、题材、形状、颜色）	规范性 明晰双方投入的资源范畴，形成共同的策略	

1. 归属感

以传统手艺人为代表的本土文化与当代消费文化之间存在着巨大的差异。[1]因此，中国传统工匠对设计师或者当代品牌的理解存在着天然的距离。[2]这是价值共创中利益相关者之间达成共识的障碍。[3]在本案例中，项目发起方在设定最初的愿景时，将自身的利益和传统手艺人的利益编织在了一起，形成共同的愿景。这个共同愿景就像纽带一样在双方之间建立起归属感，联系着传统手艺人和项目发起方。在归属感的催化下，传统手艺人的主观能动

[1] Gao, J., Bernard, A. An Overview of Knowledge Sharing in New Product Development[J]. *The International Journal of Advanced Manufacturing Technology*, 2018, 94(5-8): 1545-1550.
[2] 张朵朵，季铁.协同设计"触动"传统社区复兴——以"新通道·花瑶花"项目的非遗研究与创新实践为例[J]. 装饰，2016，12：26-29.
[3] Ramaswamy V., Gouillart F. Building the Co-creative Enterprise[J]. *Harvard Business Review*, 2010, 88(10): 100-109; Ramaswamy V, Ozcan K. The "Interacted" Actor in Platformed Networks: The Orizing Practices of Managerial Experience Value Co-creation[J]. *The Journal of Business and Industrial Marketing*, 2020, 35(7): 1165-1178.

性被激发，更有可能带着主角的意识完成任务。因此，归属感起到了黏合剂的作用，消除了传统手艺人和项目发起方因知识结构的不同而产生的距离。

2. 开放性

传统手艺人在长期的手工操作中，已经形成了一套固定的操作流程和文化逻辑。[1] 如果没有外力的干预，他们的思维会沿着这套固定的模式发展。这也是造成目前市场上部分传统手工艺产品千篇一律的原因之一。[2] 在本案例中，项目发起方跟传统手艺人签订的版权授权协议为传统手艺人创造了开放式的创作空间，赋予了传统手艺人自由组织知识的权利。在开放的氛围下，传统手艺人的作品、藏品、经历过的事、听过的事、看过的东西……多年的从业积累都可以成为创作素材。因此，开放性的氛围可以让传统手艺人的隐性知识被充分调动，获得创造力。

3. 规范性

知识结构的差异是造成跨界合作沟通障碍的原因之一。[3] 规范性可以作为沟通工具，帮助跨界合作者跨越边界。在本案例中，项目发起方建立的限定框架可以规范手工生产。与机械加工的大规模生产不同，手工生产具有高度的不确定性。[4] 每个工匠在操作的过程中都会不自觉地加入个性化的元素。不可否认，手工艺的魅力之一在于它代表了工匠的独特性[5]，这对于小批量生产的手工艺艺术作品来说尤为珍贵。然而，对于手工业商品的大规模生产，缺乏一定程度的稳定性可能会给生产管理和成本控制带来许多风险。[6] 所以，项目发起方从产品数量、题材、形状、颜色等建立的标准化参数，可以降低

[1] 吕品田. 重振手工与非物质文化遗产生产性方式保护 [J]. 中南民族大学学报（人文社会科学版），2009，29（4）：4-5.

[2] 潘鲁生. 保护·传承·创新·衍生——传统工艺保护与发展路径 [J]. 南京艺术学院学报（美术与设计），2018，2：46-52.

[3] 董芳武，张云帆. 从共创到创业——KAMARO'AN[J]. 设计学报（*Journal of Design*），2018，23（2）.

[4] Gao, J., Bernard, A. An Overview of Knowledge Sharing in New Product Development[J]. *The International Journal of Advanced Manufacturing Technology*, 2018, 94(5-8): 1545-1550.

[5] 徐艺乙. 手工·工具·习惯——与传统手工艺实践过程中的不确定性相关的问题 [J]. 装饰，2014，3：58-60.

[6] Zhan, X., Walker, S., Hernandez-Pardo, R., & Evans, M. Craft and Sustainability: Potential for Design Intervention in Crafts in the Yangtze River Delta China[J]. *The Design Journal*, 2017, 20(sup1): S2919-S2934.

双方发生矛盾的概率，明晰双方投入的资源范畴，让传统工匠快速进行技术实施。因此，在工艺设计合作创作中建立规范性，可以保证传统手艺人与项目发起方之间的交流效率。

（二）NOB 模型

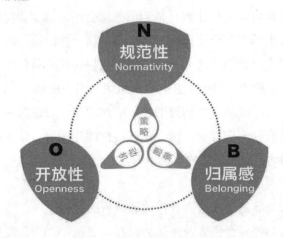

图 3　NOB 模型

根据以上分析，本研究提出了传统手艺人与项目发起方沟通的 3 个原则：归属感、开放性、规范性，本研究将这 3 个原则命名为 NOB 模型（见图3）。该模型印证了 Ranjan 和 Read（2016）提出的共同生产的概念模型。根据 Ranjan 和 Read 的观点，知识共享、互动和赋权是共同生产的关键要素，这三个要素定义了产品和服务设计过程中利害关系人的合作原则。[1] 比较这两个概念模型，它们有相似的内容和意义。首先，归属感和赋权都是指利害关系人之间的尊重；其次，开放性强调灵活性和适应性，这也是知识共享和互动的关键；最后，规范性侧重于沟通的标准化，为知识共享铺平道路。然而，考虑到本研究的特殊背景，本研究提出的 3 个原则可以更有效地解释像中国这样的发展中国家的相关情况。因为大多数中国传统手艺人生活在更贫穷和更偏远的地区，他们的生活方式与外界不同。对他们来说，只有当他们觉得当地的文化和价值观得到跨界合作者的认可，并且他们有归属感时[2]，才能

[1] Ranjan, K.R., Read, S. Value Co-creation: Concept and Measurement[J]. *Journal of the Academy of Marketing Science*, 2016, 44(3): 290-315.

[2] Moalosi, R., Popovic, V., & Hickling-Hudson, A. Culture-orientated Product Design[J]. *International Journal of Technology and Design Education*, 2010, 20(2): 175-190.

实现真正的赋权。因此，通过 NOB 模型开发沟通工具，可以促进发展中国家的传统手艺人与商业品牌之间在知识共享中达成共识。

五、结论

通过研究商业品牌植村秀与藏羌刺绣传承人杨华珍老师的跨界合作个案，本文发现了 3 个重要的跨界协作原则：归属感、开放性和规范性，并依此提出了 NOB 模型。然而，此模型依旧停留在初级理论阶段。欲推广此模型，还需要进入田野进行验证。另外，根据 NOB 模型，如何设计出合适的沟通工具充当跨界的边界对象，这一重要问题本研究还未涉及，后续研究可依次展开。

作者简介

廖勇，广州城市理工学院讲师。毕业于四川大学服装与服饰设计专业，以及伦敦艺术大学时尚设计管理专业。台湾实践大学创意产业博士在读，研究方向为时尚设计管理与传统手工艺创新。2022 年 5 月在 cssci 期刊《装饰》发表论文并成功申领了广东省社科规划项目，在博士研究课题中，参与了重庆云追月文化创意有限公司有关非遗活化的项目，与公司创始人刘珺琬共同研究羌绣跨界共创案例。

刘珺琬，重庆云追月文化创意有限公司联合创始人、CEO。四川大学研究生毕业后至 2015 年，师从国家级非物质文化遗产藏族编织挑花刺绣代表性传承人杨华珍大师，并在其织绣工作室作为独立设计师负责纹样设计和产品研发的工作。在此期间，作为团队主创，负责了大师工作室与植村秀、星巴克等品牌的跨界项目，直接参与了跨界项目的纹样设计工作。

李晓蓉，女，四川大学轻工科学与工程学院副教授，研究方向为服装设计原理与应用、传统服装服饰等。

李庆芳，男，博士，台湾实践大学国际贸易学系教授，研究方向为价值共创、平台策略与调适性学习等。

第四编

乡村振兴与非物质文化遗产数字化路径

文旅产业融合评价指标体系构建
及助推乡村振兴策略研究 [1]

马建成　张保平　姚卓君

一、引言

党的十九届五中全会颁布的《中共中央关于制定国民经济和社会发展第十四个五年规划和 2035 年远景目标的建议》，对新时代农业农村、全面推进乡村振兴做出了总体部署，为做好"三农"工作指明了方向。建立健全城乡融合发展体制机制和政策体系，加快推进农村农业现代化，促进乡村振兴，做好以满足人民日益增长的美好生活需要为根本目的，以人为本的发展理念成为当前乃至今后一段时期必须思考的问题。新时代人民群众对美好生活的多元化需求呈现爆发式增长，对文化旅游体验的需求转向了更高级的情感和自我实现的需求。[2] 由于文化、旅游产业具有融合性好、关联性强等特点，决定了其在乡村发展中的重要作用，文旅产业融合发展不仅有助于保护和开发传统文化以及挖掘各民族各地区的特色文化，丰富和完善文化旅游产品的内涵和价值，还将对促进各地区文旅产业升级起到积极的作用，也将带动相关产业的发展。在此背景下，探究我国文旅产业融合发展，对助力乡村振兴战略的实现有着重要的现实意义。

二、文献回顾与理论基础

（一）文献回顾

国外学者对于文旅融合发展的研究开始较早。Robert McIntosh 在 1970

[1] 基金项目：甘肃省审计厅重点科研课题"国家审计在构建新发展格局中的作用研究"（SJ210101）；兰州市社科规划项目，"双循环"新发展格局下兰州经济高质量发展实证研究（21-005A）.

[2] 黄先开. 新时代文化和旅游融合发展的动力、策略与路径 [J]. 北京工商大学学报（社会科学版），2021，36（04）：1-8.

年提出首次提出"旅游文化"的概念，随后开始了探讨"文化旅游"的概念内涵。欧洲旅游休闲教育协会曾把"旅游文化"定义为"人们离开他们的常住地，到文化吸引所在地的一切移动。例如，艺术表演场所、遗产遗迹等"。[1]Craik认为文化旅游行为的综合性、内容的丰富性，必须要与旅行者对文化需求的多样性相匹配，旅游是文化传播的良好载体，二者融合将创造出更大的价值。文化要素不断地向旅游产业渗透结合，使其行业产出的新产品更具有吸引力。[2]实践层面的研究也早已引起关注，Galogero Guccio（2017）通过条件效率评估的方法，以意大利 2004—2010 年的数据为样本，研究了文化在旅游业中的作用，发现积极的文化渗透对于旅游目的地的发展效率有着促进作用。[3]目前国外对于文旅产业融合发展的研究并没有形成专门性和系统性，更多是某一地区二者相互影响发展的研究。

国内最早在 1980 年便开始了文化与旅游融合关系的探讨，大多从定性的角度出发，从简单地将社会文化看成是一种旅游资源，或将旅游当作是文化生活的类型之一，倒认为"文化是旅游的灵魂""旅游是文化的载体"，二者是相互作用、相辅相成的，文化和旅游的融合的理论研究才逐步深入推进。而对于两者融合发展的研究起步较晚，侧重于定量分析，主要运用耦合协调理论和灰色关联等模型研究二者的耦合协调水平，但是对于影响文旅产业融合发展的动因研究较少。而随着乡村振兴战略的实施，学者们开始研究文旅产业融合如何助力其实现，大多从宏观经济政策上予以讨论，缺乏实证性的研究以及数据支持，认为乡村建设和乡村旅游发展的主要方向及乡村振兴战略实现的重要手段是文旅产业融合，[4]杨建文等（2019）通过实证分析认为文旅融合对乡村振兴战略的实现有着积极的作用。

基于此，本文通过主成分分析的方法，首先构建了评价文旅产业融合发展水平的指标体系，运用全国 31 个省份的统计数据，测算各省市的文旅融合

[1] 吴丽，梁皓，虞华君，霍荣棉.中国文化和旅游融合发展空间分异及驱动因素 [J]. 经济地理，2021，41（02）：214-221.

[2] Craik J. The Culture of Tourism[J]. *The Cultures: Transformations of Travel and Theory*, 1997, 1: 113-136.

[3] Guccio C., Lisi D., Martorana M. et al. On the Role of Cultural Participation in Tourism Destination Performance: An Assessment Using Robust Conditional Efficiency Approach[J]. *Journal of Cultural Economics*, 2017, 41(2): 129-154.

[4] 张彩虹，段朋飞，尹琳珊.文旅融合视角下乡村振兴路径研究 [J]. 当代农村财经，2018（12）：4-7.

发展水平；在分析文旅融合协同乡村振兴发展的内在逻辑基础上，探寻促进乡村振兴战略实施有效路径。

（二）理论基础

产业融合理论。1963 年，Rosenberg 将同一技术向不同产业扩散的现象定义为技术融合，是最早可以追溯的有关产业融合的研究。在此之后，欧洲学者对产业融合的内涵进行深一步的探讨后，认为融合是产业联盟或合并、技术网络平台以及市场等 3 方面的融合，具有一定的综合性。从产业融合发展初期在计算和广播等行业应用到与交通运输、餐饮和社会公共服务等领域的互动发展，研究该领域的学者们至今对其概念界定未形成统一的定论。马健（2002）通过梳理以往学者们的研究成果，基于产业融合的原因、发生的前提条件等提出：产业融合较为准确和完整的含义是指，由于技术进步和放松管制，发生在产业边界和交叉处的技术融合，改变了原有产业产品的特征和市场需求，导致了产业内企业间竞争合作关系发生改变，从而导致产业边界的模糊化甚至重划产业界限。[1] 从根本上来说，产业融合最基本的动力来源于产业之间的高度关联性和经济社会发展情况。[2]

产业边界理论。边界是系统理论中最基本概念，人们将系统理论中的边界概念引入产业组织理论中，形成了"产业边界"的概念，边界是由各个产业的技术、业务、市场、服务、企业、监管机制等特性加以区分而形成的，产业边界是产业经济系统的诸多子系统构成的与其外部环境相联系的界面。郭鸿雁（2008）将产业边界定义为：由多个子系统构成的经济系统与外部环境之间存在明确联系的结果，产业边界的作用贯穿于整个发展过程，对产业的后续发展方向和速度都起到了很大的影响作用。其动态性、模糊性、渗透性的特征可以提高产业与产业之间的融合。文化和旅游产业在市场、产品、技术等诸多方面都存在着相应的边界，旅游是文化的载体，同时，文化又是旅游发展的新动力，二者融合发展可以形成更具体验型、互动性的产业链。

[1] 马健.产业融合理论研究评述 [J].经济学动态，2002（05）：78-81.
[2] 陈芳婷.文旅融合背景下甘肃省文化资源与旅游产业耦合研究 [D].西北师范大学，2020.

三、文旅产业融合发展质量评价体系构建

（一）评价指标体系设计

科学设计评价指标体系是评价文化旅游产业融合发展的重要基础，综合考虑指标选取的科学性、代表性、可操作性等一系列原则，借鉴石燕等学者成果，并结合当前已有的文献资料，本文从财政投入、文化发展、旅游发展3方面提出了15项二级指标构建出了文旅产业融合发展水平评价指标体系。如表1所示。

表1　文旅产业融合发展水平评价指标体系

一级指标	二级指标	指标代码	单位
财政投入	人均文化和旅游事业费	X1	元
	文化和旅游事业费占财政总支出的比重	X2	%
文化发展	文化产业增加值	X3	亿元
	文化产业增加值占GDP的比重	X4	%
	公共图书馆藏书量	X5	万册
	公共图书馆数	X6	个
	博物馆数	X7	个
	艺术表演场所数	X8	个
	广播、电视覆盖率	X9	%
	城镇文化体育和娱乐业年底就业人员数	X10	万人
旅游发展	旅游总收入	X11	亿元
	游客量	X12	万人次
	5A级景区	X13	个
	全省旅行社	X14	个
	星级饭店	X15	家

（二）数据来源

基于数据的可获得性，本文选取31个省市2015—2018年相关统计数据进行分析。数据主要来源于各个省市统计网站所公布相关年份的统计年鉴和社会经济发展公报、《中国城市统计年鉴》《中国旅游统计年鉴》《中国文化文物统计年鉴》等，部分数据来源于各省市旅游文化部门所披露的数据。

（三）数据处理

本文主要采用SPSS.25和Stata.16进行相关的数据处理。根据主成分分析方法的原理，用全样本数据对文旅产业融合发展水平评价指标降维，构建文旅产业融合发展质量指数的最终得分模型，评价我国31个省市的发展现状。

表2　KMO和巴特利特检验

KMO 取样适切性量数		0.812
巴特利特球形度检验	近似卡方	1537.824
	自由度	105
	显著性	0.000

　　KMO 检验主要用于研究变量之间的偏相关系数，KMO 的值越接近于 1，说明这些变量进行因子分析的效果越好，0.7 以上可以接受，0.5 以下不易做主成分分析；Bartlett 球形检验，当显著性 P＜0.001 时表明变量之间高度相关，能为主成分分析提供合理基础。依据表 2 中的数据结果，KMO 检验值为 0.812＞0.7，且 Bartlett 球形检验结果 Sig. 的值为 0.000，拒绝原假设，认为所选择的样本较充分，适合做主成分分析。

表3　方差贡献率

成分	总方差解释					
	初始特征值			提取载荷平方和		
	总计	方差百分比	累积 %	总计	方差百分比	累积 %
1	6.861	45.737	45.737	6.861	45.737	45.737
2	2.949	19.662	65.399	2.949	19.662	65.399
3	1.014	6.759	72.158	1.014	6.759	72.158
4	0.806	5.374	77.532	0.806	5.374	77.532
5	0.701	4.672	82.203	0.701	4.672	82.203
6	0.610	4.068	86.272	0.610	4.068	86.272
7	0.405	2.700	88.972			
8	0.381	2.541	91.513			
9	0.338	2.251	93.763			
10	0.282	1.878	95.641			
11	0.207	1.379	97.020			
12	0.165	1.099	98.119			
13	0.160	1.065	99.185			
14	0.076	0.505	99.690			
15	0.047	0.310	100.000			

　　当主成分的特征值大于 1 时，说明该主成分中得到的信息较多应予以保留，累计方差百分比是用来说明主成分的贡献率，累计方差百分比越高表明这几个主成分对总体解释度越高。依据表 3 的结果，若保留特征值大于 1 的主成分，累计方差贡献率为 72.158%，原始数据信息的提取结果并不理想。依据碎石图保留前 6 个主成分，累计方差贡献率达到了 86.272%，结果较为

理想。因此，用提取的 6 个主成分来反映原有的 15 个二级指标。

SPSS 因子分析中并不能直接输出主成分载荷矩阵表，根据数理统计的相关知识，主成分分析的变换矩阵（U_i）与因子载荷矩阵（A_i）和特征值（λ_i）存在着一定的数学关系。

$$U_i = A_i \Big/ \sqrt{\lambda_i}$$

进一步分析得到主成分得分系数矩阵。

表4 主成分得分系数矩阵

	成　分					
	1	2	3	4	5	6
X1	−0.077	0.486	0.014	0.113	0.372	0.010
X2	0.070	0.403	0.523	0.171	0.174	−0.248
X3	0.316	0.140	−0.001	−0.221	0.134	−0.044
X4	0.242	0.324	−0.319	−0.089	0.163	0.326
X5	0.340	0.191	−0.087	−0.024	0.030	−0.124
X6	0.164	−0.428	0.031	−0.019	0.080	−0.294
X7	0.309	−0.165	0.050	0.036	−0.002	0.119
X8	0.293	−0.028	0.476	0.074	0.062	0.112
X9	0.201	0.233	0.161	0.027	−0.839	0.113
X10	0.273	0.226	−0.442	−0.090	−0.069	0.038
X11	0.175	−0.149	−0.177	0.890	0.057	0.232
X12	0.251	−0.257	0.086	−0.282	0.156	0.468
X13	0.299	−0.148	0.241	−0.088	0.171	0.141
X14	0.351	0.031	0.040	0.069	−0.087	−0.262
X15	0.294	−0.115	−0.260	0.009	0.040	−0.571

借助已有的研究成果，结合上述各项指标，以文章的原始数据构建文旅融合发展质量指数的最终得分模型。

$$U = X_1 \times 0.0612 + X_2 \times 0.0729 + X_3 \times 0.0219 + X_4 \times 0.0434 + X_5 \times 0.0221$$
$$- X_6 \times 0.0309 + X_7 \times 0.2345 + X_8 \times 0.0663 - X_9 \times 0.0068$$
$$- X_{10} \times 0.0041 + X_{11} \times 0.0688 + X_{12} \times 0.0284 + X_{13} \times 0.0413$$
$$+ X_{14} \times 0.0097 - X_{15} \times 0.04$$

其中系数 $\lambda_i = (\lambda_{i1} + \lambda_{i2} + \lambda_{i3} + \lambda_{i4} + \lambda_{i5}) \Big/ 15$ ，例如 λ_1

$$= (-0.077 + 0.486 + 0.014 + 0.11$$
$$+ 0.372 + 0.01) \Big/ 15 = 0.0612$$

为消除数据样本量纲的不同所带来的不合理偏差，需要对原始数据进行标准化处理，其原理为 $x_{ij}{}^* = \left(X_{ij} - \overline{X}_j \right) \Big/ \sqrt{Var(X_j)}$ ，其 $\overline{X}_j$ 和 $\sqrt{Var(X_j)}$ 分别为第

j 个变量的平均值与标准差。

（四）文旅产业融合发展质量现状

对原始样本数据标准化处理之后，通过文旅产业融合发展质量的指数模型测算 31 个省市的综合得分，衡量文旅产业融合发展质量情况，并不是实质性层面的发展情况。经测算，我国 31 个省市 2015—2018 年文旅产业融合发展质量指数及排名情况如表 5 所示。

表 5　文旅融合高质量发展指数排名（2015—2018）

2015 年	2016 年	2017 年	2018 年
浙江（0.54）	浙江（0.71）	浙江（0.85）	浙江（0.91）
山东（0.52）	江苏（0.53）	江苏（0.63）	江苏（0.70）
江苏（0.30）	上海（0.33）	北京（0.37）	北京（0.35）
上海（0.25）	北京（0.32）	上海（0.34）	上海（0.35）
北京（0.18）	广东（0.12）	山东（0.16）	广东（0.28）
四川（0.03）	四川（0.08）	广东（0.13）	山东（0.20）
天津（-0.01）	陕西（0.05）	四川（0.12）	福建（0.17）
山西（-0.02）	山东（0.04）	山西（0.08）	湖北（0.17）
陕西（-0.02）	山西（0.03）	天津（0.07）	西藏（0.15）
福建（-0.08）	福建（-0.02）	湖北（0.06）	四川（0.13）
广东（-0.09）	湖北（-0.02）	福建（0.05）	天津（0.12）
重庆（-0.10）	重庆（-0.03）	西藏（0.05）	山西（0.10）
湖北（-0.11）	西藏（-0.03）	陕西（0.05）	河南（0.08）
河南（-0.12）	天津（-0.04）	河南（0.00）	湖南（0.08）
西藏（-0.12）	湖南（-0.04）	海南（0.00）	重庆（0.05）
宁夏（-0.15）	河南（-0.07）	内蒙古（-0.02）	陕西（0.02）
吉林（-0.16）	内蒙古（-0.08）	重庆（-0.02）	吉林（0.01）
海南（-0.17）	安徽（-0.09）	湖南（-0.03）	安徽（0.00）
内蒙古（-0.18）	青海（-0.10）	安徽（-0.07）	内蒙古（-0.01）
湖南（-0.18）	海南（-0.11）	青海（-0.07）	贵州（-0.05）
辽宁（-0.20）	宁夏（-0.11）	辽宁（-0.08）	云南（-0.05）
安徽（-0.20）	辽宁（-0.12）	吉林（-0.10）	江西（-0.08）
青海（-0.21）	河北（-0.20）	河北（-0.11）	河北（-0.11）
江西（-0.22）	江西（-0.20）	江西（-0.12）	青海（-0.11）
河北（-0.23）	广西（-0.21）	贵州（-0.12）	广西（-0.14）
黑龙江（-0.25）	云南（-0.21）	云南（-0.15）	宁夏（-0.14）
广西（-0.26）	吉林（-0.23）	甘肃（-0.17）	辽宁（-0.15）
新疆（-0.27）	贵州（-0.24）	宁夏（-0.17）	海南（-0.17）
云南（-0.29）	黑龙江（-0.25）	黑龙江（-0.20）	甘肃（-0.17）
贵州（-0.34）	新疆（-0.26）	广西（-0.20）	新疆（-0.23）
甘肃（-0.34）	甘肃（-0.36）	新疆（-0.25）	黑龙江（-0.25）

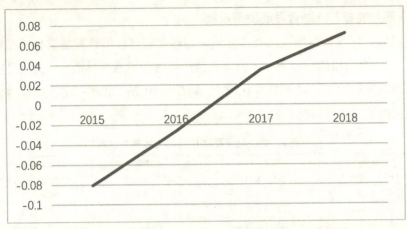

图1　31个省市2015—2018年文旅融合高质量发展指数均值

从图1中可以看出从我国31个省市文旅产业融合发展质量指数平均值来看，文旅产业融合发展水平总体呈现出明显的递增趋势，整体发展水平显著提高，这与近年来国家大力发展生态旅游文化等一系列政策有着直接关系。在国民经济和社会发展第十四个五年发展规划中提出的重点发展文化、旅游、健康、养老等产业的战略机遇期，文旅产业将迎来新一轮黄金发展期，其融合发展水平将更上一个阶梯。

如表5所示的31个省份文旅产业融合发展质量的指数及位数情况看：相比较西部欠发达地区而言，东部发达地区发展态势较好、文旅产业融合高质量发展正在迅速推进。浙江、江苏、北京、上海4个发达省市的发展指数均高于全国平均水平，且远超于其他省市，不仅是因为4个地区拥有丰富的旅游资源，更重要的是政府相关部门的政策支持。浙江省文旅产业融合发展指数一直位居第一，这与浙江省政府出台一系列产业政策息息相关，其借助天然的旅游资源和先进的科技条件，高度重视文旅产业融合试验区的培育工作，创造性、系统性推进文化旅游高质量发展和创新改革，切实提升群众的获得感；北京作为我国首都，拥有一批国家级和5A级景区和深厚的文化底蕴，最具有代表性的故宫在2019年接待量突破1900万人次，文化旅游业发展迅速，"漫步北京计划、畅游京郊计划、点亮北京计划"等项目的实施更是丰富了文旅融合发展契机；上海作为超大城市，2020年全市生产规模跻身全球城市第六位，全球金融中心指数、新华·波罗的海国际航运发展指数位居世界第三，在国内诸多行业中处于领先地位，其发展指数位次也在逐步上升；江苏省拥有 23 个 5A 级景区，其数量位居国内第一，旅游资源丰厚，文化创新点深入发掘等因素都推动着江苏省文旅产业融合发展朝着高质量发展方向前进。

四川、山西两省文旅产业融合发展质量正在稳步提升，变化幅度适中。广东省发展速度较快，发展质量迅速提升，这与其政策导向有很大的关系。福建、重庆、湖北、西藏四省发展水平相近，且都在稳步提升。旅游业作为西藏支柱性产业，在政府的大力财政支持下得到快速发展。河南、云南、贵州三省发展水平低于全国平均水平，但也在稳步上升。湖南、内蒙古、江西、河北、广西、安徽六省发展水平变化幅度不大，但整体呈上升趋势。

新疆维吾尔自治区发展水平变化幅度不明显，基本保持不变。山东省2016 年下降幅度较大，随后又开始上升，虽有较大变化，但近年来整体发展水平均高于全国平均水平。天津、甘肃、黑龙江、陕西、吉林、宁夏六省发展水平波动起伏频繁，天津虽作为直辖市，经济较为发达，但文化旅游资源欠缺，导致文旅融合发展水平位次靠后，其余五省经济发展水平不高，发展基础较弱。青海、海南、辽宁三省发展质量位次在前 3 年稳步提升，但在2018 年均出现下降，这可能是由于其他省份在文旅产业投资及政策扶持力度上高于青、琼、辽三省而导致其位次下降。

四、文旅产业融合引导乡村振兴的逻辑机理

当前，我国文化和旅游产业融合发展指数不断提高，发展质量的提升持续为增强乡村地区核心竞争力，挖掘乡村文化价值与经济价值，满足人民日益增长美好生活需要，实现"经济效益、文化效益、社会效益、引领效益"的结合功能，其为文化、旅游资源丰富的地区提供了更多的、更为广阔的发展前景与机遇，在乡村振兴这一大背景下，文旅产业融合对促进乡村精准扶贫与振兴，具有不可忽视的作用。

乡村地区拥有着丰富的自然资源、农业资源以及深厚的历史文化底蕴和民俗风情，而文旅产业融合能够有效地拓展乡村旅游发展空间，将优秀资源变为文旅产品，带动产品加工、文化教育、餐饮服务等相关产业的发展，更重要的是能够让乡村传统的农业产业链拓展延长，提升农产品的经济附加值。一方面，文旅融合为乡村带来了大量的人流，创造了更多的就业机会，减少

了当地劳动力的流失，提高农村居民收入，不仅在一定程度上解决了留守儿童和空穴老人的问题，还可以加快乡村反贫困进程，推动新型城乡关系的构建；另一方面，其能够满足消费者的多样化需求，完善乡村地区的公共基础设施和服务功能，引导乡村地域城镇化，是拉动乡村全面发展，促进乡村振兴的重要把手。

目前，我国乡村文化旅游资源依赖过度、文旅融合表面化现象严重。乡村旅游很大程度上依靠乡村地区的原生态文化，缺少创新意识，文旅产品没有对游客产生较大的吸引力，仅带给游客一次性消费，无法让其产生更深层次的感悟和体会，盲目地追求经济效益，自然无法实现自身的可持续发展。因此，乡村旅游目的地需将本地特色文化注入更深层次的旅游产品中，打造出具有别具风格的品牌魅力，提高核心竞争力；充分利用文化产业易于与其他产业边界融合，不断创新旅游文化新业态，多主体合作模式发展，走差异化发展道路；中国特色社会主义进入了新时代，人民群众对美好生活的多元化需求持续增长，对文化旅游体验的需求转向了更高级的情感和自我实现的需求，旅游目的地需要改变传统旅游模式，让游客参与、学习、体验，使得乡村旅游更有活力。

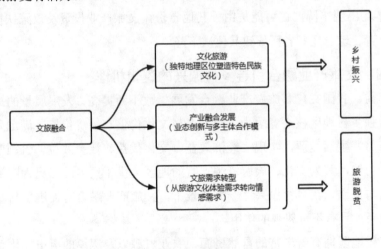

图 2　文旅融合助推乡村振兴

五、文旅产业融合发展助推乡村振兴

（一）大力促进文化创意、持续塑造品牌特色

文化创意是通过借助"大智移云"的现代科技手段、依靠创意者的专业

知识，针对旅游资源所进行的整合、提升与再造，从而创造出全新的产品。我国乡村地区由于交通、地理等原因，经济发展较为落后，但其原生态的自然景观和丰富多彩的民族文化保留完整。因此，在借助乡村旅游推动乡村经济发展的过程中要注重将其独特的区域文化深入融合到旅游产品中去，在文创产品的开发上下功夫，以积累的多样化的文化要素和记忆，形成特有的乡村文化符号，通过符号的具象化和抽象化的表达，给游客视觉上的冲击，使其体验到与城市生活不一样的乡村文化旅游体验，打造出具有持续影响力的乡旅文创品牌，让文旅产品品牌溢价。品牌形象是品牌所具有的特征给予消费者的评价与认知，乡村文旅品牌的建造应着重注意凸显地域本土化的特征，展现出本地的文化内涵；生产出的文旅产品要具有独具一格的色彩识别性和地域识别性，体现出乡村独特的文化禀赋和内涵；树立的品牌要能够获得消费者的青睐，在其心目中具有较高的地位。

（二）文化价值挖掘、多主体合作发展

文化作为乡村发展的灵魂和精神内核，在文旅融合推进乡村振兴过程中，需将其放在产业融合的核心位置上，在最大限度地还原当地特色的同时还需灵活地应用新兴科学技术，深挖文化价值，将传统文化与新兴文化链接起来，不断地做出创新，为乡村振兴注入新动能；此外，更应借助文化、旅游产业边界易融合的特点，为乡村发展打造新产业、新业态，发挥加法和乘法效应。习近平强调"促进农村一二三产业融合发展，是乡村振兴的新思路、新方向、新路径"，而农业作为其发展的重要产业，是文旅融合推进乡村振兴的动力源，地方需要培育产业深度融合的新产业、新模式，提升文旅产品的附加值，形成"文化旅游＋农业＋其他产业"的融合。例如，"文化旅游＋农业＋教育"的融合，不仅能够让游客在外出旅游，体验当地文化底蕴深厚的风土人情、民间习俗的同时，还能够体验独具特色的农耕文化、寓教于乐让游客有了亲近自然、体验生活、学习乡村历史的机会。这样产品才能更具吸引力，给游客留下深刻的印象。

（三）依托乡愁文化、打造田园式旅游体验

城镇化进度的不断加快，原有的许多乡村印记正在逐渐地消逝，人们为了追寻儿时的记忆，往往更倾向于乡村旅游。而早期的乡村文化旅游仅是表面上的融合，满足了人们视觉上的享受，但人们的情感需求使得文化旅游必须转换其发展方向。人的情感是一个任何物质都无法替代的复杂系统，乡村文旅需依托情感系统"本能、行为、反思层"3个层次打造乡愁文化，激发游客田园式旅游体验感。从本能层出发，文旅产品需要从可视化外观（形、色、质）来让游客产生情感共鸣，进而产生购买行为；行为层要求文旅产品能够满足旅游者对其功能的需求，比如，旅游过程中的衣食住行，其次是能够体验到儿童时的生活状态；反思层作为最高层次要求乡村文旅能够给予游客欣赏与感动，从而激发文化认同，有助于传承及发扬乡村文化、留住乡愁。因此，当地应将具有独特性、差异性的民俗文化作为其品牌建设、乡村振兴的重要依托资源，让其作为基础力量发力，促进乡村产业的创新发展。

五、结论

在文旅产业融合走向成熟的必然趋势下，如何推动其为乡村振兴发力一度成为乡村旅游文化业的热点话题，乡村振兴为乡村文旅产业提供了良好的政策环境，而乡村文旅产业的发展符合乡村振兴的总要求，助力其全面实现。文章通过梳理现有研究文献，首先从3个维度、15个二级指标构建文旅产业融合发展水平评价指标体系，通过分析发现，东部相对于中西部欠发达地区而言高质量发展指数更高，位次均位于全国前列，且其发展指数不断提高。但在乡村文旅融合过程中存在融合表面化现象严重、过度依赖乡村地区的原生态文化、缺少创新及品牌意识、发展模式老旧等问题，文章在分析了乡村文旅融合协同乡村振兴发展的内在逻辑基础上，从"从促进文化创意、文化价值挖掘、打造田园式旅游体验"3方面为推进乡村振兴提供了参考。总的来说，文旅产业融合发展，需要注重文化要素的再应用，打造出特色化、品牌化的文旅精品，实现文旅产业融合传承乡村旅游文化，为区域经济发展助力，实现乡村可持续发展，进而助力乡村振兴。

作者简介

马建威，兰州理工大学教授，学科负责人，中国财政科学研究院博士后，北京市中青年骨干教师，美国明尼苏达大学访问学者，北京工商大学原会计系主任、北京市宣武区审计局挂职锻炼，中国扶贫基金会委员，中央财经大学国际项目客座专家，兰州财经大学客座教授，丝路会计硕士（MPAcc）联盟理事，会计研究、审计研究等匿名审稿人。

张保平，男，汉，甘肃平凉人，兰州理工大学经济管理学院硕士研究生，研究方向为旅游管理。

姚卓君，女，汉，山东青岛人，兰州理工大学经济管理学院硕士研究生，研究方向为企业管理。

基于区块链的非物质文化遗产数字艺术创意管理研究

刘 兵

一、非物质文化遗产数字化保护与传承的发展趋势

"非物质文化遗产"，简称"非遗"，是指各种以非物质形态存在的与群众生活密切相关、世代相承的传统文化表现形式，是民族个性、民族审美习惯的"活"的显现。作为人类精神世界历经千万年而延传至今的活态遗产，是一个地区深层文化和精神内核的载体。如何对非遗进行真正有效地保护、研究、传承与创新，对于各地区的文化建设及社会建设来说，具有重要的意义。[1]

随着科技的发展和非遗技艺使用价值的降低，非物质文化遗产也一度走到了失传的边缘。数据显示，第一批至第四批国家级非遗共有 1372 个项目，如今已有 300 余位传承人去世，有不少技艺未能实现完整传承。在新媒体语境下，以身口相传的非物质文化遗产，面临着从人际传播向大众传播的命题。要想让传统非遗技艺在科技日新月异的时代重新焕发生机，必须和现代科技及现代渠道紧密结合。非遗与数字科技结合，不仅仅是创造出更多的艺术风格，更是将传统文化的魅力用现代话语方式介绍给年轻一代人。

在全球范围内，随着计算机和互联网普及，数字技术成为文化遗产保护、传播、宣传的辅助工具。美国、欧盟和日本等发达国家将数字技术广泛应用于非物质文化遗产景观的复原、再现、建筑漫游、数字影像展示等，从基本的真实记录到文化事项情境化的虚拟仿真，再到文化遗产的数字化重现、复原与呈现。

近 20 年来，中华非物质文化遗产"保护为主、抢救第一、合理利用、传承发展"的理念不断强化，保护方式不断创新，传承制度不断完善；数字

---

[1] 余日季. 基于 AR 技术的非物质文化遗产数字化开发研究 [D]. 武汉大学博士学位论文，2014.

技术亦得到广泛应用，非遗数字化，不仅仅是非遗传承的一个环节，而成为非遗文化资源保护、整理、出版各项工作的基础。在保护中维护文化多样性，保护文化生态空间的完整性和文化资源的丰富性，这是我国非遗保护工作的重大创造。以 2007 年闽南文化生态保护实验区设立为起点，至 2020 年，全国已有 23 个国家级文化生态保护（实验）区，"十四五"期间还将再增 7 个。

非遗保护与传承对整合乡村文化资源，深层开发文化旅游，具有重要作用。物质文化遗产和非物质文化遗产都是历史文化结晶。目前乡村文化旅游资源的开发大多流于表面，集中于物质文化遗产等观光旅游上。非物质文化遗产数字化保护与传承，让非物质文化遗产活化利用，让乡村文旅生态更加丰富。在乡村振兴中，面对"千村一面"、旅游产品"天下一家"等问题，通过挖掘和振兴乡村的特色非物质文化遗产，一方面凸显当地特色，成为乡村的文化支撑，另一方面能够为传承人和相关从业人员带来实实在在的经济收入。边远偏僻地区往往是传统工艺项目的富集区，让贫困户从剪纸、刺绣、绘画、食品加工等传统工艺类非物质文化遗产中获得收入，帮助非遗匠人创造财富，让更多人愿意进入这个行业，既有社会效益又有经济效益。对非遗艺术品最好的保护就是市场化，挖掘整理乡村艺术家作品并作数字化传播，将给乡村艺术家带来走向世界的机会，振兴乡村文旅产业。

二、区块链数字艺术赋能非物质文化遗产创意管理

数字艺术是通过数字设备为媒介传播和呈现的一种新兴艺术。数字艺术作品在互联网环境并不稀缺，在网络空间，人们创作、绘制、剪辑数字作品成了文化时尚。原创作品、原创内容不仅容易复制，也很容易被篡改或增删。

区块链是数字艺术价值实现的重要技术手段。基于区块链的数字艺术，或者说加密艺术，具有确定身份、高效流转、价值承载等功能，技术性解决了数字艺术作品确权、流转、追溯、信任的难题。区块链通过加密和共识协议为数字艺术提供信任背书，网络上多个分布式节点共同记录维护数据真实性。数字艺术作品依托区块链溯源与确权机制，大大提升了价值。

区块链技术的一个重要组成部分是密码哈希函数的广泛应用。哈希（Hash）是一种对几乎任意长度的数据（可以是文档、文本、图像等）进行密码哈希运算处理并输出固定长度结果的加密方法，生成的结果称为消息摘要或哈希值。哈希取值范围非常大，产生重复结果碰撞的概率非常小；这是

哈希运算的抗碰性，无法同时找到两个不同输入在经过哈希后得到相同的结果。数字艺术作品溯源运用哈希验证的思路，通过哈希加密函数提取作品哈希值，锁定作品原创数字版本。哈希值与交易记录、时间戳一起放在链上共识确认，在智能合约内记录。链上保存作品哈希值和提取地址，链上数据与链下存储的文件一一对应。每个作品的哈希值独一无二并且放在链上，因此验证作品哈希值即可知道链上交易的加密艺术作品是否原作，有效杜绝造假。加密艺术作品真实性可以用唯一不重复的哈希值来跟踪、溯源。数字作品来源可以追溯，意味着数字作品有了一个稳定的锚，不再被任意修改和复制。在数字经济从流量红利走向存量价值的时代，溯源和确权机制，建立了数字作品的稀缺性，并为数字艺术开启了全新的创意管理模式。

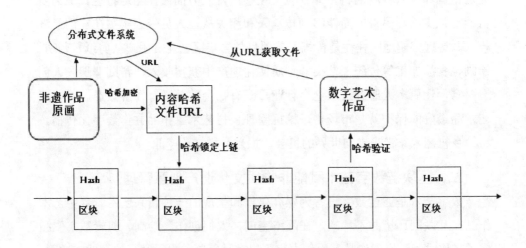

图 1　非遗数字艺术作品的上链溯源机制图示

通过区块链数字艺术来展示、传承非遗，对于非遗创承与创新是全新的途径。区块链赋能非物质文化遗产保护传承，主要体现在以下几方面。

第一，原作品版权存证，是技术性保护作品真实的工具。区块链版权存证数字艺术作品。区块链技术多方共识、不可篡改特性对非遗数字艺术进行原作品的溯源、确权。非遗的手艺和创意，以数字作品形式得到保护，更好鼓励原创内容。

第二，区块链智能合约，赋予非遗数字艺术品全新的创意空间，提升数字艺术品交易价值。基于区块链的非遗文化资源艺术品交易平台，为非遗艺术品的确权以及透明交易提供了有效途径，致力于解决非遗数字作品版权登记周期长、登记价格高、内容难于微颗粒化等问题。

第三，区块链为非遗数字艺术作品大规模协同开发，提供了很好的确权、协作、信任环境。利用区块链技术在集体维护、数据透明、全程留痕、不可篡改等方面的特性，结合大数据、物联网和人工智能等技术手段，建设非遗文化资源大数据监控平台，汇集包括非遗文化资源的种类、数量、分布状况、生存环境、保护现状和传承状态等数据，以领导驾驶舱模式提供多维度监控和辅助决策功能，补益"城市大脑"社会化治理能力。[1]

三、基于区块链的非遗数字艺术案例——百谷王非遗数字艺术平台

非物质文化遗产已经成为"讲好中国故事、传播好中国声音"的重要载体，非遗数字艺术是产业数字化、数字产业化的最佳实践。"百谷王数字艺术平台"是基于区块链的非遗文化资源艺术品交易平台，为非遗艺术品的溯源、确权、透明交易提供了有效途径。福州百谷王网络科技有限公司于 2021 年 10 月上线了"百谷王数字艺术平台"小程序客户端，以数字艺术藏品上架、发行、展示、分享为主要功能，能够通过数字艺术藏品形式，充分表达出不同非遗文化的艺术特点。[2]

"百谷王非遗数字艺术平台"在区块链上安全地记录非物质文化遗产艺术品，赋予其可追溯性和唯一性，保证了非遗数字艺术作品的稀缺性与真实性，并基于独特的信息交换技术和市场化机制，使得每件艺术品以较低的成本、更高的效率，便捷有效地进行互联网分享、传播与转移，以创造更多的经济和社会价值。"百谷王数字艺术平台"构建非遗文创地图，采用"传承人戳""技艺鉴定戳""微观纹理"等创新技术，解决了非遗行业中"假冒伪劣""传承无序"等痛点问题，营造良好商业氛围，助力非遗保护与传承，有效对非遗作品进行创意管理。

"百谷王非遗数字艺术平台"构建非遗文创地图，第一期把福建的非遗，包括浦城剪纸、福建漆画、松溪版画、建本、福州软木画、德化陶瓷、寿山

---

[1] 黄杰阳 . 区块链创意的自生长机制及应用场景 [C]. 创意管理评论第 5 卷，厦门：厦门大学出版社，2020.

[2] 王福州 . 文化遗产保护的可贵探索（传承之光）[N]. 人民日报，2021 年 11 月 7 日 .

石雕等非遗作品逐一点亮。2021年10月6日，首发了国家非遗浦城剪纸代表性传承人周冬梅老师的《浦城剪纸—百年荣光》系列数字影像，共发行24款单品，合计15576份。10月16日，发行年轻漆画家一贤老师《福建漆画—黑洞》数字影像，发行一款单品，合计2000份。10月29日发行"雪君体"创作者谭学军老师《雪君体—禅意》数字影像。11月9日发行永泰县梧桐镇"寿星菜篮公"数字收藏品。

"百谷王非遗数字艺术平台"以强化版权保护为抓手，推动文化产业模式持续更新，通过颁发信用凭证等手段，在价值认定、产业链构建、流转交易等领域发挥积极作用，使非遗的价值得到市场化释放。平台还将与全国第一家集中审理涉网案件的试点法院——杭州互联网法院的司法系统直接对接，线上完成包括固证确权、取证维权、转证授权在内的全链路服务。将非遗版权信息登记在"版权区块"上，公开透明、可追溯且无法篡改，切实解决确权、授权、维权难题，为构建一个公开、透明、有序且有约束力的产业运营机制提供强有力的保障。当发生侵权争议时，输入作品相关信息，即可通过系统的自动识别，快速判定侵权事实并立即固证，降低维权人力和时间成本，让无良者肆无忌惮侵权的恶行永久成为历史，为创作者创造出洁净的创作环境，杜绝劣币驱逐良币的现象，继而通过内容"创新"带动"非遗"产业快速向前向好发展。特别是版权时间戳的运用，可以在相关作品发生版权争议时，追溯到源头版权痕迹。平台以强化版权保护为抓手，推动文化产业模式持续更新，通过颁发信用凭证等手段，在价值认定、产业链构建、流转交易等领域发挥积极作用，使非遗的价值得到市场化释放。

作者简介

刘兵，福建省区块链引擎产业技术创新战略联盟秘书长，福州百谷王网络科技有限公司董事长，联想区块链联合创新实验室主任，福州市区块链引擎行业技术创新中心主任，数字中国创新大赛专家委员会专家，研究方向：服务端引擎、数据库、区块链领域基础研发。

乡村旅游创意阶层之缘起、内涵与激励 [1]

孙永龙　王春慧

一、引言

在今天，人类创造力的提升带来了社会变革的根本推动力，无论是艺术、时尚、还是信息技术，产业先行者们几乎都是提出创意并保持创意的人，可以说创意是现代经济中最宝贵的要素。早在 2000 年 Florida 就曾提出：我们的经济正在从过去的由大公司定义的以企业为中心的体系向以人为推动力的体系转变。于是，资本开始全力支持创意，挖掘、培养那些放荡不羁、天马行空的怪才去主导创意，引领经济增长。正是人类社会对于创意的经济性需求，促使了创意阶层的兴起。

Florida（2002）在《创意阶层的崛起》中首次提出创意阶层是指所有需要创意的职业的从业者，并把创意阶层分为"创意核心"和"创意专家"两种类型。[2] 李具恒认为创意阶层指具有创意的人力资本，是创意经济时代人力资本的高级形态，经济发展的关键要素和主要推动力。[3] 旅游追求创意是创意经济时代下的必然趋势，伴随着消费升级，人们的旅游过程由单纯地欣赏美景，转变为向往更具有文化内涵和体验感的创意型旅游，而创意要素的提取与融入更依赖人来加工呈现，所以创意阶层在旅游业中的作用愈加凸显。

二、乡村旅游创意阶层的缘起

一直以来，乡村旅游以"采菊东篱下，悠然见南山"的田园风光和农家

[1] 基金项目：中央高校基本科研业务经费研究生科研创新项目"民族地区旅游创意阶层根植意愿的影响因素研究"（项目编号：Yxm2021088）。

[2] 徐静，胡晓梅，何静.创意阶层理论的英国实践与批评[J].城市发展研究，2008，15（06）：87-90+96.

[3] 李具恒.创意经济时代人力资本再认知[J].西北人口，2007（06）：6-11+16.

情趣为基调，打造现代都市生活者向往的"不闻城市喧"的意境，受到了大批游客的追捧，成为游客出行的最主要选择之一。据统计，2019 年休闲农业的游客接待量为 32 亿人次，营收超过 8500 亿元，发展前景十分广阔。但在蓬勃发展的背后，困境其实已经显现。受传统农牧业衰退的影响，农民生计困难，基本生活得不到保障，青壮年人口纷纷向城市流动，加上农民自身的保守性和乡村的封闭性，乡村旅游缺乏一定的发展基础。庭院经济是乡村旅游发展的最初形态，因投资小、门槛低、风险低，在发展初期却能满足游客的休闲需求，因此遍地开花，异常火爆，但是低门槛也招来了同行的竞相模仿，导致资源同质化严重。另外，受疫情影响，2020 年 1—8 月我国休闲农业与乡村旅游人数减少至 12.07 亿人，与同期相比下降了 60.9%，游客量的大幅减少直接给部分乡村旅游地带来了发展瓶颈。

（一）本土乡村旅游创意阶层的产生

"穷则变，变则通。"当庭院经济走到了穷巷，游客减退，收益减少，原有的经营者不得不开始思考旧小院的新出路。一部分人注重修炼自身，积极参加乡村旅游培训、参观学习、开阔视野，希望学习到先进的乡村旅游开发与管理经验。在掌握了一定的技能后，他们运用所学经验或与外界合作改造原有的低级农家乐，与此同时，他们也有了新的身份——乡村旅游创意阶层。

本土乡村旅游创意阶层是土生土长的当地人，对家乡的情感、城市的压力、熟悉的社会网络所带来的安全感等，都可能成为他们留在本地的理由。也有一部分人放弃了城市里的工作选择回乡，例如，大学生返乡就业、新乡贤回乡创业等，学生时代的教育经历以及工作中的职业技能培训，在很大程度上提升了外出青年的人力资本存量，城市生活中掌握的市场精神、商业意识、现代观念、经营技巧和人脉资源等，有助于他们在返乡创业和就业过程中形成一定的文化优势。[1] 在这种情况下，相比于在城市里单一的工作，返乡更有助于自我价值的实现。

需要指出，部分地区在发展乡村旅游的过程中十分重视居民教育，通过各种途径提升居民的旅游参与能力，最终表现为居民自身的旅游经营管理能

---

[1] 杨伊宁. 返乡青年的认知重构与价值重塑——基于"慢城"生活方式的研究视角 [J]. 中国青年研究，2020，12：65-70+99.

力、产品创新意识等能力显著加强，为开发高水平的旅游产品与旅游服务助益良多，这一类社区居民也是本土乡村旅游创意阶层。

（二）外乡乡村旅游创意阶层的介入

在部分乡村旅游发展迅速的地区，有想法的基层带头人通过将资源资本化，与外来投资者合作开发，或将村庄作为一个整体对外承包，由外来投资者负责全村乡村旅游的开发、宣传、经营等一系列活动。这样一来，村民有了工作，集体也有分红。投资者再以招商形式对外租赁店铺，从而吸引更多的商家入驻。在这条生产链中，商家大多为外地人，他们被此地潜藏的价值所吸引，并以自带的资金、文化资本改造着乡村，所以可以被称为外乡乡村旅游创意阶层。四川明月村以 8000 余亩雷竹和 3000 余亩茶叶为主发展农业产业，以"明月窑"为主线发展陶艺、蓝染、篆刻等文创产业，打造"茶山、竹海、明月窑"的乡村形象新名片，先后吸引了 100 余名有影响力、有创造力的艺术家和文化创客入村进行创作、创业和生活，通过"招、拍、挂"的方式获得土地使用权，在村里开发文旅项目，比如蜀山窑工坊、呆住堂艺术酒店、朵云艺术咖啡馆等，村民可通过入股乡村旅游专业合作社获得分红。

当然，还有一些外乡乡村旅游创意阶层可能是在旅行过程中被地区的风景所吸引、对当地的文化产生了浓厚的兴趣等，从而选择短期或长期地在此处居住、就业、创业。大理双廊乡村旅游创意阶层是由最初的旅游者发展而来。因喜爱当地的自然环境、人文风情和生活氛围而选择居住在此，渐渐地在本地形成了理念、精神、动力相同的亚文化群体，并吸引了更多爱好相同的创意阶层集聚。对他们而言，集聚的动机可以是体验多样化和多层次的民族文化，寻求创意素材，也可以是单纯地追求高品质生活，追求精神的解放和自我价值的实现。总体来看，无论是出于何种动机，外乡乡村旅游创意阶层总是直接或间接、有形或无形、主动或被动地进行价值创造和生产，对当地旅游业发展和乡村建设产生了重要的影响。

三、乡村旅游创意阶层的内涵

（一）乡村旅游创意阶层的定义

作为创意阶层的分支，乡村旅游创意阶层特指服务于乡村旅游业的创意阶层，除具有创意阶层的一般特征之外，还具有乡土情怀重、地域相对集中的特点。作为知识、技术和创意的载体，乡村旅游创意阶层是乡村旅游地发展的重要力量。他们可以是旅行者，意外踏足某个"世外桃源"，发现大众游客不熟悉的美丽乡村，成为乡村旅游地的发现者；立足于悠久的历史文化和深厚的民间艺术资源，他们用创意和创新重新改造乡村，是乡村旅游地的设计者；走进乡村进行艺术创作、文化展演、经营实践，他们是乡村旅游地的经营者；用镜头去记录，用笔尖去描述，札记和照片是他们分享乡村美好的手段，他们是乡村旅游地的传播者。

乡村旅游创意阶层是推动乡村旅游从资源型向创意型转变的关键。所谓创意型，就是以创意为内涵，以现代旅游的内容产业为表现，依托乡村资源与三生空间，打造新景观、策划新活动、开发新产品、创造新业态、生产新体验、开拓新市场，满足旅游者个性化、多样化的体验需求，重新定义乡村旅游。相较于传统模式，创意型乡村旅游对人才的依赖性更大，因为任何旅游创意的产生，都是人们对于旅游全过程的重新审视与构思，是创意人才长时间复杂脑力劳动的成果。乡村旅游创意阶层擅长变废为宝、推陈出新，挖掘乡村文化，打造独特卖点，他们可以把看似稀松平常的山水、林田、旧屋、老牛等事物变成美丽又有魅力的乡村景象，并赋予其独特的意义，游客的乡愁情绪有了寄托，寻根还乡的精神需求得到了满足，乡村旅游地也由此获得了新生。

（二）乡村旅游创意阶层的特征

1. 精英化

乡村旅游创意阶层的精英化表现为学历和能力两个方面。Florida 用一个地区所拥有的学士以上学历人口数占总人口的百分比来衡量创意产业的人力资源情况[1]，由此可以推断，从事创意工作的群体受教育水平较高，系统的学习使他们具备强大的知识体系、敏捷的思维逻辑和较强的实操能力，容易成为社会创新的源泉。而类似民间手工艺人身份的群体，他们可能没有受过良好的教育，不具备高学历，但依靠过硬的业务能力和对工作的热爱，他们既传承老一辈的技艺，又在当下不断发展创新，推出符合时代潮流的优秀作品，为各自领域做出了巨大贡献，称得上是行业精英。

2. 具有想象力和创造力

天马行空、无奇不有的想象力，独具匠心、自成一格的创造力，是乡村

---

[1] 易华. 创意阶层理论研究述评 [J]. 外国经济与管理，2010，32（03）：61-65.

旅游创意阶层最独特的标签。他们的头脑中有着各种奇奇怪怪的想法和思考，想象力就是一切创新可能性的源泉，教育赋能和对目标的执着追求使创意阶层还具备把想象变成现实的能力，即创造力让想象力落地，缺失了创造力，创意阶层可能会成为空想家。乡村旅游创意阶层在参与实践的过程中，会利用自己的想象力和创造力对某件事物进行大胆的创新，时常会出其不意地打造出与众不同的产品。

3. 乡土情怀重

创意阶层通常具有一定的城市选择偏好，良好的城市规划、完善的公共设施、发达的商业环境等，具备但不限于这几点因素才能吸引创意阶层集聚，但乡村旅游创意阶层并不如此。在中国，乡村某种程度上是落后的代名词，尽管乡村振兴的深入实施已经让大多数乡村越来越美丽、宜居，但是与创意、精致、魅力仍相差甚远，为什么会选择乡村？因为与物质需求同等重要甚至更重要的是情怀，是他们追求生命价值与生活意义的精神支撑。无论是旧时在乡村的感情羁绊还是当下的向往，认同感与归属感能够使乡村旅游创意阶层克服对不完美的生活与工作条件的不满，把广阔乡村当作大有可为地方。

4. 地域相对集中

创意工作通常具有工作弹性大的特点，这也在某种程度上为创意阶层的频繁流动提供了条件，他们可以随意选择工作与生活地点。而乡村旅游创意阶层却不能远离乡村，因为创作的灵感与素材在乡村，远离了乡村文化与生活，创意将不能从中汲取足够的滋养，因此也不再具有乡土性，这就违背了乡村旅游创意阶层的创作本意。

四、乡村旅游创意阶层的创造路径

乡村旅游创意阶层的创造路径可以高度概括为：激发创意灵感、策划创意生产、完成创意呈现。

（一）激发创意灵感

对于创作者来说，很多情况下灵感不是在苦思冥想和日夜钻研中得到的，而是被景或物触发突然而来，因此足够的自由度与松弛性是创造的前提。乡村作为休闲旅游目的地，不仅可以依托田园风光达到放松身心的效果，而且通过场景的变化可以带来视角的转换，激发灵感产生，催生创意。[1] "写生"和"采风"是现代创作者创作的重要方式，无论是本土还是外乡乡村旅游创意阶层，他们都需要离开常住地，前往陌生、新奇的环境进行思维转换的过程，因为途中见闻更有利于增加阅历、开阔视野，同时完成与外界的信息交换、资源收集。而灵感触发与创意想法的产生虽然是两个不同的操作，但几乎是同时完成。

在这里，创意生产者是环节的主体，无论是创作者、艺术家，还是设计师，他们才是创意产生的源泉以及承载者。一方面，在视觉艺术中，创作者的创作过程往往表现出很高程度的独立性与自主性，他们根植文化、提炼元素、注入创意，所塑造的产品都具有独创性，并带有特殊的艺术情感和个人风格，这类作品往往不需要过多的后续加工便可以直接呈现；另一方面，以表演艺术为例，创作者很难独立完成从创作到呈现的过程。以当前火热的旅游演艺举例，导演、演员、灯光、舞台、场务……这些群体需要在内部不断地讨论、修改、排练才能达到统一，使剧目完美地走上舞台，除此之外，他们可能还需要同外界进行协商、调配，协作是完成创造的基本路径。但这只是项目内部的分工协作，如果创意想转化成创新，那么产业链中的其他环节必不可少。

（二）策划创意生产

完成创意的生产是一件极其困难的事情，许许多多天才的想法因为缺乏理性分析和逻辑推理而无法落地，Stevens 曾对此进行调查，结果显示从创意到创新的转化率仅为 300:1。是的，在创作者脑海中的创意可以是千奇百怪的，但是一旦脱离想象朝着现实方向发展，从抽象到具象，从概念到实践，那么创意的想法一定要具有可操作性。市场受众狭窄、接受度低的创意并不适合转化为商品，无法创造经济价值，因此衡量创意是否具有商品化意义以及如何商品化便是策划者的工作。

如果创作者处于产业链的上游，那么专注于产品策划的企业则处于中游位置。他们往往会根据对市场需求的分析以及下游生产企业的要求来评估筛选某个创意是否可以商品化，然后提出制作工艺、包装设计、市场定位、营销推广等相应方案。从创意原型到产品雏形，策划者承担了中间过渡的职能。

---

[1] 李庆雷，杨洪飞. 论旅游与创意的关系及其启示 [J]. 大理大学学报，2021，6（07）：44-49.

需要指出，策划者不仅仅指企业，还包括个体与政府部门。当前很多个人自主品牌就是创作者本身参与创作、策划、生产整个过程成长起来的，在这种模式里创作者拥有相对较多的自主权，可以按照喜好选择合作对象与产品形态，但也需要面临成本高、难落地等问题与挑战。因为角色的特殊性，政府的策划者职能更多地体现在顶层设计与整体调控。以成都市天府古镇的旅游开发为例，成都市政府联合成都文旅集团、携程网共同打造了该项目，在此过程中，成都市政府联合多个企事业单位、专家学者设计开发方案，整合资源进行宣传营销。通过确定整体的开发目标与市场定位，再细化至各古镇的建设方向，集中力量干大事，政府的策划者职能便由此体现。

（三）完成创意呈现

他没有提供咖啡，也没有提供甜甜圈，更没有提供点子。但是，他是企业家，正是有了他，一切才得以发生。[1]

——［英］约翰·霍金斯

从创意到创造再到创新，本质上是指创意是否具有实用性和经济性，这也是把创意放在了产业层面来阐释，否则创意将无法被消费者发现。但是创意的最终商品形态如果束之高阁那便无从谈起价值是否实现，只有在流通和交换中才能实现并创造更多的经济价值与社会效益，因此创意经营者在整个创造过程的最后一环发挥着重要作用，负责成功销售商品，完成惊险的跳跃。创意经营者的目的就是获取利润，优秀的创意则是获取利润的直接源头。

没有金融资本的创作者无法将自己的创意付诸实践，因此他们需要借助经营者或者说企业家的力量。创意经营者并不会直接面对创作者，但是他们需要协调并利用创意来完成相应工作，并与终端消费者进行互动从而了解市场变化做出产品或销售的更新决策。同样，终端市场的反馈又通过产业链的层层传递来到创作者面前，推动新创意的产生。

在作者以往的调研中曾遇见过一个由非遗传承人、生产工厂、经营者共同组成的香包产业链。非遗传承人主要负责带领学徒制作香包、传授手艺以及部分定制品制作；生产工厂负责提供原材料、包装以及机器制成品；而经营者负责经营销售门店，唯一区别的是，这里的经营者还承担着策划者的职

---

[1]［英］约翰·霍金斯．创意企业家 [J].现代商业，2010（22）：59-60.

能，等同于企业家。因为除了经营门店外，更重要的任务是对接非遗传承人与工厂，利用传承人的手艺和创意策划生产，同时安排工厂完成相应任务。创意经营者的眼光、领导力和市场悟性不仅为其带来了丰厚的经济收入，更是完成了从想象到现实的最终呈现。

五、乡村旅游创意阶层的激励

创意需要载体，人才需要激励。要想实现乡村旅游创意阶层的价值，不仅需要提供创意实现的平台，更需要满足人才本身超越性的精神需求。基于此，本书从外在激励和内在激励两方面入手，提出乡村旅游创意阶层的激励建议，其落脚点皆在于留住并发展人才。外在激励注重优化施展才能的空间，而内在激励从解放自我、价值实现、身份认同、情感满足四个方面表达了对人才的承诺、尊重与支持。

（一）外在激励

1. 发展乡村特色旅游

强大的产业实力能够为区域发展输送源源不断的新鲜血液，也是吸引、激励创意人才的长效保障。大多数乡村旅游形式太过重复且粗糙，精致、魅力、有内涵的乡村旅游才会成为创意人士向往的"诗与远方"。一方面，要深挖乡村的资源内涵，对特色民俗文化进行创意包装，开发具有较强游客参与性与互动性的创意旅游产品与旅游项目，提升乡村旅游的层次感和品位。结合现代游客的消费体验需求，发展特色乡村旅游一定要走精致化、品质化道路，通过乡村剧场、林间书屋等形式展现独特的乡村文化魅力，提高地方乡村旅游人气，增强对普通游客与特殊群体的吸引力。另一方面，发展乡村旅游要鼓励多种经营主体加入。国内许多地区的乡村旅游都是在政府的扶持下起步运营，利益相关者局限在政府、社区居民、游客、旅游企业范围内，旅游创意阶层与非政府组织介入范围窄、途径少，导致了乡村旅游发展在一定程度上缺乏市场调节，竞争力不强，特色不显。因此，政府要引入市场机制，鼓励引导更多乡村旅游关联方加入经营，丰富经营主体，增强发展实力与竞争力，有活力、有价值、有发展前景的乡村旅游会吸引到更多的创意人士入驻乡村。

2. 优化乡村人文环境

开放、包容、充满活力的乡村人文环境能够有效地激励乡村旅游创意阶层集聚。为此，首先要改变社区居民的思想与行动，要引导居民自觉地接纳乡村旅游创意阶层，对创意工作者个性化的行为与想法给予充分的理解和支持，不要让传统束缚住创意工作者的手脚。还要逐渐培育居民的创新意识，鼓励居民积极参与旅游创意实践，促进居民与乡村旅游创意工作者形成良性互动，这样才能吸引更多的民间艺人、创作人、投资者等群体入驻乡村。其次要积极鼓励乡村旅游创意阶层对乡村文化进行创意开发，促进多元文化交流，打造更多符合当代发展潮流的乡村旅游产品。鼓励创意开发的同时也要对失败给予最大程度的包容，让乡村成为旅游创意生产与实践的基地，才能吸引更多的乡村旅游创意阶层前来体验和发挥创意才能。最后，要推动创意设计与乡村旅游产业的融合渗透，使乡村旅游创意阶层与乡村旅游产业形成相互支持的态势。着力改善乡村文化消费环境，建设更多的文化消费载体，为乡村旅游创意阶层提供一定的文化产品服务，满足其对文化消费空间的需要。

3. 提升乡村社区便利性

完善乡村基础设施能够为乡村旅游创意阶层提供最大的便利，健康舒适的生活环境也是拥有良好生活品质的基础。现阶段，各级政府和管理者应抓住乡村振兴的大好机遇，加快优化和解决乡村基础设施方面存在的问题。首先，交通与通信的通达性和便捷度是基础。由于工作特性，乡村旅游创意阶层需要保持与外界的稳定联系，要加强乡村的交通网和通信系统建设，保障有形与无形的信息传送通道畅通。其次，卫生保障、休闲设施、服务网点等公共服务建设要到位，要为乡村旅游创意阶层提供舒适便捷的生活与工作环境，以及合理的人性化支持。最后，相比于高度便利的都市生活，静谧优美的乡村环境格外吸引创意工作者。随着乡村旅游业的发展，环境污染、生态破坏、空间挤压等现象不可避免地出现，乡村生活环境质量的下降会打消创意工作者集聚的想法。因此，一定要重视环境的治理与保护，保留乡村的田园韵味，同时还要注重合理地规划乡村空间，避免大规模的开发建设挤压乡村公共空间，给居民、工作者等利益关联方留出一定的第三空间用地。

4. 加强政策支持

乡村旅游业具有较强的外部性，需要相应的政策来支撑保障其发展，特别是我国乡村旅游业整体实力不足，使得创意人力资本无处落地。一方面，地方政府要为乡村旅游提供服务，比如，通过设立产业基金、特殊项目融资等方式保障创意乡村旅游发展的资金需求，通过强化对乡村旅游从业人员的培育，为乡村旅游创意阶层提供用人基础，打造创意人才后备军；另一方面，要对乡村旅游创意阶层实施一定的物质激励，切实提高其收入待遇，因地制宜地采取多样化税收政策，对乡村旅游创意阶层通过创作、创业、研发等获得的收入，实行优惠的税收政策或财政返回政策，减免个人所得税，提高个人收入分配比例。还要制定完善的知识产权管理机制，保障人才的创意成果，严厉打击各种侵害知识产权的违法犯罪行为，在全社会树立起尊重知识、保护成果的良好氛围，只有产权问题得以解决，乡村旅游创意阶层才能实现自由创作。在此基础上引入市场机制，将乡村旅游创意阶层的成果完全推向市场，以此辨别和肯定创意人才的价值，并逐步实现自由的薪酬分配。

（二）内在激励

1. 打造乡村"第三空间"

城市的建设、网络的发展使得创意阶层的自我空间被不断挤压，他们不得不找寻新的情感归属与精神寄托。城市作为现代生活空间，生活节奏快、工作压力大、人际关系淡漠，创意阶层对自由和自我的追求得不到满足，而乡村目前还未完全实现高度城镇化，乡村的"慢"与一定程度上的"远"也正是创意阶层所热爱的。要以"乌托邦"式的生活理念包装乡村，以"解放自我的文化艺术聚落"为目标，将乡村打造成具有城市生活形态的第三空间，乡村旅游创意阶层在这里可以自由的创作、社交、享受和创造生活，暂时逃离城市的喧嚣、压力和束缚，去追寻和探求他们所认同的价值和意义。

2. 鼓励自我价值的实现

乡村旅游创意阶层具有较高的成就动机和需求层次，往往十分在意自我价值是否得到了实现，希望看到自己的创作成果得到他人、行业、社会的认可和尊重。因此，成就激励和精神激励的效用要远远大于外在的物质激励。同样，当外界评价与自我评价不一致时，乡村旅游创意阶层将会感到自我价值并未真正实现，从而产生挫折感和自我怀疑。乡村旅游创意阶层会在作品中注入个人的思想和情感，通过艺术来表达对事物的认识与看法，指手画脚的干预会影响创意的自由发挥，甚至挫伤创作的热情与信心，因此要赋予乡村旅游创意阶层一定的创作自由。创意阶层喜欢挑战，追求刺激与新鲜感，一份具有挑战性的工作可以有效地激发其工作积极性。可以借助论坛、大赛、交流会等形式充分发挥乡村旅游创意阶层的特长优势，也可以提高创意工作的标准、丰富工作内涵来促使创意阶层不断进行自我挑战。当然，创意来自于灵感，而灵感来自见多识广与时间沉淀，任何人的知识都是有限的，只有不断学习才能保持长久的生命力和创造力。要尽快搭建起创意阶层学习、交流、进修的渠道和发展通道，这也是追求自我价值不断实现与超越的另一种满足。

3. 推动"客"向"主"的转变

对于非本地乡村旅游创意阶层而言，风景优美、环境舒适的乡村聚落是其逃避城市束缚感，找寻新生活方式的最好选择。但是由于乡村旅游创意阶层与本地居民之间存在着明显的文化差异，由此引发的隐形界限使得他们在潜意识中把自己看作乡村的"客人"。因此，赋予地方认同感才能在一定程度上消除隔阂。首先，不稳定的居留住所使非本地乡村旅游创意阶层的"客人"意识十分牢固，要完善户籍管理制度与住房需求保障，长期的居住生活才会产生地方情感。其次，要充分发挥乡村旅游创意阶层在社区旅游发展规划中的知识与才能，使其成为乡村发展的重要规划者与参与人，只有承担起地方发展责任，才能获得充分的满足感与主人翁意识。最后，要通过一系列的活动消除对本土文化的陌生感，将非本地乡村旅游创意阶层融入本地社会网络中去，通过创意实践成为新乡村文化的代表者。由"客居"向"主人"的转变实现，其实是一种身份认同和情感接纳。

4. 增强人文关怀力度

周到的人文关怀能够满足乡村旅游创意阶层的情感与尊重需求，增强其对乡村的认同感与归属感。以本地乡村旅游创意阶层为例，此类群体对于家乡本就有着较大程度上的认同与依赖，这种情感会左右其行为选择。因此，要充分利用地缘与亲缘优势，从人才的情感与现实需要角度出发，加强对创意人才的人文关怀。要切实提高乡村旅游创意阶层的社会地位，肯定人才价值，维护人才的合法权益。创作是一件艰难且孤独的事情，人才往往会因此而产生较大的压力，要在精神层面上对其减压，高度重视人才的合理诉求，营造鼓励创新包容失败的社会氛围。还要在生活上减负，对家庭、子女、工作等问题实施一定的帮助。同时也要健全激励机制，对乡村旅游创意阶层取得的成绩要给予及时的肯定，并通过物质和精神的双重奖励使其更具获得感和满足感，这不仅是对工作成果的价值肯定，也是对其付出的认可。

作者简介

孙永龙，男（汉族），副教授，副院长，博士，硕士生导师，主要从事乡村振兴与乡村旅游、民族文化旅游研究。

王春慧，西北民族大学工商管理专业硕士研究生，主要研究领域：乡村旅游、创意旅游。主要科研成果：在《西北民族大学学报（哲学社会科学版）》发表论文一篇，题为"乡村振兴背景下甘肃民族地区乡村旅游发展效应研究"，获校级资助项目一项："民族地区旅游创意阶层根植意愿的影响因素研究"，参与研究国家社科基金艺术学项目一项，省部级项目以及横向课题多项。

基于全域旅游的乡村振兴发展模式研究

朱玉群 令狐克睿

一、引言

旅游创新发展是实现乡村振兴的有效途径。乡村旅游必须改变传统的发展模式，突破传统的"景区旅游"模式，通过全域旅游模式打造综合旅游目的地[1]，将有助于实现乡村振兴中产业的振兴。青岩古镇坐落于贵州省贵阳市郊外，是贵阳市唯一的5A级景区，凭借其深厚的历史底蕴和丰富旅游资源等，近年来，知名度逐年提升，吸引了大量的省内外、国内外游客。青岩古镇的旅游业是其乡村振兴的支柱产业，产业振兴离不开发展模式的创新与完善，青岩古镇乡村的振兴也必然依托旅游发展模式创新。

全域旅游模式注重提高旅游质量，通过整合区域内的各项资源，来全面满足游客需求的不断变化，实现景区旅游竞争力提升，这为青岩古镇创新发展旅游模式提供了新的视角，更是为青岩古镇乡村振兴提供新发展思路。本文基于全域旅游视角，以贵州青岩古镇为研究对象，分析其旅游业发展现状和问题，根据SWOT分析结果，从全域旅游视角提出其创新发展新模式和持续发展策略，将有助于推动青岩古镇旅游业实现可持续和高质量发展，最终使得青岩古镇旅游产业助力其乡村振兴的发展。

二、全域旅游内涵及青岩古镇乡村发展现状

（一）全域旅游的内涵

全域旅游是指将一定区域作为完整旅游目的地，以旅游业为优势产业，进行统一规划布局、公共服务优化、综合统筹管理、整体营销推广，努力实现旅游业现代化、集约化、品质化、国际化，最大限度满足大众旅游时代人

---

[1] 李金早 . 从景点旅游模式走向全域旅游模式 [J]. 紫光阁，2016（03）：42.

民群众消费需求的发展新模式[1]。

发展全域旅游应该关注全域景观化、全域时空化、全域产业融合化、全民共建共享化四个层面构成的"四全"模式。首先是全域景观化，全景意味着打破景区与行政区域的界限，整合行政区域内的社会经济资源、自然文化资源、特色产业资源和公共服务设施等，将区域环境与这些资源相融合，实现区域全景化，景城一体"景即是城，城即是景"；其次是全域时空化，使景区内旅游资源得以全方位打造，打破以往的旅游淡季和旺季发展不均衡的问题，实现景区融合发展，向游客提供多元化、多层次、具有创新性的产品和满意的服务。第三是全域产业融合化，加大旅游业与各行业的融合，促进旅游业的包容性发展；最后是全民共建共享化，全域旅游的建设不仅需要旅游业和相关行业从业者的参与，还需要游客和景区内的所有居民共同参与。全域旅游需要多主体参与，不仅包括游客，也包括当地居民，同时旅游发展成果为全民共享。

（二）青岩古镇乡村发展现状

青岩古镇位于花溪区南郊，距贵阳市区大约29公里，建于明洪武十一年，后来经过不断开发和发展，逐渐成为贵州最著名的文化古镇之一。青岩古镇作为国家级5A景区，其旅游资源非常丰富，主要包括以下几方面：第一，多民族聚居之地，青岩是汉族、苗族、布依族等多民族共居的古镇，古镇内有32%的少数民族；第二，青岩古镇是四教同存之地，有天主、基督、道教和佛教，被称为"中国宗教多样性生态标本"；第三，红色文化之地，这里有抗战时期的红军作战指挥所、红军墓等；第四，青岩古镇是赵以炯状元的故居，是一个游学的优选之地。

青岩古镇旅游业为当地的经济和乡村发展做出了重要贡献。据2021年3月31日青岩镇政府发布的《青岩旅游发展报告（2011—2020）》显示，从2011年至2020年青岩旅游实现了"井喷式"增长。在游客人数方面，从2011年的80万增长至2019年的870万；在旅游收入方面，从1亿增长至11.8亿；在基建方面，景区道路新增了23公里，公厕新增了21座，停车位新增2000多个；在景区配套方面，青岩民宿从零开始，增长至131家，另外，

[1] 国家旅游局关于印发《全域旅游示范区创建工作导则》的通知.http://zwgk.mct.gov.cn/zfxxgkml/zykf/202012/t20201213_919347.html

青岩核心景区面积，已经从 0.8 平方公里扩展至 4.8 平方公里；同时，景区日趋完善，近 10 年青岩游客人均停留时间从 2 小时提高至 6 小时，青岩的旅游吸引力越来越强，带动了当地经济和乡村的发展[1]。

（三）青岩古镇乡村振兴发展的 SWOT 分析

1. 青岩古镇乡村振兴发展的优势

（1）拥有悠久的历史

青岩镇建于明洪武十年（1378），因明朝屯兵而建镇，以青色的岩石而得名，是一座因军事城防演化而来的山地兵城，素有贵阳"南大门"之称，迄今已有 620 多年的历史。2005 年 9 月青岩古镇景区被建设部、国家文物局公布为第二批中国历史文化名镇。古镇内的历史文化、建筑文化、宗教文化、农耕文化、饮食文化、革命传统文化等共同构成了文化底蕴浓厚的青岩古镇，深厚的文化底蕴成为青岩古镇全域旅游发展的优势资源。

（2）丰富的旅游资源

旅游资源是旅游产业发展的物质基础，丰富多样的旅游资源是青岩古镇的一大优势。据统计，古镇共有 215 个资源单体，涵盖旅游资源分类体系中的 8 个主类、20 个亚类以及 52 个基本类型，并依据《旅游资源分类、调查与评价》（GB/T18972—2003）中对旅游资源的评价标准，拥有 17 种五级旅游资源，38 种四级旅游资源、76 种三级旅游资源、62 种二级旅游资源和 22 种一级旅游资源，其中优良级旅游资源占 60.9%[2]。这些资源主要由自然资源、历史文化、红色文化、宗教文化、饮食文化、建筑文化、节庆文化等共同构成了青岩古镇的旅游资源，并与多姿多彩的民族文化资源相结合，成为当地旅游产业发展的物质基础。

（3）多样建筑风格

第一，军事建筑，从明代开始青岩就是一个非常重要的驿道，其古城墙是当时青岩城防系统中必不可少的防御建筑，城墙上设有"女儿墙"、垛口、炮台等；第二，宗教建筑，青岩古镇是一个四教共存之地，有佛教、道教、基督教以及天主教，其中以迎祥寺、文昌阁以及"黔山祖庙"等建筑最为典型。

---

[1]《青岩旅游发展报告 (2011—2020)》http://whhly.guizhou.gov.cn/xwzx/szdt/202104/t20210401_67656035.html

[2] 北京天道蓝图规划设计院.青岩古镇景区创建国家 AAAAA 级旅游景区提升规划 [M].规划资料，2016：18.

第三，教堂建筑，主要有天主教堂和基督教堂，其建筑上有天主教和基督教的象征元素，是当地天主教徒和基督徒的一种精神寄托。

（4）贵阳市唯一的 5A 级景区

青岩古镇是贵阳市唯一的 5A 级旅游景区。景区旅游资源丰富而独特，乡土气息浓郁，生态环境保护完好，功能配置齐全，品牌形象独特，为游客提供了一整套系统的服务。青岩古镇的自然景观、历史文化、基础设施、服务质量、市场知名度等都得到很高程度的认可，成为贵阳市旅游景区中的龙头和标杆。

2. 青岩古镇乡村振兴发展的劣势

（1）地方特色文化被同化

青岩古镇经济的发展，在一定程度上是不断开发本土资源和引进外部资源的结果，但在发展的同时本土文化也受到一些外来因素的影响。随着人口流动性的增加以及现代化进程的推动，文化的交流和传播也变得更加流畅和多样，同时，青岩古镇外来人口与本地人口之间的流动和交流不断增加，也使其本土特色习俗、商品、生活方式等方面在一定程度上被同化。

（2）景区过度商业化

随着旅游业的发展，景区受到过度商业化的影响，主要体现在当地特有的民族活动、仪式等流为舞台表演，使其带着浓浓的商业味道，缺少了特有的神秘感和仪式感，对传统文化造成一定的冲击。因此，在旅游开发的过程中，我们需要寻找开发和保护之间的一个平衡点，既要有所开发也要兼顾保留原有的地理文化原貌，这样才会使得青岩古镇独特性和原生态得到保护和发展。

（3）旅游产品同质化

青岩古镇旅游产品的同质化表现为服务同质化和商品同质化。首先是服务项目同质化，体现在景区内吃、喝、玩、乐等服务项目千篇一律，缺乏多样性；其次是商品种类同质化，表现在景区内旅游商品单一化，而且在其他任何景区都能买到同样的商品，无法突出青岩古镇的独特文化，导致游客的视觉和审美疲劳，购买欲望下降。

3. 青岩古镇乡村振兴发展的机遇

（1）政策支持

首先，乡村振兴发展战略为青岩古镇创新发展，大力开发旅游业指明了前进方向和发展目标。2020 年打赢脱贫攻坚战、全面建成小康社会后，在巩固拓展脱贫攻坚成果的基础上，还需要做好乡村振兴这篇大文章。乡村振兴战略中谈到要实现产业兴旺、生态宜居、乡风文明、生活富裕、治理有效等目标，因此，青岩古镇在发展全域旅游过程中，可以结合乡村振兴的相关内容来做好相关旅游发展的规划，将发展规划辐射到乡村的各个方面，着力打造乡村传统特色产业、休闲农业、乡村旅游以及乡村文化产业，助力乡村振兴。

其次，"国家全域旅游示范区"相关政策的支持。贵州省贵阳市花溪区作为首批入选国家全域旅游示范区，为发展全域旅游的发展提供了现实基础，旅游发展获得了国家政策和当地政府的大力支持。"国家全域旅游示范区"的相关政策中，在资金、技术以及人才等方面，都为青岩古镇的全域旅游带来了经济和智力支持，有利于推动青岩古镇旅游业的全面发展。

最后，当地政府为青岩古镇发展全域旅游规划了具体发展路径。贵阳市花溪区发布的《高质量打造全域文化旅游创新区——花溪"十四五"时期经济社会发展展望》，规划了青岩古镇发展全域旅游的具体路径。在全域旅游提质增效方面，将实施大旅游创新发展工程，加快旅游资源大区向旅游经济强区转变。[1] 具体包括不断推动青岩古镇服务内容与质量的发展，不断完善基础配套设施、公共服务体系；打造文娱会展节庆活动，搞活周末经济、假日经济；打造乡村旅游农业观光吸引物和打卡地；培育夜间消费场景，大力发展夜间经济等。这些路径的提出是青岩古镇旅游发展的政策机遇。

（2）行业机遇

一方面，在大力推动文旅融合的背景下，景区文化的打造变得越来越重要。旅游不仅可以观赏风景，体验旅游产品，它还有一种传承、传播和交流文化的作用。与此同时，文化与旅游的融合已经上升到了国家战略发展的高度，也成为建设文化强国，提升文化自信，推动文化产业发展的载体。文化和旅游融合的行业大背景为青岩古镇旅游发展带来了机遇。青岩古镇旅游业发展过程中，可以把文化与旅游进行融合，使文化成为青岩古镇旅游发展的灵魂。将目前的红色文化、状元文化以及少数民族文化，使得本土特色文化与旅游融合，打造更加多元化，更具特色的旅游产品，增加游客的体验感。

---

[1] 高质量打造全域文化旅游创新区——花溪区"十四五"时期经济社会发展展望 http://whhly.guizhou.gov.cn/xwzx/szdt/202103/t20210311_67153484.html

另一方面，5G 技术赋能旅游业升级转型。随着 5G 技术的成熟，旅游行业可以依托基于 5G 技术的万物互联、大容量、无线接入等特点和优势，打造智慧文化和建设旅游系统。如果能利用 5G 技术，从产品打造、公共服务设施建设、新体验、新营销、市场管理、产业延伸等方面着手，将有助于创新文化和旅游的方式，丰富旅游资源，提升旅游质量。

（3）品牌机遇

首先，"多彩贵州"品牌，为青岩古镇旅游发展带来机遇。走遍大地神州，醉美多彩贵州，"多彩贵州"的品牌效益以及一系列的避暑季优惠政策，都带来了"贵州旅游热"的浪潮。其探索出的"浪漫花溪""印象花溪"等在实践中也获得了一定的成效。在新的时代背景下，"多彩贵州"这一品牌有了更具动力的机遇。贵州素有"山地公园省"之称，也是全国唯一一个没有平原的省份，独特的喀斯特地貌赋予了贵州鲜明的山地旅游特色。贵州丰富多彩的自然风光和良好的生态环境为探索冒险等深度旅游体验项目奠定了物质基础。因此，青岩古镇旅游发展应抓住多彩贵州品牌效益，促使旅游观光向深度体验转变。

其次，贵州"大数据"品牌，为青岩古镇旅游创新发展提供新思路。近年来，大数据的发展影响着各行各业的发展，同时也改变着人们的生活方式、消费习惯。贵州依托资源优势，抢占大数据发展的先机，成为全国首个大数据综合试验区，这也为青岩古镇的旅游发展带来了契机。在旅游业方面，将大数据与旅游进行融合，可以推动旅游业的长远发展，也为智慧旅游提供技术手段，因此，青岩古镇可以借助大数据的技术手段，为"浪漫花溪""多彩贵州"等品牌赋能，为青岩旅游高质量发展提供技术支持。

4. 青岩古镇乡村振兴发展的挑战

（1）旅游业发展的挑战

一是缺乏旅游人才培养和创新发展模式。创新发展的核心动力是人才，大力培育人才、提升创新能力，是解决景区同质化、缺少本土化发展等一系列问题的重要途径。但是，青岩古镇在旅游人才培养和创新发展过程中缺少相关的政策引导与资金支持，导致严重缺乏具有先进经营理念的旅游人才，使得解决旅游产品同质化、发展本土化等方面的努力受阻。因此，缺少人才培育和创新发展模式成为青岩古镇全域旅游的内部挑战，需要得到重视。

二是经济发展与生态保护之间的矛盾。旅游开发是一把双刃剑，旅游业的发展给当地带来了经济上的发展，同时也在一定程度上破坏了当地生态环境。旅游基础设施建设和住房开发将不可避免地改变原有的景观和当地的生态环境；同时，商业化也会对当地的原生态民族文化的发展产生一定的影响。因此，青岩古镇旅游业的发展面临着开发与保护的内部挑战，需要寻找一个均衡点，确保青岩古镇的高质量可持续发展。

（2）客户需求和竞争挑战

一是客户对各种旅游服务和产品质量要求的提高。党的十九大报告指出"我国社会主要矛盾已经转化为人民日益增长的美好生活需要和不平衡不充分的发展之间的矛盾。"社会矛盾的转变，很大程度上也反映了人们对生活质量、精神生活的追求越来越重视。在旅游行业中，人们对旅游质量的要求不断提高，游客更喜爱具有个性化、创新更强的旅游产品和服务。旅游产品和服务质量，在一定程度上反映了当地旅游行业的质量，因此，如何满足游客对各种旅游服务和产品高质量的需求，是青岩古镇旅游发展面临的挑战之一。

二是行业无序化竞争导致旅游行业的内卷。近年来，旅游行业快速发展，行业之间激烈竞争，各部门之间更多的是追求经济上的利益，只是为了竞争而竞争。激烈的竞争和过度追求经济利益，导致当地的整个旅游业没有得到实质性的发展，内卷化问题严重，出现产品同质化、服务质量不高等问题。因此，如何使当地旅游业协调发展，打破行业内卷的问题，成为青岩古镇旅游发展的难题之一。

5. 青岩古镇乡村振兴发展 SWOT 分析模型

从对青岩古镇旅游业的 SWOT 分析可以得知，从内部来看，青岩古镇拥有历史悠久、旅游资源丰富、建筑风格多样，还是贵阳市目前唯一的 5A 级旅游景区，这些优势为青岩古镇旅游业的可持续发展提供了深厚的基础。但与此同时，青岩古镇的旅游业的发展也存在地方特色文化被同化、景区过度商业化和旅游产品同质化的劣势。从外部来看，青岩古镇旅游业的发展具有各级政府政策支持、旅游行业兴旺和贵州地方品牌知名度的机遇，但也面临缺乏人才培养和创新发展模式、经济发展与生态保护之间的矛盾、客户对各种服务和产品质量要求的提高、行业竞争无序化导致旅游行业的内卷等方面的挑战。

青岩古镇旅游业发展可以利用内部优势，抓住青岩古镇旅游发展的外部机遇，以实现青岩古镇旅游业的跨越式发展，规避青岩古镇旅游业发展过程中的内部劣势，迎接其旅游业发展的外部挑战。总而言之，青岩古镇应该把握机遇，发挥优势，打造一批既具有自身民族特色，又能够满足客户多样化需求的旅游产品和服务，以此扩大青岩古镇旅游的影响力，从全域旅游的背景下寻求适合青岩古镇旅游业可持续发展的新思路。

表 1　青岩古镇乡村振兴 SWOT 分析模型

	优势（S）	劣势（W）
	1. 拥有悠久的历史 2. 丰富的旅游资源 3. 多样建筑风格 4. 贵阳市唯一 5A 级景区	1. 地方特色文化被同化 2. 景区过度商业化 3. 旅游产品同质化
机遇（O） 1. 政策对旅游业的支持 2. 旅游行业的发展机遇 3. 地方品牌机遇	SO 战略 利用青岩古镇旅游业发展的内部优势，抓住青岩古镇旅游发展的外部机遇，以实现青岩古镇旅游业的跨越式发展	WO 战略 消除和规避青岩古镇旅游业发展劣势，积极利用外部机遇以弥补其发展存在的不足
挑战（T） 1. 缺乏旅游人才和创新发展模式 2. 经济与生态保护矛盾 3. 客户对质量需求的提高 4. 行业无序化竞争	ST 战略 借助青岩古镇旅游业发展的内部优势，迎接与规避内部挑战，降低外部挑战的影响	WT 战略 减少青岩古镇旅游业发展过程中的内部劣势，规避其旅游业发展的外部挑战

三、全域旅游视角下的青岩古镇乡村振兴发展新模式

"全域旅游"强调将旅游业为优势产业，进行统一规划和整体推广，有助于旅游业转型升级和可持续发展，有利于乡村振兴的全面发展。运用全域旅游"四全"模式，从全域景观化、时空化、产业融合化和全民共建共享化打造青岩古镇旅游的发展新模式，对提升青岩古镇旅游影响力，推动其乡村振兴可持续发展具有重要意义。

（一）青岩古镇全域景观化模式

旅游不仅仅是游览风景名胜，还是一种生活，要的是领略当地的风土人情，深入了解这座城市。因此，旅游目的地的整体形象建设非常重要。全域景观化意味着打破景区区域界限，整合区域内的社会经济、自然文化、特色产业和公共服务资源等，将区域环境与资源相融合，实现 "景即是城，城即是景"的景城一体。青岩古镇以全景化体验吸引游客，实现全域旅游目的地建设，可从以下几方面着手。

1. 打造文化特色主题酒店

在去哪儿网酒店目录中搜索关键词"贵阳青岩古镇"，下拉目录出现 1 家酒店、6 家客栈、1 家民宿，而符合青岩古镇的住宿有 107 个之多，价格从 70 元左右到 680 左右元不等，多数集中在 100～200 元。通过实地观察，也发现缺少属于当地特色酒店，而且与周边景区酒店同质化严重，可替代性非常强。文化是特色的基础，是主题酒店的灵魂，因此，可以将当地特色主题文化贯穿于酒店消费体验的始终。文化特色主题酒店景观打造可以从酒店的建筑风格着手，将少数民族元素嵌入酒店的外部与内部装饰，让游客从进入酒店公共区域开始到房间内部，都能感受到浓郁的多民族文化风情古镇。

2. 打造特色休闲农庄

青岩古镇有丰富多样的农家资源，如田地、果园、鱼塘等，在这里打造休闲农庄有得天独厚的农家资源。打造休闲农庄不仅助力青岩古镇的全域景观化，而且可以增加经济收入，助力乡村农业振兴。打造特色休闲农庄具体可以考虑以下几方面：首先，休闲农庄的形象设计上，要有整套视觉系统，使得产品辨识度高，能够吸引住游客，如农庄的外观、室内装饰以及工作人员服饰与餐具的设计要具有地域特色和品牌特色；其次，要形成丰富的供应链，包括粮食、蔬菜、水果等农副产品的提供，同时提供喂养、垂钓、种植、采摘等休闲体验，满足游客多样化、个性化的需求；最后，农庄的菜肴要以乡村的原生态为基础，突出当地的农家特色，除常见的土鸡鸭、田鱼、时令鲜蔬以外，还应选用各种地方特色，如青岩状元猪蹄、玫瑰糖、糕粑稀饭、玫瑰冰粉等，在保证质量的同时价格也要经济实惠。这不仅增加了乡村旅游的旅游项目，更是增加古镇周边居民的收入，助力乡村振兴。

3. 创建露营基地

青岩古镇周边有着秀美的山峰、茂盛的草坪、清澈的小河，这里景色宜人，生态环境非常好，为创建乡村露营基地提供了物质基础。创建露营基地需要考虑以下几点：首先，需要通过政府在当地旅游业规划发展中明确创建露营基地的政策，有助于更好地吸引商家和游客积极参与；其次，需要规划好露营区域，如用火区、用餐区、娱乐区、卫生区、用水区等，保证露营基地资源的合理利用，最后，依据地方特色，打造多种露营活动，满足游客多样性需求。

4. 完善虚拟旅游空间

虚拟旅游是建立在现实旅游景观基础上，通过虚拟现实技术模拟或超现实景，构建一个虚拟的三维立体旅游环境，使游客不仅能够利用相关平台或软件，更好地享受形象逼真的虚拟旅游景点，还可以在虚拟引导下玩转景区。青岩古镇不断完善虚拟地图引导、电子导游、旅游信息共享等方面的平台，游客可查看景区 3D 实景，了解景区交通、天气、住宿、美食、娱乐等相关讯息，并在虚拟地图的引导下游玩青岩。青岩古镇不断完善虚拟旅游的相关设施建设，为打造虚拟旅游空间打下坚实的物质基础，也是不断推进智慧旅游大数据产业项目在花溪旅游业实施的具体体现。

5. 推进"旅游厕所革命"

旅游厕所不仅是游客出行必备的生活设施，还是旅游公共服务水平高低的直接体现，更是反映旅游业文明进步程度的重要标志。从 2011 年至 2019 年青岩古镇在公厕建设方面，公厕新增了 21 座，但随着游客数量的不断增加，特别是节假日出游的游客越来越多，景区内厕所仍然是供不应求，质量上还有待改善。因此，应致力于为游客打造一个舒适的如厕环境，保证厕所数量的充足，完善公厕的管理，全天候的保洁和管护，使其质量有所保障，提高游客的旅游体验，提升乡村"清洁干净"的美好形象，

（二）青岩古镇全域时空化模式

全域时空化模式关注的是资源全方位打造，打破以往的旅游淡季和旺季发展不均衡的问题，实现景区全面可持续发展。青岩古镇要实现全域时空化旅游模式，需要开发和利用不同时间和空间资源，物尽其用，向游客提供多元化、多层次、具有创新性的产品和服务，打造全天候、全季节的旅行体验和全方位的感官项目设计，使不论昼夜还是四季都有能够吸引游客的资源，长时间留住游客。

1. 青岩古镇季节游

春季的青岩古镇可以重点打造踏青和赏花游。春天是万物复苏的季节，一到春季，青岩古镇周边便百花齐放，呈现出春意盎然的景象。但青岩古镇景区及周边，目前观赏性的花卉种植资源比较单一。因此，青岩古镇景区及周边可以增加花卉品类的种植，如桃花、樱花、梅花等，增加多样的观赏性，另外，还可以举办特色花卉展，打造鲜花迷宫，植入观赏性和互动性强的节

事活动，如形成有规模的踏青节、赏花节等。

夏季的青岩古镇可重点打造避暑和戏水游。青岩古镇周围有良好的森林植被系统，森林覆盖率 85% 左右，年平均气温 23℃左右，是天然的绿色氧吧和避暑胜地。古镇景区可以依附这些自然资源打造避暑生态之旅，开展一些野营、野餐、登山、探险等户外活动，还可以举办"清凉一夏，徒手抓鱼"活动，打造民俗开渔文化。

秋季的青岩古镇可重点打造文化和游学的融合。秋天是收获的季节，游客来到青岩古镇则可收获红色文化和状元文化的熏陶。"读万卷书，行万里路"是文化和旅游结合的游学写照。近年来，边旅游边学习的市场需求逐渐增加，促使旅游业有了更多的发展空间。青岩古镇拥有的红色文化资源，旅游景区可以从红色教育入手，主动开发自身红色资源，积极发挥红色文化的爱国主义教育功效。[1] 让人们在观赏游玩的同时，近距离感受红色历史的力量，激发游客学习的积极性。

另外，青岩古镇有贵州文状元第一人赵以炯的故居，游客来到这里学习赵状元刻苦求学，最终金榜题名的经历来传承状元文化。同时，对状元故居的文化载体进行传播，吸引更多的莘莘学子来到状元故里感受文化的熏陶，传递更多的贵州"状元精神"和"状元文化"。

冬季的青岩古镇可重点打造苗族和布依族风情文化游。近现代以来，少数民族风俗节庆文化有被淡忘的风险。青岩古镇聚居着众多的苗族、布依族等少数民族同胞，有着丰富的民族节日风俗，例如，苗族同胞在正月初九至正月十二举行的跳场活动等。青岩古镇应依托当地的少数民族传统习俗，加强对苗族和布依族风情文化的打造，通过服饰、音乐、舞蹈、节庆活动等吸引游客。使游客们来到青岩古镇就能够感受到浓郁的苗族、布依族风情，游客来到这里可以穿上民族盛装，和当地的少数民族居民一起参加民族风情活动。

2. 青岩古镇昼夜游

青岩古镇的旅游还可以通过全天候的方式呈现。华灯初上的夜晚正是青岩古镇魅力夜游的开始，游客通过看夜景，逛夜市领域青岩古镇独特的魅力。

---

[1] 张明之，陈鑫."全域文化 + 全域旅游"：基于产业融合的旅游产业发展模式创新 [J]. 经济问题，2021（01）：115.

景区夜游不仅要关注夜景规划，也要关注由其带来的"夜经济"的发展。青岩古镇每到黄昏时，各种各样的建筑在灯光的照射下更加迷人，霓虹灯照到水面上，别有一番诗意的美。另外，也应该注意到的是夜景带来的消费热点，因此，可以在合理的规划下，发展景区内的"夜摊经济"，形成独特夜市经济产品，使得市场主体多元化，满足消费者的购物需求；还可以规划好传统文化娱乐夜市、休闲旅游夜市、饮食服务夜市，让夜市的功能发挥到面面俱到，使游客在看夜景的时候，还可以逛夜市，促进"夜摊经济"的发展。

清晨的第一抹阳光照射下，青岩古镇就可开启游景点、品美食的昼游。青岩古镇景点众多，包括历史悠久的"九寺八庙五阁一宫""二祠一府二堂""八座牌坊"，还有相关领导人家属故居，也有贵州第一个状元赵以炯的故居，丰富多彩的景点，足够游客游上一整天。与此同时，青岩古镇还有很多美食可供游客选择，如糕粑稀饭、状元蹄、玫瑰冰粉等，玩够景点的同时，还有味蕾的享受。

3. 青岩古镇每日游

在工作日和节假日之间，旅游市场的冷热程度有很大的差异，解决这一问题的突破口是刺激休闲群体的旅游需求。针对工作日和节假日游客群体的区别，青岩古镇可以有区别和针对性地开展旅游活动。景区在工作日可重点发展老年旅游和会奖旅游，针对老年旅游可以开展一些养生类的活动，例如各种户外运动、原生态蔬果的种植和采摘等；会议旅游则需要建立以会议接待为特色的项目，建设大型的会议接待设施。而节假日则重点打造欢乐的氛围和丰富的演出，并增加丰富的民俗活动，比如篝火晚会、歌舞晚会，以及大型活动表演，营造节日氛围，传播节日文化。这样，不仅丰富了景区旅游活动，增加旅游乐趣，也可以增加游客的数量。

（三）青岩古镇全域产业融合化模式

全域产业融合化强调加大旅游业与各行业融合，促进旅游业包容性发展。全域旅游通过实施"旅游+"战略，可进一步释放旅游业综合带动作用。青岩古镇可通过持续提升旅游与文化、农业、体育和媒体等领域的融合发展能力和水平，不断衍生新产品、新业态、新供给，为促进地方产业发展和整个经济结构调整优化提供动能和活力[1]。

---

[1] 杨彬 . 全域旅游 共享美好生活 [J]. 中国旅游发展笔谈，2020（02）：2.

1. "旅游＋文化"的融合模式

"旅游＋文化"融合重点在于充分利用青岩古镇的各种民俗文化、状元文化和历史人文景观，激发文物和非物质文化遗产的活力。第一，旅游与影视、动漫相结合，基于青岩古镇的历史文化打造更多影视和动漫作品；第二，旅游与演艺相结合，基于青岩古镇的民俗文化核心元素，与知名导演合作，打造集景观、人文和商演为一体的实景演出项目；第三，旅游与文创产品的融合，开发生动并具有青岩特色的文创和文旅产品。第四，旅游与美食文化相融合，打造青岩文旅美食的 IP 标签，例如，可提取青岩古镇的"状元"作为 IP 元素，把"青岩状元宴"作为青岩古镇的标签式旅游品牌推向市场，充实青岩古镇美食文化，塑造青岩古镇美食品牌体系；第五，旅游与文化研究相融合，基于青岩的状元文化，组织相关专家及本土知名人士成立状元研究院，对状元文化进行深度挖掘和研究，注册"状元"系列商标，形成状元文化与品牌[1]。

2. "旅游＋农业"的融合模式

"旅游＋农业"融合关键在于如何构建特色鲜明的特色品牌。一是可以创建特色的家禽、水产养殖基地和休闲采摘园区，提供特色的养殖、果蔬类农产品；二是可将种植的特色水果加工成果酒、果干等产品，打造为地方知名品牌，对外推广；三是可设立家庭农场，为游客提供小规模的养种基地，还可提供代种代管和咨询指导服务，吸引广大游客体验游玩，这种模式有助于将景观游向体验游转变，丰富旅游形式。

3. "旅游＋体育"的融合模式

"旅游＋体育"融合重点在于结合青岩古镇的自然环境，选择契合的体育项目进行精品打造。青岩古镇的山地自然环境，空气清新，冬暖夏凉，很适合开发露营、徒步、登山、探险等户外体育运动项目，并配备自驾车、房车营地等服务项目。可以积极申办知名体育赛事，如国际马拉松赛、山地自行车赛，不断提升青岩古镇在国际国内体育赛事举办中的人气。

4. "旅游＋媒体"的融合模式

"旅游＋媒体"融合是传播青岩古镇形象、提升知名度和旅游人气的重

---

[1] 李博.贵阳市建设全域旅游示范区的探索与实践——以青岩镇为例 [J].贵阳市委党校学报，2018，10：25.

要途径。"旅游＋媒体"融合要应用全媒体进行全方位的推广。首先，内容上可以选取景区红色文化、"状元文化"、生态旅游资源等进行全方位的推广；其次，形式上应该以游客容易接受的媒体渠道，如以短视频、图片等形式；此外，传播内容和形式都要能够激发游客积极转发的意愿，使得景区的形象在游客的社交圈内得到二次传播，使青岩古镇的旅游形象能够达到全方位、多角度、地毯式地宣传推广。

（四）青岩古镇全民共建共享化模式

全民共建共享化强调旅游景区的建设不仅需要旅游业和相关行业从业者的参与，还需要游客和景区内的所有居民共同参与。旅游业是一种为人服务的行业，相关的"人"不仅包括游客、旅游业和相关从业人员，还包括目的地所有居民。游客不仅体验自然资源，还体验社会资源、民俗风情等，而这些要素的构成都离不开当地居民。青岩古镇的当地居民既是旅游业发展中的受益者也是参与者，他们的意识和行为深刻地影响青岩古镇旅游业的可持续和高质量发展。另外，游客作为旅游目的地的暂时居住者，也是参与当地旅游建设的重要主体。青岩古镇的旅游要实现全民共建共享化，需要多方面的努力。

1. 树立"部门＋旅游"的意识

青岩古镇全域旅游发展模式的构建需要加大旅游部门与公安、工商、交通等部门的合作与配合，充分发挥各部门的职能和旅游行业协会的作用，同时还需要高度调动全民参与全域旅游建设的积极性，从而形成全部门的综合管理局面[1]。青岩古镇各项目的策划和顺利建设，都离不开各个部门的精诚合作与协调，因此，需要各个部门树立"部门＋旅游"的意识，共同推进青岩古镇旅游业的可持续和高质量发展，助力乡村振兴战略的实施。

2. 加强居民的主人翁精神

旅游质量和形象与整个景区内的居民密切相关，他们既是受益者，又是建设者和服务者，因此，需要加强景区居民的主人翁意识。随着景区的发展以及客流量的增加，周边的居民可以享受到相关优惠政策，如进景区免门票，在景区内做生意盈利等，成为切实的受益者。与此同时，居民还是景区的建设者、服务者甚至是景区的"主人"，对景区的长远发展有着不可忽略的作用，

---

[1] 郭佳 . 全域旅游视角下区域旅游发展模式研究 [D]. 贵州大学，2017：45.

居民的素质、素养都展示着景区的旅游质量和形象，可见，加强居民的主人翁精神非常重要。这也是强调共建、共享发展模式的体现。

3. 推进旅游富民

青岩古镇实施的共生共建共荣的发展之道和旅游发展红利的全民共享的举措，引领周边向村民走向了脱贫致富和乡村振兴的道路，但在旅游发展的过程中逐渐造成了利益发展的不均衡的问题。因此，要遵循公平合理的原则，平衡各方的利益，使得旅游红利实现真正共享，这就需要深入了解并且积极满足居民的利益诉求，真正从本质上激发景区内居民的共建共享的意识，最终使得居民积极主动服务于景区的发展，同时也提高居民的主体意识，真正实现百姓富生态美的美丽乡村。

四、全域旅游视角下青岩古镇乡村振兴发展对策
（一） 加强政府主导作用

政府在全域旅游发展和乡村振兴战略实施过程中的主导作用是至关重要的。首先，政府的规划作用能够使得全域旅游和乡村振兴能够更加全面地发展和有效的结合；其次，政府的协调作用可以使得各种资源得到充分利用，有利于全域旅游和乡村振兴可发展发展；最后，政府的监管作用，能够促进全域旅游健康发展和乡村振兴战略的有效实施。因此，在实施乡村振兴战略过程中，应加强政府主导，充分发挥其协调和监管作用。

1. 发挥政府在乡村旅游建设中的规划和保护作用

在传统的景区模式下，景区在"围墙内"独立运作和管理，缺乏统一的规划和协调，在一定程度上桎梏了景区的全面发展。全域旅游的发展打破了原有的封闭式景区模式，注重景区、酒店等设施建设的系统性和合理性，因此，这就需要政府制定乡村振兴与旅游行业相关的发展战略和发展规划，引导旅游行业的发展方向，保证其朝着可持续和高质量的方向发展，使得全域旅游与乡村振兴得到更好的融合发展。

2. 发挥政府在乡村旅游发展中的协调作用

发展全域旅游业包括了全域景观、全域时空、全域产业、全民共建共享等四个方面，涉及各种主体，即游客、居民、政府、企业以及人与自然等各个方面，这也意味着在发展过程中各方面矛盾是会存在的，这就需要发挥政府的协调能力，协调各方的矛盾和利益，加强沟通和配合，制定相关的制度

明确各方的权利与义务，让全域旅游业得以协调和可持续发展，助力乡村振兴的全面发展。

3. 发挥政府在乡村旅游管理中的监管作用

政府的监管作用，能够促进全域旅游健康可持续发展，能够保证乡村振兴战略有效实施。构建旅游市场监管体系，对旅游市场进行信用建设、服务建设，加强其质量、效率等全方位的监管，规范其市场秩序。与此同时，应该倡导多种监管方式，形成多种主体参与监管的模式。一方面，可以建立旅游市场诚信黑名单，让消费者的权益得以维护，以此形成一个诚信经营的旅游市场氛围；另一方面，也应该引导和加强其他主体参与监管的意识，形成一种全方位的监管模式，而不只是仅仅靠政府。政府在乡村旅游管理的监管，是乡村振兴战略有效实施的有力保证。

（二）加强乡村旅游基础设施建设

旅游基础设施是旅游业发展的物质基础，在一定程度上决定了旅游业发展的质量，更是决定了乡村振兴战略目标的实现。这就需要加大对青岩古镇旅游基础设施建设的投入，构建互联互通的旅游交通体系，实现快速畅通的交通道路网络，打造精品服务项目。一方面旅游基础设施是发展旅游业必不可少的物质基础，同时也是乡村振兴战略目标实现的重要体现；另一方面，完备的旅游设施体系，是提升游客的体验感和满意度的重要途径，同时全域旅游的发展，需要构建全方位的旅游综合服务体系来满足游客在全域景观、全域时空下的多样化需求。

1. 提高乡村基础设施服务质量

基础设施的质量，对于发展全域旅游有着非常重要的作用，也对乡村振兴的可持续发展具有重要意义。旅游基础设施主要包括旅游交通设施、旅游卫生设施、旅游接待设施等。具体可以从这几方面着手：在旅游交通设施方面，提供足量的停车场，完善交通指引标识以及提供多种交通工具服务，如自行车、出租车等，让游客能够选择自己想要的交通的工具，打通旅游最后一公里。在卫生设施方面，要根据习近平总书记对旅游系统推进厕所革命的重要指示，不断推进"厕所革命"、改善厕所设施、厕所维护等各方面的质量，将厕所这一短板补齐，提高人民群众的生活品质和游客的旅游体验。在旅游接待设施方面，可以通过灯光、亮化等措施，打造夜间景点，完善夜间娱乐设施，丰富旅游产品，吸引更多游客，延长游客驻留时间，打造"白加黑"全时旅游目的地。通过不断完善基础设施建设，提升旅游质量，助力乡村振兴可持续发展。

2. 倡导多方参与乡村基础设施建设

基础设施的建设，离不开政府和企业的支持与引导，同时更离不开社会组织、当地居民以及游客的维护与保护，这样才能达到共建共享的目的，也提高人们的参与感。首先，应积极引导多种投资主体，加大住宿、餐饮、服务等方面的投入，形成多主体参与共建乡村基础设施，完善景区内各方面的基础设施，营造共建共享的氛围。其次，应积极倡导多主体维护与保护基础设施，建立乡村旅游基础设施共同保护机制，涉及政府、社会组织、商家、当地居民、游客等主体，提高人们的主人翁意识。

（三）优化乡村旅游人才队伍

一方面，全域旅游这一新的旅游发展模式，其旅游产品、旅游服务等各方面由点到线到面到全区域，这对旅游管理方式以及从业人员素质提出了新的更高的要求；另一方面，乡村旅游的质量，在一定程度上直接影响到产业是否能振兴。

1. 产教融合培养复合乡村旅游人才

乡村振兴战略的实施，需要高质量、复合型的人才队伍。复合型人才的培养是提高旅游服务质量的重要措施之一，也为乡村振兴战略的实施培养一批本土的旅游专业人才。具体可以从以下几方面着手：首先，与高校合作将旅游服务和产品融合进高校课程设置、培养计划中，可以针对旅游行业需求培养相关专业人才，寻求服务于产业发展的契合点；其次，为在校学生提供实习条件，让学生将学到的理论知识运用到行业实践中去，提升学生专业能力和应对能力；最后，建立产教融合常态化合作机制，可以通过"互联网＋"理念，建设人才资源管理系统、实习实训管理系统等，为产教深度融合提供保障。通过以上措施，形成产教融合的常态化模式，为持续输出复合型旅游人才提供保障，为乡村振兴持续输入新鲜的血液。

2. 打造旅游人才培训基地

旅游人才质量决定着旅游服务质量，可以通过打造旅游人才培训基地，加强与旅游企业、相关社会培训机构以及相关高校的深入合作等相关措施来提升人才质量。旅游人才培训基地承担旅游培训和人才培养的责任。打造旅游人才培训基地，可以为青岩古镇源源不断输送人才资源，打破以往人才紧缺，人才质量不高、不专业等问题。培训和培养的方向可以包括 景区、酒店、餐饮、旅行社、乡村旅游、涉旅新媒体等管理运营的复合型实用人才，联手实现产业需求与人才就业的双赢局面。与此同时，培训的形式应该形成多主体和多渠道的格局，既重视专家讲授，又安排现场体验实践，建立常态化实训基地，为青岩古镇乡村振兴的实施持续输送人才动力。

（四）树立和践行绿水青山就是金山银山的理念

2015 年 3 月，《关于加快推进生态文明建设的意见》把"坚持绿水青山就是金山银山"写进中央文件，成为推进中国生态文明建设的指导思想。贵州作为首批国家生态文明试验区，更有责任有义务树立和践行绿水青山就是金山银山的理念，更有责任打造好乡村旅游资源，实现乡村绿水青山和金山银山并行不悖的目标。与此同时，青岩古镇乡村振兴战略实施的同时，必须要兼顾生态的保护，不能通过牺牲生态环境来获得发展。具体可以从以下两方面着手。

1. 结合乡村资源，努力打造乡村绿水青山

青岩古镇周边的乡村农业、农民、农产品以及自然风光是其得天独厚的资源，为乡村旅游、生态游提供了丰富的物质基础。随着乡村振兴战略的不断推进，乡村旅游也将不断得到发展。首先，结合乡村自然风光，加大资金投入打造乡村旅游景区；其次，将农业变成旅游业，即通过相关技术，打造不同季节、不同农产品下的旅游产品，充分利用乡村农业资源，吸引游客，为生态游打下基础；再次，利用当地地理环境、气候环境，规划相关旅游项目，丰富青岩古镇的旅游产品种类；最后，还需要通过媒体宣传，将其结合乡村绿水青山而成的旅游产品宣传出去，使更多游客了解青岩古镇丰富多彩的绿色生态旅游资源。使得乡村旅游资源成为其乡村振兴的支柱产业。

2. 坚定绿水青山就是金山银山的信念

坚定绿水青山就是金山银山的信念，就是要在不断发展的过程中，坚持兼顾生态保护、坚定生态底线的发展理念。当代的绿水青山就是往后世世代代的金山银山，我们这一代人的责任就是要保护好下一代人的金山银山。人不负青山，青山定不负人。牢固树立绿水青山就是金山银山理念，坚持在发

展中保护、在保护中发展，我们就一定能实现经济社会发展与人口、资源、环境相协调，使绿水青山产生巨大生态效益、经济效益、社会效益，打造青山常在、绿水长流、空气常新的美丽中国。[1]

五、结论与展望

随着社会的不断发展，旅游业面临着核心竞争力打造的挑战，需要更加契合时代背景的旅游新发展模式，才能更好地提高旅游服务质量，才能更好助力乡村振兴。发展"全域旅游"，契合旅游业的发展趋势，更是乡村产业振兴的法宝之一。贵阳市花溪区在"国家全域旅游示范区"中首批上榜，青岩古镇作为贵阳市的核心旅游景区，其乡村振兴发展旅游具有示范作用。通过研究主要得出以下结论。

1. 通过对青岩古镇乡村振兴发展现状进行分析，发现青岩古镇旅游业经过数十年的发展，不断依托当地的历史文化资源、生态优势等，抓住时代机遇，取得了一定的发展成果。但在大力发展旅游业的过程中也涌现出一系列问题，地方特色文化被同化、景区过度商业化、旅游产品同质化等问题。与此同时，也面临着前所未有的机遇与挑战，需要寻找一条可持续、高质量发展的创新道路，更好助力其乡村振兴战略的实施，

2. "全域旅游"发展理念为青岩古镇旅游业发展提供了新思路。运用"四全"模式来指导青岩古镇打造全域旅游目的地，提升旅游竞争力，对推动其乡村振兴的可持续发展具有重要意义。

3. 基于全域旅游视角分析青岩古镇乡村振兴的实施，需要加强政府主导，充分发挥政府的主导和引导作用；加快乡村基础设施建设，提高乡村旅游服务的质量；优化乡村旅游人才队伍，为高质量发展提供保障；树立和践行绿水青山就是金山银山的理念，坚信保住绿水青山就是金山银山。

作者简介

朱玉群，贵州民族大学传媒学院硕士研究生，研究方向为生态文明传播。

令狐克睿，女，博士，贵州民族大学副教授，硕士生导师，研究方向为服务创新管理、营销管理。

---

[1] 本报评论员．牢固树立绿水青山就是金山银山的理念 [N]. 人民日报，2020（1）：1.

加强农村组织建设，推进乡村振兴制度化

魏新河 吴 爽

2020 年 5 月 11 日至 12 日，中共中央总书记、国家主席、中央军委主席习近平在山西考察时指出："共产党是一心一意为人民谋利益的，要千方百计巩固好脱贫攻坚成果，接下来要把乡村振兴这篇文章做好，让乡亲们生活越来越美好。"[1] 基层党组织和党员干部既要当好乡村产业项目的组织者、推动者，又要当好群众利益的维护者。

乡村振兴的实现离不开坚强的基层党组织。弄清农村基层党组织建设与乡村治理的理论逻辑，分析农村基层党组织建设在乡村治理实践中面临的多元化结构协同、多元化主体融合、有序治理难以嵌入和治理方式创新的困境，突破这些困境需要不断夯实农村基层党组织建设引领乡村治理。以期助益乡村治理的理论研究和实践探索，为乡村振兴实践寻求理论支持。

一、党建引领村振兴，推进乡村治理现代化的现实意义

（一）坚持党建引领是乡村治理保持正确政治方向前行的根本保证

农村基层党组织扎根农村、服务农村，具有参与乡村治理的天然优势。当前乡村治理基础出现一些新情况。如一部分新富群体脱离农村创业，对土地产值的依赖性不高，对村里大小事务的关心程度不高；还有部分农民闲时打工，忙时种地，在乡村治理问题上影响力不高。农村的年轻人流向城市速度加快，支撑乡村治理现代化的人才不足。个别地方农村基层党组织作用发挥不强，在领导乡村治理方面的作用不强，能力弱化；个别农村党员干部在乡村事务中模范作用、担当精神发挥不明显。

（二）共产党人的初心和使命决定了党建引领乡村振兴

中国共产党人的初心和使命，就是为中国人民谋幸福，为中华民族谋复

---

[1] 习近平在山西考察时强调全面建成小康社会，乘势而上书写新时代中国特色社会主义新篇章 [N]. 北京：人民日报，2020 年 5 月 13 日.

兴。以人民为中心是党建引领乡村治理的价值取向，在新冠肺炎疫情防控的乡村实践中，农村基层党组织发挥关键作用，千方百计保护村民健康安全；在封村减少外出同时，还采取各种举措，保证村民日常生活方方面面需求。关键时刻，农村基层党组织针对群众关心关注的问题，聚焦群众需求，提供精细化贴心服务，充分发挥党员先锋模范作用，赢得了民心与信任。

（三）党建引领村振兴是新时代推进乡村治理现代化的必然要求

"三治融合"这一经验，最早提出是在浙江桐乡高桥街道越丰村，该村成立百姓议事会、乡贤参事会、法律服务团、道德评判团等，同时建立健全乡约，形成"一约二会三团"，形成自治、法治和德治融合的治理模式，是新时代"枫桥经验"的实践总结。党建引领，自治固本，法安天下，德润人心。坚持党建引领推进"三治融合"，汇聚人力、凝聚人心，提高效率，全方面激发乡村活力，实现乡村"善治"。

二、党建引领乡村振兴、推进乡村治理现代化需要破解的难题

在新发展阶段，推进乡村治理现代化，毫无疑问对乡村治理有着更高的要求。顺应新时代新发展阶段要求，乡村治理需要破解的主要难题有 3 个。

1. 部分农村基层党员干部作用发挥不足在贯彻党中央有关乡村治理的政策学习中存在不够深入、全面现象；对农村基层党组织建设及其战斗堡垒作用认识不深、重视不够、举措不实等；有的农村党员对自身作用发挥理解不深不透，满足于日常学习，写写笔记、参加会议，发挥作用积极性不够。

2. 在调查中发现，乡村治理面临着乡村精英和有思想的年轻人等人才的流失难题，有些村存在村民参与自治的积极性不高，只有在村委会换届时才会参与到村委会选举中，加强和改进乡村治理，必须调动农民主观能动性、创新性；法治意识仍需进一步提升。经过多年普法，农民法治意识有了较大提升，但是部分乡村"只谈权利不讲义务""信访不信法""奉行法不责众""小闹小解决、大闹大解决"等非法治现象一定程度存在。

3. 德治治理方式单一，实践中不少乡村在寻求善治、弘扬德治上，主要停留在评先评优、举办广场舞等一些文体活动、宣传画张贴、标语上墙等形式上，缺乏张力、难以浸润人心。推进乡村治理，必须不断深入推动"三治融合"。

三、农村基层党组织建设与乡村治理现代化的内在逻辑

党的十九大报告中指出："实施乡村振兴战略。农业农村农民问题是关系国计民生的根本性问题，必须始终把解决好'三农'问题作为全党工作重中之重。"[1] "办好中国的事情，关键在党。"[2] 农村基层党组织是领导农村经济社会发展、农民致富的根本力量，是乡村治理的"领航者"。乡村振兴战略为农村基层党组织与乡村治理有机协同提供了机遇。

（一）乡村治理是实现乡村振兴战略的客观要求

农村经济社会发展与稳定关乎整个国家安全稳定与发展，解决好"三农"问题，实现乡村现代化，是中国共产党的历史使命。新时代新情况新环境下党中央适时提出了乡村振兴战略。治理有效是乡村振兴的内在要求。改革开放40多年来，乡村社会也经历了极大变革，特别是城市化、工业化的发展，数亿农民离开农村，这极大地冲击了我国传统乡村社会秩序，也改变了我国乡村社会结构和社会风貌，在我国广大农村随着大量的青壮年劳动力外出务工，使农村出现了大量的留守人员，因为农地收入有限而出现了一些抛荒弃田，还有城市文化与乡村文化碰撞而带来乡村传统文化断裂和社会道德滑坡等现象的出现，并随着改革深入发展越来越突出。

（二）农村基层党组织是推进乡村治理的组织保障

"党政军民学，东西南北中，党是领导一切的。"[3] 农村基层党组织作为我们党在农村的执政代表，它的领导作用能不能发挥，或者说从多大的层面得以发挥，这是新时代实现乡村治理现代化的关键。因为在我国整个政党组织体系中农村基层党组织处于基础与末端的地位，是党和国家各项政策在农村上传下达，政令得以畅通的保障。事实上农村基层党组织有着自身很多的优势，如丰富的社会资本、社会治理经验和优势的政治资源等，使这些优势能够运用于乡村治理中，才能将优势转化为治理的潜力。

（三）乡村治理是巩固农村基层党组织的重要变量

新时代"农业与农村工作形势发生了新变化，农村基层党组织建设的现

[1] 习近平.决胜全面建成小康社会，夺取新时代中国特色社会主义伟大胜利——在中国共产党第十九次全国代表大会上的报告[R].北京：人民出版社，2017：26.
[2] 康媛璐.乡村振兴战略视阈下内蒙古乡村治理体系构建新实践[J].理论研究，2018，12：75-80.
[3] 习近平.决胜全面建成小康社会，夺取新时代中国特色社会主义伟大胜利——在中国共产党第十九次全国代表大会上的报告[R].北京：人民出版社，2017：17.

状无法适应社会主义新农村建设和农村改革的新要求"。[1] 随着改革开放深入推进，农村基层党组织过去的权威性和强组织力有所下降。尽管如此但农村基层党组织依然是引领乡村治理的组织保证，同时乡村治理现代化又可以进一步夯实农村基层党组织建设。乡村治理过程中要及时调整建设策略，坚以为人民幸福为标准。乡村治理也为农村基层党组织积极开拓新平台和新动力；农村基层党组织也要积极发挥自身密切联系群众的优势，使政治优势和组织优势得以充分彰显，并将这些优势转化到乡村治理的实践中，也必将进一步巩固自身领导核心地位。

四、农村基层党组织建设与乡村治理现代化的互动作用

农村基层党组织引领乡村治理过程虽然取得了较大的成就，但也存在着一些有待解决的问题。农村基层党组织要成为乡村治理的坚强战斗堡垒还需要着力破解当下的乡村治理结构困境、突破主体融合限度、完善有序治理嵌入矛盾和改善治理方式创新约束。

（一）农村基层党组织与乡村治理结构协同困境

改革开放以来形成了农村社会结构的多元化。实现乡村治理有效，农村基层党组织、村委会和其他农村组织协同治理是关键。协同治理就是要在乡村治理中凸显农村基层党组织引领作用，在法律上保证村委会的权利与义务，激发其他农村组织参与到乡村治理中来，逐渐形成这些众多主体合理分工、各司其职协调治理。伴随着农村经济结构转型以及农村社会管理的客观诉求，农村还出现了很多经济、社会组织等，使农村社会治理主体越来越多元化。如何处理农村党组织和其他组织的关系问题成为乡村治理实践中的治理难题。不同的治理主体在乡村治理过程中因其能力差异呈现出非均衡态势。乡村治理中的多元行动主体参与，必然要做到协同。所以在乡村治理过程中既要保持基层组织的领导地位，更要增强与多元主体的协同互动。

（二）农村基层党组织与乡村治理主体融合限度

乡村治理是多元化协同治理的过程，虽然探索了很多各具特色的乡村治理模式，但是在乡村治理中的各个主体整合效果低，农村基层自治组织职能发挥不足，虽然村民自治的治理模式在我国伴随着改革开放的历程演变而来，

---

[1] 唐艳群."中央一号文件"视角下农村基层党组织建设研究 [J]. 社科纵横，2018，2: 17-22.

但是治理模式是自上而下的，这也是多年的习惯、传统和规则。农村社会组织整体发育不足，虽然出现了一些丰富类型的组织，但是发展数量总体上较少，发展进度较慢。农民参与乡村治理的缺位，"大政府、小社会"的发展格局是我国很久以来的现实。乡村治理是众多主体参与实践的过程，农村基层党组织不仅要引领好各主体还要促进这些主体在治理过程中的融合。

（三）农村基层党组织与乡村有序治理嵌入矛盾

党的十九大报告指出："加强农村基层基础工作，健全自治、法治、德治相结合的乡村治理体系。"[1] "三治融合"的乡村治理体系是实施乡村治理的根本指针。农村基层党组织作为践行乡村法治的根本力量，在领导乡村法治过程中效果如何呢？改革开放以来，虽然乡村治理各项制度和规范逐步健全，但是在乡村治理有序治理也存在问题。因为经济和生活越来越多元化，农民对农村基层党组织的依赖程度逐步下降，加上农村千百年以来的熟人社会和习惯性思维，难以实现乡村有序治理。

（四）农村基层党组织与乡村治理方式创新约束

乡村治理是复杂的社会工程，近些年来虽然我国形成了独具特色的乡村治理方式，政府层面和学术界很多在调研的基础上进行了总结提炼，从一些调研总结中可知一些农村基层党组织在领导乡村治理中注重管理，对协调多元主体做得不够，其实协调工作显得更为重要。这种情况主要表现为：一是农村基层党组织不能有效地应对农村突发状况，这些年各方也出现了很多农村突发状况和突发事件的报道，这些事件有大有小，也有复杂有简单之分，只是对这些很多不确定的情况，这也决定了方法必然不一样，需要既有政策性又有灵活性。农村干部队伍素质能力不均衡，乡村两级党的建设平台和载体支撑创新不足，村干部队伍弱化现象仍然存在。

五、农村基层党组织建设与乡村治理现代化的提质增效

党中央就实施乡村振兴提出了五方面要求，其中包括"组织振兴"，进一步激发乡村治理活力尤为迫切。[2] 农村基层党组织要成为乡村治理的坚强战斗堡垒还需要着力破解当下的乡村治理结构困境、突破主体融合限度、完

[1] 习近平.决胜全面建成小康社会，夺取新时代中国特色社会主义伟大胜利——在中国共产党第十九次全国代表大会上的报告 [R]. 北京：人民出版社，2017：27.
[2] 韩旭.村级党组织建设与新时代乡村治理体制 [J]. 人民论坛，2018，6：104-105.

善有序治理嵌入矛盾和改善治理方式创新约束。提升乡村治理效能在于突破这些困境，不断夯实农村基层党组织建设促进乡村治理领导力调适、推动乡村治理理念转变、改进乡村治理方式、推进乡村治理结构均衡和优化乡村治理体系。

（一）以农村基层党组织促进乡村治理领导力

农村基层党组织要当好"宣传员"。尽管今天信息技术非常发达，但基于广大农民的生产生活条件限制，他们不能及时、准确和全面地了解国家关于农村的各种政策、法律法规和农业科技，农村基层党组织作为在党委政府在基层的执政代表，此时就要充分发挥自身在基层的天然优势做好党委政府的"宣传员"。农村基层党组织要当好"信息员"。群众路线是我党应对当前复杂形势、克服困难和风险的重要法宝，一直以来是党和国家在经济发展中的重要路线，农村基层党组织要积极利用自身与农民天然联系的优势，与农民打成一片，加强走访制度建设，因为今天农村党员面临流出和其他一些问题，所以紧密与他们之间的联系非常必要。农村基层党组织要当好"指导员"。在乡村治理实践中，决策组织的决策意图、决策程序、决策结果，监督组织的监督程序、监督方法，农村众多社会组织的参与机制，这些现实中的问题千差万别，绝不是一个文件、一个规定就能详尽完全的。对这些发展中的具体问题，需要农村基层党组织要当好"指导员"的角色。

（二）以农村基层党组织推动乡村治理理念转变

农村基层党组织作为党在基层的战斗堡垒，承载了很多责任，他们作为基层落实依法治国方略的执行者，在其法治维护方面既要保证法律权威在基层得以实现，还要充分地使农民的合法利益不受侵害。农村基层党组织要积极树立社会主义法治理念，加强学习，培育法治观念，在基层实际工作中切实以法律为准绳，提高农村基层党组织的法治能力。现实中有部分农村基层党员干部法律知识匮乏，法律素养不够，还有不懂法、不守法的现象，个别党员干部甚至藐视法律、以言代法。这种不好的现象无法给农民以正确的示范引领作用，连他们都不能践行依法办事的话，何以要求农民呢？这就要在农村基层党组织干部队伍中找到具有一定法律知识、综合素质较高的干部，负责该村的依法治村工作。在党组织主导下，以农村基层党组织干部、法治村主任、党员、致富能人和乡贤等为骨干队伍，共同参与依法治村工作，打造一条"支部主导—依法治村办—法治村主任—村民理事会"依法治村快捷通道。

（三）以农村基层党组织改进乡村治理方式

农村基层党组织服务引领能力的体现在于既符合农民需要，又符合农村经济、文化发展需要。在丰富服务内容方面，把握新时代的经济发展形势助推经济发展。当前农村经济社会发展遇到的主要问题是人口空心化，在科技支农、科技扶农、科技兴农方面农民接受新事物难等问题，农村基层党组织与农民的天然联系，最了解农民，如若不能准确把握当地农业发展特色和方向，所有努力可能白费，这就要求农村基层党组织能够根据当地农民特点、当地农业发展条件，制定符合当地的农业发展战略，为农村经济社会发展保驾护航。农村基层党组织既要注重经济引领，也要注重文化引领，以先进文化引领农村文化走向，这样既保证农民脱贫致富，也要实现农民精神"脱贫"。基层工作既简单又复杂，简单在于长期以来我们拥有丰富的治理经验，复杂在于千头万绪，每天都有新事件发生，这时基层工作要与时俱进，要根据环境的变化不断调整基层工作策略。以新科技为支撑，加快建立与农民联系的渠道，农村矛盾很多，在新时代要充分运用"互联网+"以及新媒体这一载体，收集农民的建议并及时地予以解决，这样就形成了乡村线上治理和乡村线下治理相结合的"双通道"。要逐步构建起农民利益保护的规范化机制、逐步完善好农民利益诉求的化解机制，只有这样才能从根本上维护农民的核心利益并形成完善的乡村治理的组织框架，促进乡村治理和创新基层工作相结合。

（四）以农村基层党组织推进乡村治理结构均衡

以农村基层党组织为核心，统筹村民组织、社会组织和各类人才，建立多元主体共同谋划乡村治理创新的工作机制。涉及农村经济社会发展中的重大事项和重要问题，应坚持基层党组织集体讨论决策。推行"党支部+"乡村治理的创新模式，推动村域组织资源与社会资源有机融合，建立"党支部+公司""党支部+专业合作社"等基层党建推进乡村治理联合体，充分发挥他们在建言献智、投资兴业、依法创业、依法治村方面的作用。坚持定时定期召开座谈会，听取村民党员、村民杰出代表、乡贤对乡村治理的意见建议，充分发挥社会资本的作用，社会资本对乡村治理的重要作用不言而喻，有利于建构农村基层党组织总揽全局下多元主体协同的乡村治理新格局。

民族要复兴，乡村必振兴。习近平在中央农村工作会议上强调，脱贫攻坚取得胜利后，要全面推进乡村振兴，这是"三农"工作重心的历史性转移。[1]全面推进乡村振兴落地见效，要加快发展乡村产业，加强社会主义精神文明建设，加强农村生态文明建设，深化农村改革，实施乡村建设行动，推动城乡融合发展见实效，加强和改进乡村治理。要夯实乡村治理这个根基。采取切实有效措施，强化农村基层党组织领导作用，选好配强农村党组织书记，整顿软弱涣散村党组织，深化村民自治实践，加强村级权力有效监督。在党中央的正确领导下，党建引领乡村振兴，推进乡村治理现代化的良好局面定会遍地开花，春满大地。

作者简介

魏新河，辽宁省乡村振兴专委会副主任，主要研究方向为乡村振兴、乡村生态旅游和"三农"工作。兼任中国小康社会建设学会理事、"乡愁中国"会员，辽宁省畜牧业协会理事、渤海大学社会人文和旅游学院客座教授。沈阳农业大学大学毕业，研究生学历。从事"三农"工作、产业发展、乡村生态旅游、古村落保护及非遗文化保护20年。

吴爽，渤海大学农业学院副教授，研究方向：宪法学、法律及农业农村治理。

---

[1] 习近平在中央农村工作会议上强调坚持把解决好"三农"问题作为全党工作重中之重促进农业高质高效乡村宜居宜业农民富裕富足 [N]. 北京：人民日报，2020 年 5 月 30 日 第一版 .

贵州剑河温泉康养旅游商业模式创新研究

付 菁 令狐克睿

一、 引言

中国旅游行业发展迅速，人民生活质量不断提高，游客的需求持续上升，随着人口老龄化程度不断加深，温泉旅游已成为全年龄段人群重要的生活构成要素。在 "大健康"的背景下，温泉康养旅游代表着未来旅游业和健康产业发展的方向，具有非常广阔的旅游市场和发展前景。温泉旅游多产业融合发展，大批量同类型的温泉景区同时开发，长期经营下来导致了温泉旅游产品同质化，经营模式雷同，旅游形式单一，文娱项目少等方面的问题。

贵州省拥有独特的喀斯特地貌、众多山水秀美的景点以及历史悠久的民风民俗，这些都为贵州温泉康养旅游业累积了独一无二的少数民族医药温泉康养资源。为了温泉康养旅游业保持长期稳定的发展，积极回应游客对旅游需求的不断变化，本文探索剑河温泉康养旅游业的商业模式，分析剑河温泉康养旅游业商业模式创新，提出保持温泉康养旅游景区长期稳定发展的核心对策。从剑河温泉旅游产品、服务和平台到温泉康养旅游资源开发、成本、收入、利润的分配等内容，总结商业模式创新的相关要素并提出解决对策，本文具有促进剑河温泉康养旅游业经济发展、科学合理开发利用旅游资源、维护剑河温泉康养旅游长期稳定发展和不断更新匹配游客核心需求的现实意义。

二、商业模式创新与康养旅游概念界定

（一） 商业模式创新概念界定

1. 商业模式

商业模式的定义已有丰富的理论研究，本文关注价值类商业模式的内涵。张敬伟和王迎军（2010）以价值三角形的逻辑，提出商业模式是企业满足客

户对产品和服务的需要（顾客价值主张），结合企业的能力，把内外部资源变成顾客需要的东西（价值创造与传递），企业在整个环节中得到经济收益（价值获取）。[1] 结合资料和理解，笔者认为商业模式是企业通过分析顾客消费需求（价值）的条件下，充分考虑和满足利益相关方的价值诉求的一系列活动，包括价值主张、价值获取、价值创造。

2．商业模式创新

商业模式创新是改变企业价值创造的基本逻辑以提升顾客价值和企业竞争力的活动，既可能包括多个商业模式构成要素的变化，也可能包括要素间关系或者动力机制的变化。刘昕芳（2015）认为旅游商业模式创新要素包括：价值获取，价值主张，价值创造等。[2] 价值主张要素包括产品、服务和平台；价值创造要素包括旅游资源开发（核心资源）、客户资源；价值获取要素包括成本、收入、利润分配。通过分析表明旅游商业模式的创新，它是由构成旅游商业模式一系列要素的创新，而不是单个要素的改变。一般而言，就是在原来商业模式的基础之上创新，即对已有商业模式的构成要素进行创新。笔者认为剑河温泉康养旅游商业模式创新是在原有商业模的构成要素进行式创新，即创新三个要素：价值主张、价值获取和价值创造。

（二）康养旅游概念界定

康养旅游是旅游者以促进身心健康为主要动机而到生态质量良好的自然、人文环境景观中的旅游活动；再结合我国康养旅游地的成因和属性特点，将我国康养旅游地划分为人文类康养旅游地和自然类康养旅游地两种；其中，人文类康养旅游地细化为康养小镇（区、村）、康养产业园或机构，自然类康养旅游地细化为山地类康养旅游地、植物类康养旅游地、水文类康养旅游地。李东（2021）认为康养旅游代表着未来旅游业和健康产业发展的方向，具有非常广阔的旅游市场和发展前景。[3] 各地要充分发挥自身气候资源和自然生态环境优势，深入挖掘这些"先天资源"的疗养因子。康养旅游群体与一般旅游消费群体相比，更重视健康及心理感受。贵州天然资源丰富，民族

[1] 张敬伟，王迎军.商业模式与战略关系辨析——兼论商业模式研究的意义 [J].外国经济与管理，2011，6：10-18.

[2] 刘昕芳.凤凰古城公司商业模式创新研究 [D].长沙：湖南师范大学，2015.

[3] 李东.康养旅游评价指标体系构建研究——基于四川省 21 个市州的面板数据 [J].旅游经济，2020，9：55-58.

医药文化多样，非常适合发展康养旅游业。

三、剑河温泉康养旅游现状及商业模式存在的问题

（一） 剑河温泉旅游景区现状

剑河县苗乡圣水旅游开发有限责任公司（国有独资）即剑河温泉城位于贵州省东南部的剑河县境内，总占地面积约 430 亩，建筑面积约 10 万平方米，总投资约 12 亿元，按国家 5A 级景区标准打造温泉名镇、智慧温泉小镇。由旗下子公司剑河县仰阿莎旅游投资开发有限责任公司和亚洲酒店集团共同经营管理。

剑河自古以来就是苗族和侗族的聚集地，位于黔中经济区与华中经济区交往的必经之地。而剑河温泉是贵州省著名的三大天然温泉之首，当地泡温泉习俗历史悠久，剑河温泉为国内稀有的氡硫温泉，被誉为"美人汤"和"痛风汤"。温泉水属稀有高热氡硫温泉，出水口温度达 50 多摄氏度，温泉水富含氡、硫、铁、钾、钙、铝、铜、镁、锌等多种有益于人体微量元素，多项指标达到国家医疗矿泉标准，享有"苗乡圣水"之美誉。剑河苗乡圣水温泉城四面青山逶迤，一站式服务可满足吃住、娱乐、享受、疗养等多种需求，通过高热氡硫温泉 + 苗医药两者结合打造出以养代医、以防代治的理念。

景区规划为 3 个部分：苗乡温泉度假旅游区、山地生态康养旅游区以及清水江畔综合旅游区。剑河温泉城目前拥有 16 栋超五星级高档汤屋汤院；一家 206 间客房功能齐全的五星级园林温泉酒店；一家 109 间客房的苗族特色四星级酒店；超大体量温泉、室外温泉泡池和水疗泡池达 80 多个；更配有水上乐园、水疗馆、温泉剧场、民族文博馆、商业街、美食街等项目，让游客走进自然，享受生活，成为"世界知名、中国特色、贵州一绝"的温泉旅游度假胜地。

（二）剑河温泉康养旅游景区商业环境分析

1. 景区产业分散，同质化严重

剑河温泉景区集宾馆、餐厅、会议楼、洗浴中心、温泉文化广场、温泉街、水上乐园、民族文博馆、商业街、美食街等配套设施齐全的多功能服务为一体，产业情况的类型主要分为：温泉类、餐饮类、住宿类、游玩类、购物类。虽然剑河温泉城涉及的旅游产业众多，但是比较分散，同质化严重，没有更多地体现剑河温泉的民族风情、苗药特点、疗养功效。

2. 景区消费偏高，游玩时长短

游客消费水平的高低，反映的是景区旅游经济的情况。笔者通过 4 种旅游网站的温泉门票售票情况调查（不包括酒店费用，仅包含门票和自助餐），对剑河温泉的消费情况和游客旅游时长进行简略说明，采用了表格的形式记录下来，如表 1 所示。

表 1　剑河温泉售票情况调查表

应用	美团网	携程旅游网	去哪儿	马蜂窝
订单数（份）	5000+	400+	12	84
官方推荐（天）	1 天	0.5～1 天	0.5～1 天	0.5～1 天
日均消费（元）	189	189	188	178

从表格数据的结果来看，剑河温泉景区门票售价在 180 元左右，与贵州目前的其他温泉旅游收费相比偏高；而游客在剑河温泉游玩时长同其他温泉景点一样只有一天，得出贵州温泉旅游产业同质化严重，剑河没有更好的旅游产品难以吸引游客继续留在当地进行消费。

3. 景区竞争力较弱

贵州拥有众多山水秀美的名胜，是名副其实的地热资源大省，根据贵州旅游资源普查的结果显示，贵州总共有温泉 264 处，其中 72 个县区都发现了温泉。这种大批量同类型的景区同时开发，长期经营下来导致了旅游产品同质化，经营模式雷同，旅游形式单一，文娱项目少等问题。剑河温泉虽然加入了水上乐园、温泉文化广场、民族文博馆、美食街、商业街等项目，但是民族风格不够突出，康养概念不够深入，商业化现代化严重，致使游客在选择旅游景点时没有过多关注剑河温泉，反而造成游客对于贵州温泉景点的审美疲劳。

（三）剑河温泉康养旅游商业模式存在的问题

1. 价值主张无新意，景区特色不明显

剑河温泉是贵州省三大天然温泉之首，但是竞争力并不明显，与其他温泉景区同质化严重，笔者简单地举几个贵州温泉旅游景点，与剑河温泉的品牌形象和价值定位之间的差异，如表 2 所示。

表2 剑河温泉康养旅游的形象及价值定位景区名称

石阡温泉	中国最古老的温泉之一	泉都之乡，健康疗养，可喝可浴
剑河温泉	贵州三大名泉之首	苗乡圣水，苗药康养
息烽温泉	全国八大名泉之一	优质热矿，疗养胜地
修文黔贵六广温泉	临江山体温泉	医疗热矿
九龙洞温泉	贵州温泉水中的蓝宝石	温泉养生、度假休闲

从表格中看，贵州几个温泉旅游景点的品牌形象相似，剑河温泉和息烽温泉分别为"贵州三大名泉之首"和"全国八大名泉之一"，这样的品牌形象容易产生混乱与冲突；价值定位重合度高，都有"健康""养生"和"自然"这样的类似的关键词，息烽温泉与修文黔贵六广温泉都提到热矿；息烽温泉与石阡温泉、剑河温泉、九龙洞温泉的健康疗养概念雷同。因此，贵州温泉康养旅游市场饱和度高，价值主张无新意，限制了剑河温泉康养旅游的发展。

2. 价值获取主体的利益冲突

剑河温泉城2013年9月开工建设，2016年8月2日成立剑河县苗乡圣水酒店管理有限责任公司（国有独资），于2017年7月1日开园试营业。由主管单位黔东南州剑河县人民政府国有资产监督管理办公室100%持股，与旗下子公司剑河县仰阿莎旅游投资开发有限责任公司合作共同开发剑河温泉小镇。2020年1月1日经剑河县仰阿莎旅游投资开发有限责任公司全权委托给亚洲酒店集团管理。剑河温泉城内既有政府主管单位（剑河县苗乡圣水酒店管理有限责任公司），又有旅游公司（亚洲酒店集团），两者共同参与管理。主办单位将自然和公共资源登记入册，村民以土地资源参与景区盈利，主办单位招标商户入驻温泉城，旅游公司和政府共同建设开发管理景区。

由上可知价值获取的主体利益冲突就存在于商户、村民、主管单位和旅游公司之间。旅游公司的第一经济收入就是食宿所收到的总费用，村民与旅游公司有冲突关系，村民想要从旅游公司手上争夺客户，旅游公司又想要垄断市场；商户与村民大多是租赁关系，村民的部分收入源于租金，商户部分收入的流失也是交付租金，这二者经常有利益的冲突；同时，门票由主管单位收取，主管单位与这三者都有密切的利益关系，主管单位的政策变化会影响其他三者的经济收益。因此剑河温泉旅游产业价值利益获取主体之间存在冲突。

3. 价值创造的资源层次性单调

剑河温泉景区规划为 3 个部分：苗乡温泉度假旅游区、山地生态康养旅游区以及清水江畔综合旅游区。其中温泉小镇占地 26.4 公顷，分为苗家温泉乐园、园林温泉酒店、温泉文化广场和温泉街。良好的环境、独特的地理资源和历史久远的民族文化的确是该地发展旅游的优势。山地生态康养旅游区以及清水江畔综合旅游区正在建设招标中。在上文的商业环境分析中看到，游客游玩时间短，贵州剑河康养旅游的概念并没有深入人心，使得剑河温泉没有竞争力。剑河温泉内的游玩项目单调是造成这一现状的最大原因，游客往往来到剑河泡个温泉就走了，价值创造资源层次单调。

四、剑河温泉康养旅游商业模式的创新

剑河温泉康养旅游商业模式的创新通过价值主张，价值获取和价值创造来构建，这三者就像是三角形的结构，彼此联系、彼此影响、共同完成商业模式的整个过程。单独的一个环节改变很难体现出商业模式的优势，所以对这三者进行创新。剑河温泉对自身资源整合并管理，让旅游景区创造出更高的价值。

（一）价值主张创新

随着中国经济的发展，游客文化水平层次的提高和旅游经历的丰富，对剑河温泉旅游需求也在不断变化，普通的温泉旅游不能满足旅游者的需求，剑河温泉是贵州三大名泉之首、与世界名泉法国维稀温泉理化指标类似的剑河温泉被誉为黔东南 "生态旅游与民族旅游的一颗明珠"，被贵州省评为省级旅游风景名胜区，是贵州省东部旅游业的重要组成部分。并且剑河具有独特的少数民族风情，民族节日丰富多彩，民族医药发达，苗族医学更是独特的瑰宝。

由此，将剑河温泉与苗族医药文化相结合，以"中国唯一的苗族文化主题温泉" 为目标，打造"国际知名、中国一流、贵州唯一"5A 级仰阿莎温泉城。借助大健康旅游蓬勃发展，剑河县以优质温泉和良好的生态环境为基础，以温泉养生度假为核心，启动"剑河山地森林温泉康养谷"项目，延伸温泉康养旅游产业链，按照国际日本森林疗法基地认证体系标准规划建设，开发森林浴、森林温泉浴、森林疗法步道、森林冥想、森林瑜伽运动、森林凝视、森林体验、民族文化体验、乡村旅游等产品内容，构建"温泉＋康养＋森林＋

乡村旅游"的特色产品组合，打造"国家级森林温泉康养示范区、国际温泉康疗度假目的地"。 通过高热氡硫温泉＋苗医药两者结合打造出以养代医、以防代治的理念。产业分布价值主张创新如表3所示，景区为提高游客的满意度举办了一系列创新活动见表4。

表3 剑河温泉康养旅游价值主张创新

产业分布	价值主张创新
苗乡温泉度假旅游区	苗族文化主题温泉
山地生态康养旅游区	按照国际日本森林疗法开发森林康养
清水江畔综合旅游区	围绕清江湖打造现代版 "清江上河图"

表4 剑河温泉康养的创新活动

2013 年	按照国家 5A 级标准强力推进温泉景区升级改造，建设景区基础设施
2017 年	正式营业；以温泉养生度假为核心，启动了剑河温泉城二期项目，即"剑河山地森林温泉康养谷"项目，进一步延伸温泉康养旅游产业链；打造仰阿莎文化活动周，包括苗族水鼓舞、苗家拦门酒、剑河农民画体验、温泉瑜伽等一系列文化活动等
2019 年	打造"剑河温泉城春节主题活动"； 贵州医科大学"贵州省理疗温泉功效研究会"在剑河温泉城召开；举办"六月六"水龙节、"中秋开渔节"； 剑河温泉城旗袍秀等
2020 年	恢复清江湖游船；"乐跑青山绿水间，享剑河氡硫养生泉"主题马拉松；开设瑜伽温泉等项目
2021 年	"清明剑河游"；剑河网红街启动；"冰爽一夏"夏季水上等项目活动

（二）价值获取创新

在之前的分析中，剑河温泉的价值获取的利益主体存在冲突，主要是村民，商户，主管单位和旅游公司。四者间的利益冲突会影响整个景区的盈利能力，削弱景区的竞争优势。景区的经营权归属主管单位即政府，政府为了景区更高效发展将经营管理全权委托旅游公司。

为平衡景区各利益相关主体的诉求，协调复杂的景区管理关系，针对剑河温泉价值获取进行创新，2020 年 1 月 1 日剑河县仰阿莎旅游投资开发有限责任公司全权委托给亚洲酒店集团管理。这样主管单位和旅游公司之间的冲突减小，由旅游公司全权管理酒店、温泉、商业街、游客服务中心、停车场、清江阁及水上游船。村民和商户与旅游公司建立合作关系，提高景区盈利能力，优化景区竞争策略，为景区提供更多更好的优质服务，以达到更好的经济效益。如表 5 所示。

表5　价值获取创新

要素	创新内容
利益	村民和商户与公司建立合作关系，提高景区盈利能力，优化景区竞争策略；景区提供更多更好的优质服务，达到更好的经济效益
收入	旅游公司收入来源变得多元化（酒店收入、研学合作、商业街收入、停车场收费、清江阁旅游收入等）
成本	景区内布置智能电子触摸系统，作为旅游服务中心模拟导览和介绍窗口的自助服务，降低旅游公司的成本；景区采用线上小程序VR实景观看，使游客身临其境，增加科技感，提高购买欲；商户就近取货，减少运输成本和其他消耗成本

（三）价值创造创新

剑河温泉有独特的康养旅游资源，结合当地独特的少数民族风情，把民族医药、苗族医学融合进温泉康养旅游理念中，推出苗药温泉，传承苗族千年繁衍生息智慧，发扬千年苗医万年苗药文化，用了许多草药熬煮成药水，有天麻、灵芝和杜仲，展示与众不同治疗功效。

加快建设山地生态康养旅游区、清水江畔综合旅游区，借助互联网和大数据平台宣传剑河温泉康养旅游，在各个旅游平台上推广宣传，紧跟实施潮流，建立微信公众号，提供线上订购与 VR 实景参观景区功能。

人力资源优势明显。目前景区内工作人员共 300 余人，由国有独资公司剑河苗乡圣水有限责任公司和亚洲酒店集团招聘景区工作人员，完善其薪资待遇和人才培养计划；引入商户驻扎温泉城，创新商户管理，拉动旅游需求，为游客提供更好的服务。

五、剑河温泉康养旅游商业模式创新对策

（一）调整市场定位，突出苗药康养旅游特色

随着中国经济的发展，游客文化水平层次的提高和旅游经历的丰富，对剑河温泉旅游需求也在不断变化，普通的温泉旅游不能够满足旅游者的需求，剑河温泉是贵州三大名泉之首、具有独特的少数民族风情，民族节日丰富多彩，民族医药发达，苗族医学更是世界上独一无二的医疗资源。

由此，将剑河温泉与苗族医药文化相结合，以"中国唯一的苗族文化主题温泉"为目标，打造"国际知名、中国一流、贵州唯一"5A级仰阿莎温泉城。要实现苗药康养文化保护与发展的和谐统一。苗药康养文化发展立足于当地

民族文化资源。民族文化资源保护与民族文化品牌开发是一个相互依赖、相辅相成的过程。独特的文化资源是开发文化品牌的基础和前提，将开发与保护有机结合，互相促进，遵循"保护第一，开发跟进，相互促进"的原则。保护不是拒绝外来文化，开发也不是否定地方文化。剑河苗药康养文化要不断地发展创新，形成自己的特色和品牌，才能保持永恒的生命力。

（二）完善利益关系，解决主体冲突

从上文可得出，剑河温泉的利益主体是：村民、商户、政府和旅游公司，四者之间存在利益冲突。政府与其他三者主要是政策发布者与被管理者关系，因此从村民、商户和旅游公司利益关系入手。

1. 旅游公司与村民的食宿利益冲突：旅游公司推动景区经济发展的同时，适当给予当地村民提供就业岗位，提高村民就业率，增加村民收入；与村民合作，根据村民自身的民族文化与民族特色打造苗药康养圣地的品牌。

2. 商户与村民的租赁冲突：商户与村民的租赁合同事项以景区经济发展为基底，参照同类型和同级别景区租赁合同，协调二者的利益；村民也可以根据商户的信誉，适当调整租赁相关事宜，平衡他们之间关系。

3. 村民转型做商户：村民可根据旅游公司的招标要求，发展自己的本土优势，结合政府主管单位，转型成为商户。按照市场经济获取自身利益的同时，作为最了解当地民族文化的剑河本地人，能更好地向游客讲述当地的故事。

（三）景区资源整合，丰富旅游的层次

一方面，要做好周边热点旅游地区的地域资源整合与线路策划。剑河县与台江、镇远等热点旅游景区有着交通上的便利，台江以苗族风情游为主，镇远以古镇游为主，剑河县可以依托周边的热点旅游景区，开发和整合相关的民族文化旅游资源，使民族文化更为丰富和立体，逐渐地扩大自身知名度。

另一方面，加快自身民族文化建设。保护民族文化传统，传承苗族医药文化，开设关于苗族医药与中医的论坛。对标法国依云温泉，打造独有的苗族医药康养疗程，吸引游客到来，并提高康养旅游体验感，维护客户。充分发挥贵州民族医药优势，引进国内外知名温泉疗养企业，大力发展温泉疗养、温泉美容、温泉养老、温泉有机农业等特色产业，开发多层次温泉养生产品和有机农产品。依托温泉产品，开发医疗服务、休闲养生、生态养老、森林康养、健康用品、功能食品等医疗康养产品。

把苗乡温泉度假旅游区、山地生态康养旅游区以及清水江畔综合旅游区结合，各区域互相带动发展，发布推出一系列围绕温泉康养旅游新产品的系列项目，为游客出行提供更多的选择。发展"温泉＋大数据"，支持剑河温泉康养旅游开发企业利用云计算、物联网等技术，打造温泉旅游产业数字服务平台和温泉智慧旅游服务平台。

最后，实施温泉康养文旅企业品牌升级计划。建议充分发挥温泉协会等行业组织在剑河温泉康养旅游的企业品牌策划、文化建设、服务提升等方面的作用。

六、结论与展望

（一）研究结论

通过剑河温泉康养旅游产业的研究以及剑河温泉康养旅游商业模式创新的分析，提出剑河温泉康养旅游商业模式创新对策，保证剑河温泉康养旅游业保持长期稳定的发展，正是本文研究的目的。

首先，总结商业模式创新的相关理论和康养旅游目前的发展现状的发展前景。包括商业模式的定义，商业模式的构成要素，商业模式创新的定义等研究，通过商业模式中的价值主张，价值获取和价值创造角度分析剑河温泉康养旅游产业。

其次，叙述剑河温泉康养旅游景区现状、商业模式环境分析和商业模式存在的问题。对于剑河温泉康养同其他贵州温泉同质化严重，特点不清晰，品牌形象模糊以及现有资源开发和保护之间存在冲突。应紧扣"苗药温泉养生主题"，尊重当地传统风俗，打造贵州"温泉＋康养＋森林＋乡村旅游"的特色产品组合，打造"国家级森林温泉康养示范区、国际温泉康疗度假目的地"。

再次，描述剑河温泉康养旅游商业模式创新框架。在已有的理论研究基础上，建立商业模式创新框架。包括价值主张创新，价值获取创新，价值创造创新。剑河温泉康养旅游产业创新开发新的景区，结合互联网、新媒体和"大数据"积极宣传剑河温泉康养旅游，紧跟时事热点，联动贵州其他古镇旅游景点，共同开发贵州旅游组合产品；打造民族风情街、开发民族传统节日活动、建设民族文博馆、运用 VR 实景技术线上购票。

最后，提出剑河温泉康养旅游商业模式创新对策。一是调整市场定位，突出苗药康养旅游特色；二是完善利益关系，解决主体冲突；三是景区资源整合，丰富旅游的层次。

（二）展望

剑河温泉拥有独一无二的自然资源和民族文化，加上康养旅游和文旅融合的发展，在政府政策支持下，有望打造一个全国闻名的苗药温泉康养旅游的知名 IP。随着中国互联网的深入发展、大数据技术的普及和国民生活需求的提高，剑河温泉康养旅游业还会遇到更多挑战，目前通过对其商业模式的创新研究，为其他温泉康养提出一条可参照的发展路径。

作者简介

付菁，浙江传媒学院管理学学士；目前贵州民族大学新闻与传播学研究生在读。

令狐克睿，女，博士，贵州民族大学副教授，硕士生导师，研究方向为服务创新管理、营销管理。